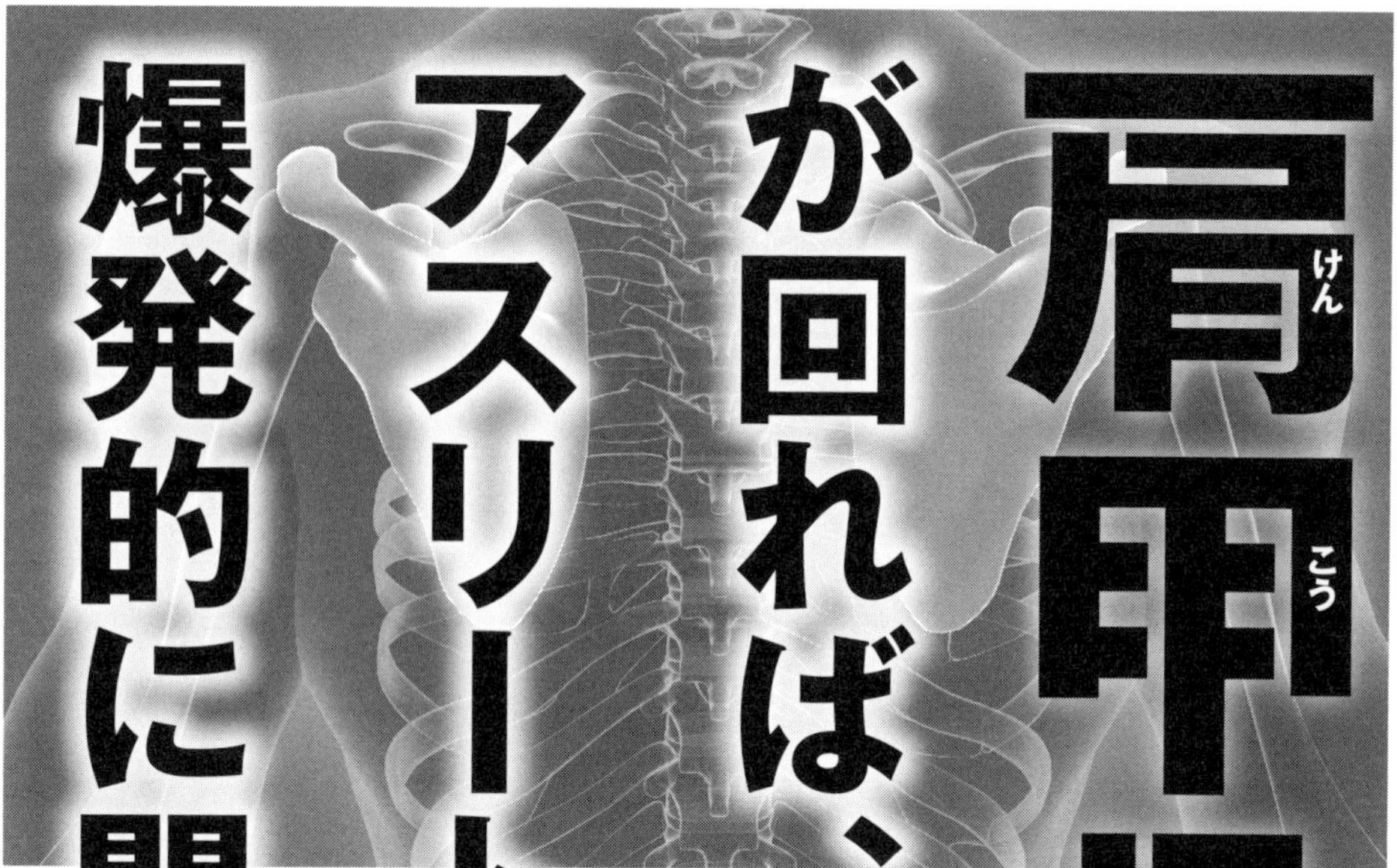

肩《けん》甲《こう》骨《こつ》が回れば、アスリートの才能が爆発的に開花する！

運動科学総合研究所所長
高岡英夫

KANZEN

■全身筋肉図（前面）

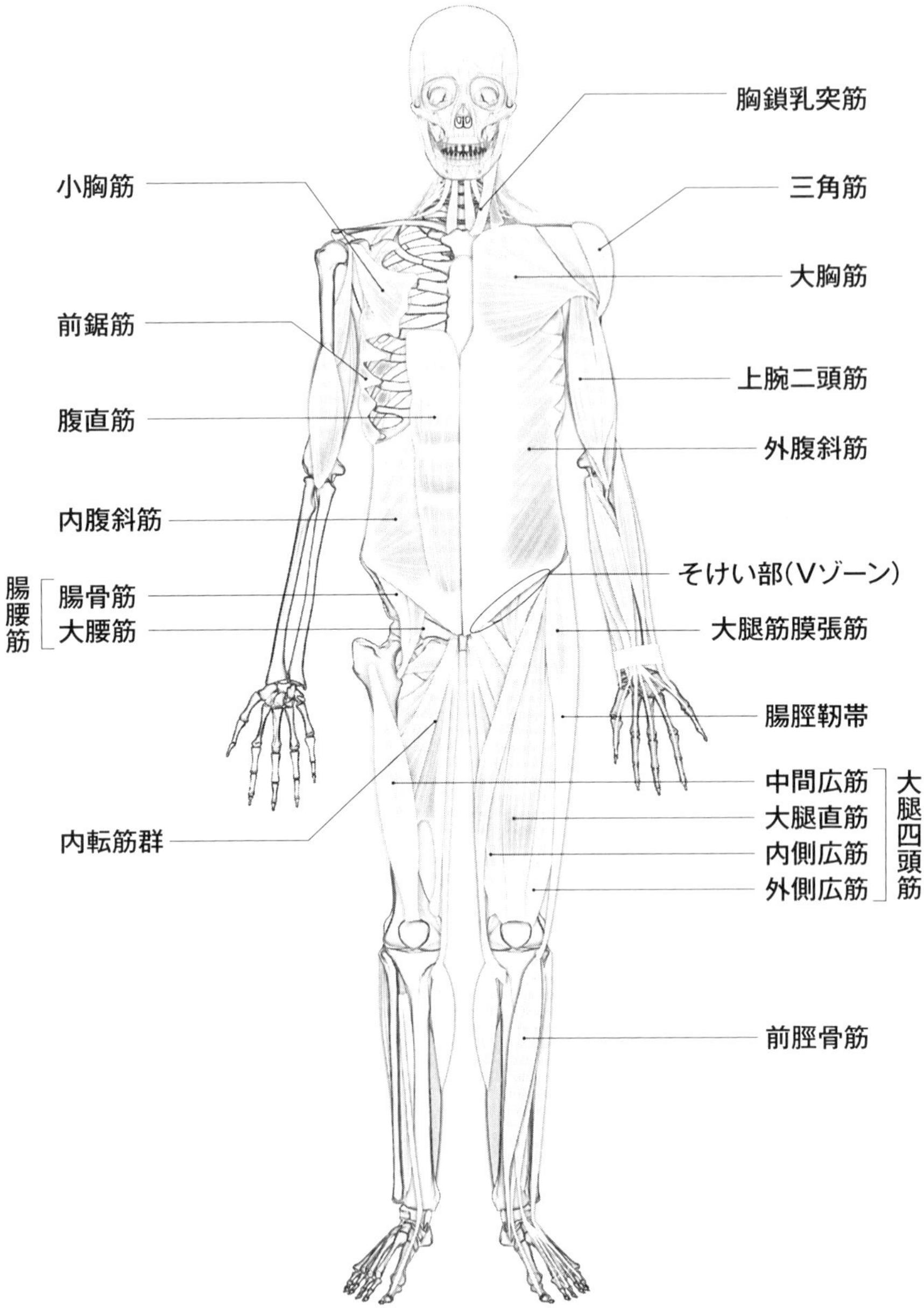
胸鎖乳突筋
小胸筋
三角筋
大胸筋
前鋸筋
上腕二頭筋
腹直筋
外腹斜筋
内腹斜筋
そけい部(Vゾーン)
腸腰筋
腸骨筋
大腰筋
大腿筋膜張筋
腸脛靭帯
中間広筋
大腿直筋
内側広筋
外側広筋
大腿四頭筋
内転筋群
前脛骨筋

■全身筋肉図（背面）

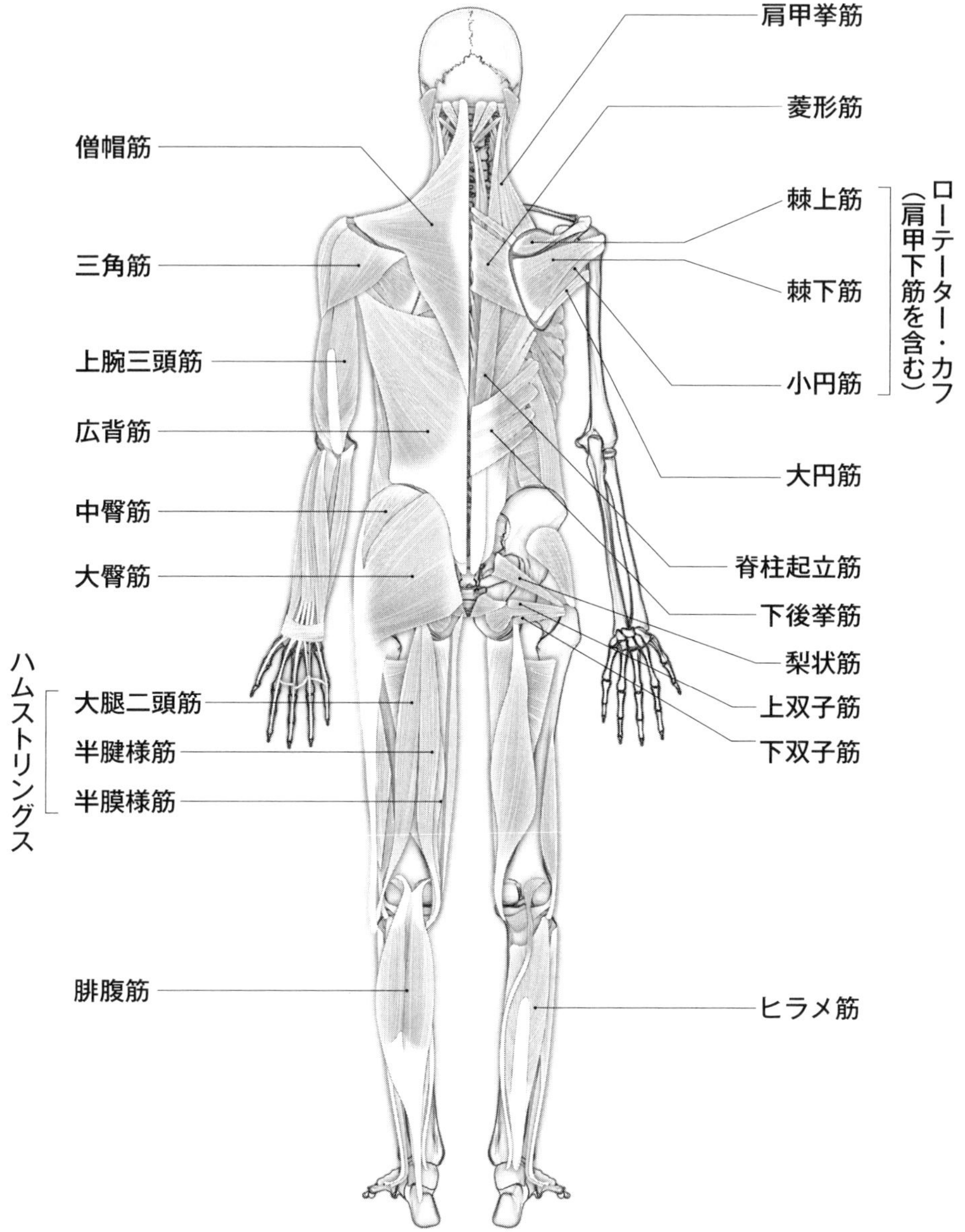

肩甲挙筋
菱形筋
僧帽筋
棘上筋
三角筋
棘下筋
ローテーター・カフ
（肩甲下筋を含む）
上腕三頭筋
小円筋
広背筋
大円筋
中臀筋
脊柱起立筋
大臀筋
下後挙筋
梨状筋
ハムストリングス
大腿二頭筋
上双子筋
半腱様筋
下双子筋
半膜様筋
腓腹筋
ヒラメ筋

■全身骨格図（前面）

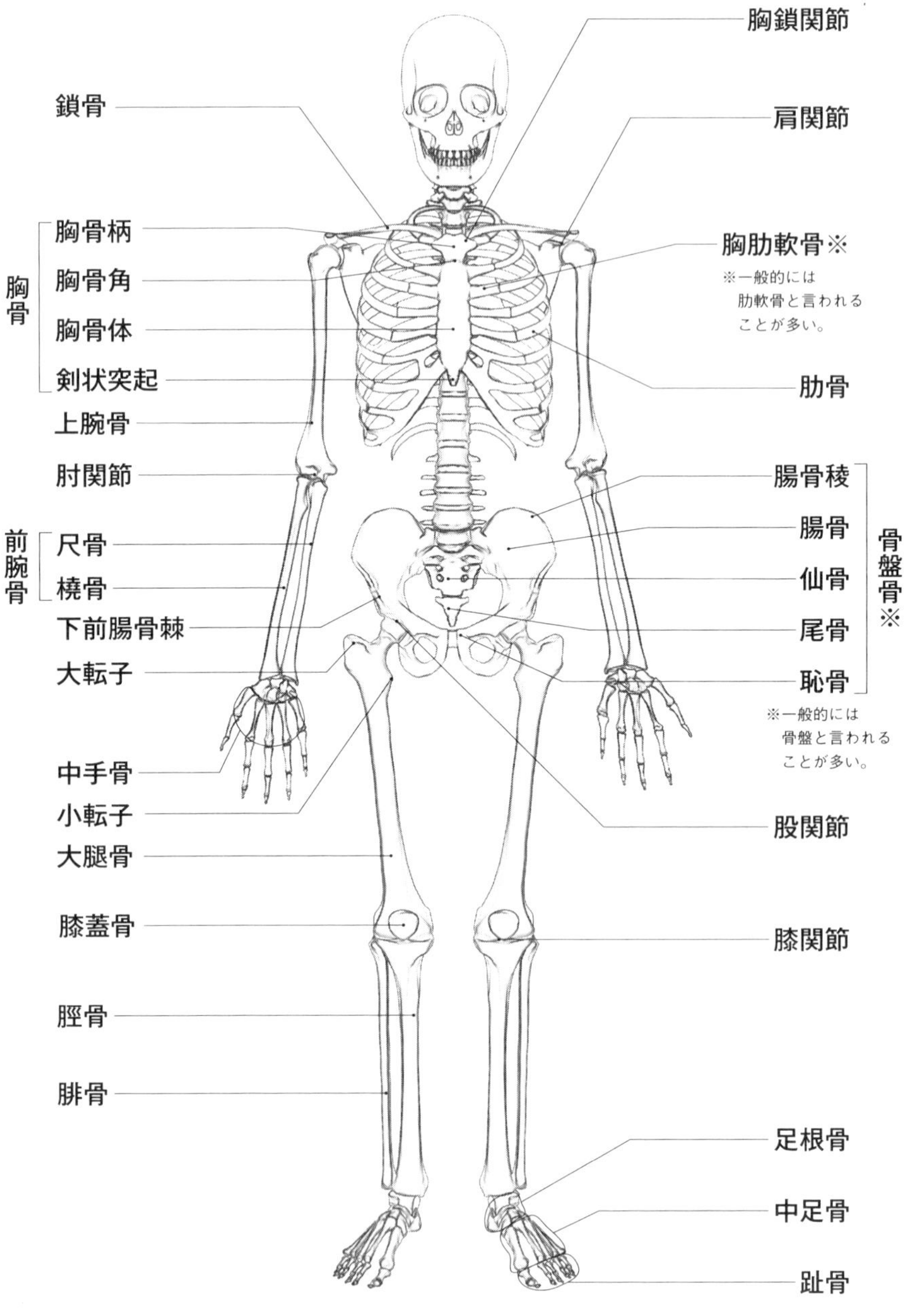
胸鎖関節
鎖骨
肩関節
胸骨柄
胸骨角
胸骨体
剣状突起
胸骨
胸肋軟骨※
※一般的には
肋軟骨と言われる
ことが多い。
肋骨
上腕骨
肘関節
腸骨稜
腸骨
仙骨
尾骨
恥骨
骨盤骨※
※一般的には
骨盤と言われる
ことが多い。
尺骨
橈骨
前腕骨
下前腸骨棘
大転子
中手骨
小転子
大腿骨
股関節
膝蓋骨
膝関節
脛骨
腓骨
足根骨
中足骨
趾骨

■全身骨格図（背面）

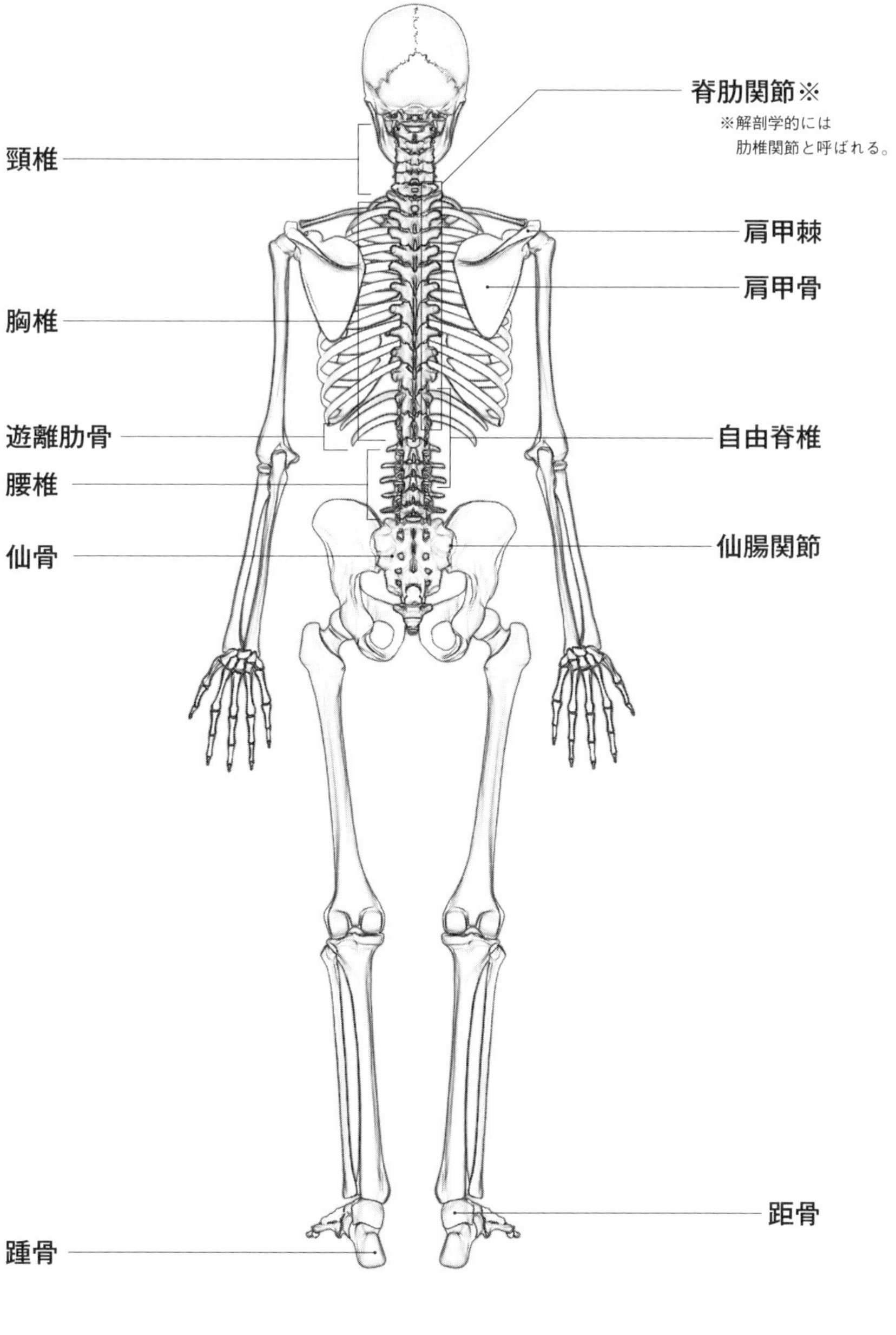

まえがき

サッカーならリオネル・メッシ、野球ならイチロー、水泳ならケイティ・レデッキー、ボクシングなら井上尚弥、バレーボールなら石川祐希、バスケットボールなら古いがやはりマイケル・ジョーダン。

しなやかでキレがあり、ゆったりしながら素早く最速で、緻密かつ雄大で、セオリー通りでいてセオリーを超越し自由自在……同じ五体を持つ人間でありながら、何でこうも違うのか。考えても本当のところはわからないから考えないようにしているが、心の皮を何枚かはがせば常に片時も忘れず「何でなんだろう???」という想いで心の底は満たされ続けているはず。あの天才的アスリートという存在がもたらす、神秘的ですらある永遠の謎。

その永遠の謎の一つに、4種類の科学的な回答を提供することが本書の仕事です。

まずその回答に到達するために、次の質問に答えてください。人間の上半身と下半身の各々で最大、最強、最重要の3次元関節は何でしょう? 上半身は肩関節、下半身は股関節という答えがただちに返ってくると思います。でも下半身はおおよそ合っていますが、上半身は間違っています。しかも二重に間違っているのです。

第一の間違いは、立甲を忘れているところにあります。立甲は、肋骨の上で肋骨を舞台に肩関節それ自体と腕を含む大きな筋群を自由自在に強力雄大に3次元に運動させる働きですから、そこには疑似関節状の構造が存在してくるのです。もちろんこの疑似関節は解剖学の書籍には載っていませんが、それは解剖学が死せる人体の科学だからです。生きる身体運動、しかも普通の人体以上に高度な身体運動を可能とする深く豊かな利用を人体に要求し、成立させている優れたアスリートの科学である運動科学にとっては、当然存在し、書籍に記載されるべき関節なのです。これを運動科学では「肩甲肋関節《けんこうろっかんせつ》」といいます。

拙著『肩甲骨が立てば、パフォーマンスは上がる！』では、肩甲肋関節という名称こそ記載しませんでした。その理由はこの書籍が出版される２０１８年という時代では、こうした疑似関節という考え方の提示が早過ぎるとの判断があったからです。

でも時代はまたたく間に進みます。立甲をテーマにした書籍は大きな支持を受け、それから7年を経て立甲の奥にあるさらに深いメカニズムの書籍を発表する時代が訪れたのです。立甲の奥にあるもの、それこそが「回甲《かいこう》」です。

「立甲」は肩関節のさらに体幹寄りの奥にある「肩甲肋関節」を生み出す役割をする肩甲骨に焦点を当てた概念です。立甲が「肩甲肋関節」を生み出すのです。では立甲の奥にある「回甲」はどんな関節を生み出すのでしょう？　それこそが運動科学が世界に先駆けて発見した肋骨それ自体と肋骨内に大きく展開する疑似関節状構造の「肋骨関節」なのです。

つまり上半身で最大、最強、最重要の３次元関節は何か、という質問に対する第一の答えより深いもう一つの第二の答えとは、この「肋骨関節」のことなのです。

「さあ、そう言われても……？」というのが多くの読者の反応なのではないでしょうか。「肩甲肋関節」なら、立甲をトレーニングし、立甲をわかっている方でしたら、関節を構成する一方の側の骨として肋骨を位置づけ、肩関節・肩甲骨をもう一方の側の骨として位置づけ、その間を少し分厚過ぎる緩解した筋肉たちを擬似関節軟骨とする関節状構造のイメージは持ちやすいでしょう。

でも「肋骨関節」はそういうイメージを持つことさえ許されないほどです。ですから「回甲」があるのです。「回甲」は肋骨を舞台にその上で肩甲骨が

■図1

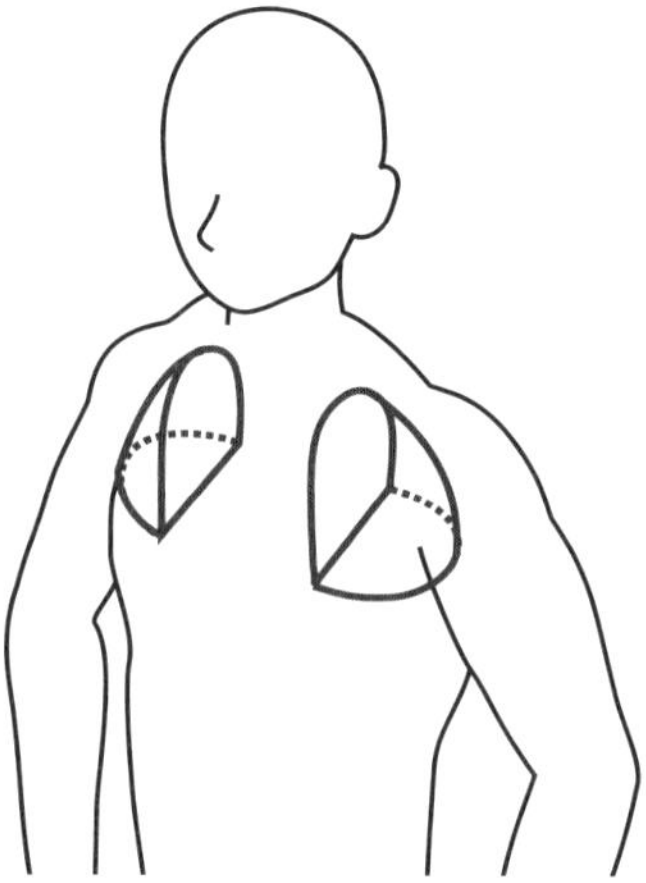

■図2

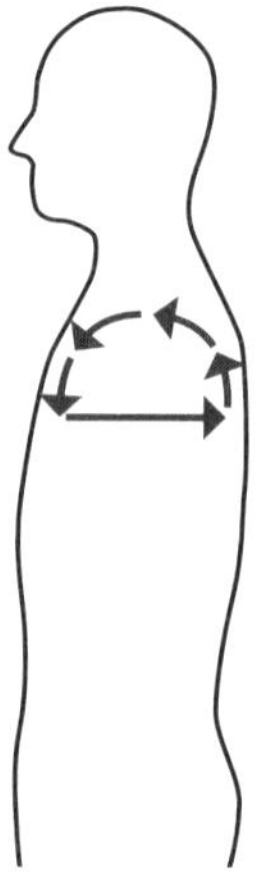

■図3

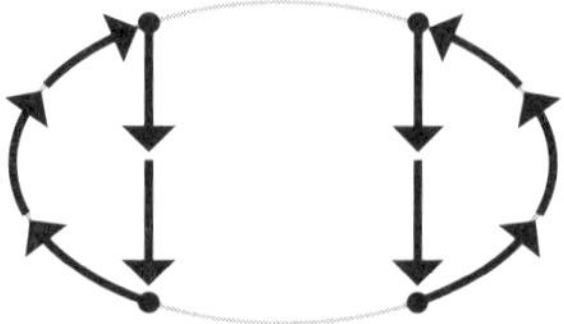

丸みをもった肋骨表面をクルーッと肋骨に沿って回りながら、肋骨を引き連れるように回し動かすことで、何本もの細い骨が並んでいる肋骨をズラシ回転させる働きをします。つまり「回甲」が立甲をズラシ回転させることで「肋骨関節」を生み出すのです。

図1が肋骨に形成された「肋骨関節」の全体の俯瞰図です。ご自身の両手各々で左右の「肋骨関節」の形を触って「こんな位置にこんな形でできるのか」となぞってみてください。

図2は横から見た図で、肋骨関節が縦に前方回転している様子、図3は上から見た図で、右の肋骨関節が左回転、左の肋骨関節が右回転している様子です。

さあ、これ以上の構造的な理解は本書の本編をあたっていただく楽しみとして、この「肋骨関節」を実際にどこで誰が使っているかの話をしましょう。

ここでは図2の縦回転の使い手を取り上げましょう。現代の人間ではレーザービームを投げた時のイチローです。そして28連勝という奇跡の記録をつくった時の田中将大です。さらに競泳自由形史上最高の女子選手ケイティ・レデッキーのクロールのストロークです。変幻自在に圧倒する石川祐希のスパイクです。

共通するのは身体の裏面を足方から頭の上へ向かって腕を回し、さらに前面を上から下に向かって回し下ろす動きです。これの並外れた世界のトップ・オブ・トップ選手たちは、必ずこの縦回転の肋骨関節を使っています。もちろん本人は潜在意識で行っていることですから、ほとんどの場合気づいていません。

人間でない例としては、疾走するチーターです。肋骨が肩甲骨と互いに連動しながら見事なほどにわかりやすい縦回転をしている、回甲そして肋骨関節の完成状態に近い存在です。

さらに現代人ではない人間の例としては、室町時代に史上最高レベルに達した剣術の達人たちの上段からの正面斬りです。敵を一瞬で真っ二つにしたというとてつもない斬撃力の剣技が、相手からはまったく見ることも反応もできないほどの、予備動作ゼロの瞬速で行われたといわれています。そしてその時代「肋のうちに車あり」など複数の言い回しが、こうした「肋骨関節」を示す教えとして遺されているのです。

本書はサラッと読んで一息でわかる内容ではないかもしれません。まさに一冊をかけて神秘的ともいえる〝謎〟を解き明かす、サスペンス書といっていいかもしれません。しかし書かれている内容は、すべてが科学的実証実験や多くの多角的な指導実験による検証を経たものばかりです。その意味でこのサスペンスは、読者にとって解く価値のある、解ければ解けただけ実りのあるサスペンスであると、信じています。この圧巻の解読作業には、おそらく筆者自身の実技解説映像がお役に立つことでしょう。その情報は本書の最後に記載しています。

目次

第1章 「回甲」はすべてのパフォーマンスを圧倒的に高める

第2章 「回甲」には4種類ある

第3章
ベストの基盤となる理論とメソッド

第4章 回甲①「サイクル」の方法と働き

第5章 回甲②「ローター」の方法と働き

序章

「立甲」ができたら、その先に「回甲」がある

第一項

「立甲」とは肩甲骨を肋骨からはがして立て、自由自在に動くようにすること

「立甲」と「寝甲」

動かなくても豊かな生活を送ることができる私たちにとって、肩甲骨を肋骨からはがすということは、たいへんに難しいことです。

ところが、毎日のように外で活発に遊び回っていた半世紀以上前の小学生くらいの子どもなら、誰でも肩甲骨を肋骨から独立させて、上下左右どの方向でも好きなように動かすことができました。その当時の子どもたちは、現代の子どもに比べて自由に遊べる環境があったので、その中で元気いっぱいに動いていたことで、ごく自然に肩甲骨を肋骨からはがして立てて自由自在に動かすこと、つまり「立甲《りっこう》」ができていたのです。

一方、現代は小学校の高学年ともなると、すでに肩甲骨を自由に動かせない子どもがたくさんいます。

肩甲骨と肋骨の間には、肩甲下筋《けんこうかきん》という筋肉があります。この筋肉は肩甲骨と肋骨に挟まれており、直接手で触ることができないため、一般的にはあまり知られていません。

現代人は、この肩甲下筋や、肩甲骨と背骨を結びつけている菱形筋《りょうけいきん》や肩甲挙筋《けんこうきょきん》などの筋肉が

ものすごく硬縮しているのです。なぜなら現代的な生活をしていると肩甲骨を使う機会がほとんどないからです。

肩甲骨とは反対に、現代人がよく使っているのが手や腕です。しかし、肩関節から先の手や腕を多用し、肩甲骨をまったく使わない状態が続くと、肩甲骨まわりの筋肉がどんどん硬縮し、肩甲骨が肋骨にへばりつく状態に陥ります。

このように肩甲骨が肋骨に、あたかも人がベッドに寝るようにベターッとくっついたまま固まっている状態を「寝甲《しんこう》」といいます。立甲とは対照的な状態です。

スポーツで優れた動きをするためには、この立甲が欠かせません。特に日本代表に選ばれたり、さらにその上の世界トップを目指す段階になったときには、肩関節から先の手や腕だけで運動をしている限り、まったく通用しません。

しかし、ほとんど身体を使わずに済む現代社会の中で、人が育つ過程で身につける身体使いというのは、どうしても寝甲をベースにしたものになりがちです。テニスや卓球やバスケットボールを行う現代人の動きは、ほとんどがこの寝甲レベルにとどまります。もちろんその原因は、肩甲骨を動かないようにする環境の中で育ってきたからです。

この寝甲の原因となっている硬縮した筋肉群をときほぐし、肩甲骨が肋骨の上で立てるようにすることが立甲です。肩甲骨の内側が上に、外側が下（肋骨側）になって、肩甲骨が肋骨から離れて30度以上の角度になると立甲ができ始め、40度以上にもなれば十分に立甲ができている状態とみなすことができます。

■四足動物と人間の肋骨・肩甲骨・前肢（腕）の関係図

四足動物の肋骨は左右が潰れ、上下に長い楕円形をしているのに対し、人間の肋骨は上下（立位では前後）が薄く、左右に幅広い楕円形となっている。

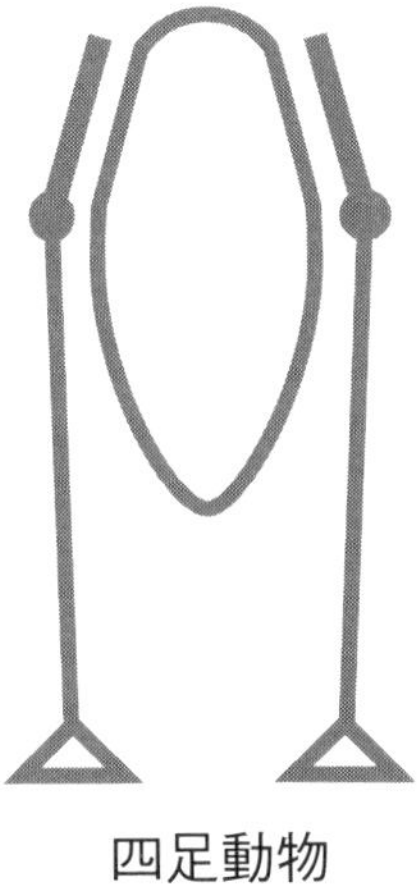

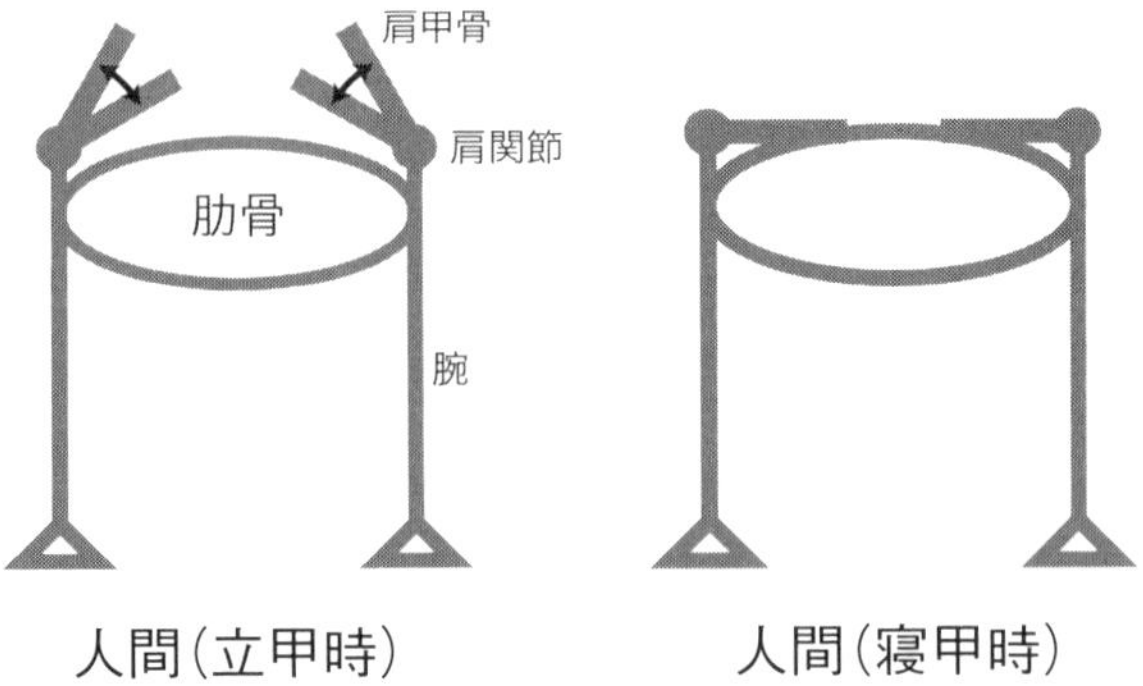

■立甲の正しい方法とNG

正しい立甲とは、肩甲骨が背中側の肋骨の平面に対して30度以上、もっと言えば40〜50度前後まで立ち上がってくること。しかし、肋骨が浮き上がったままでは正しい立甲とは言えない（NG1）。また肩甲骨が肋骨にへばりついたり（NG2）、その状態で肋骨が下がるのは（NG3）、典型的な寝甲だ。

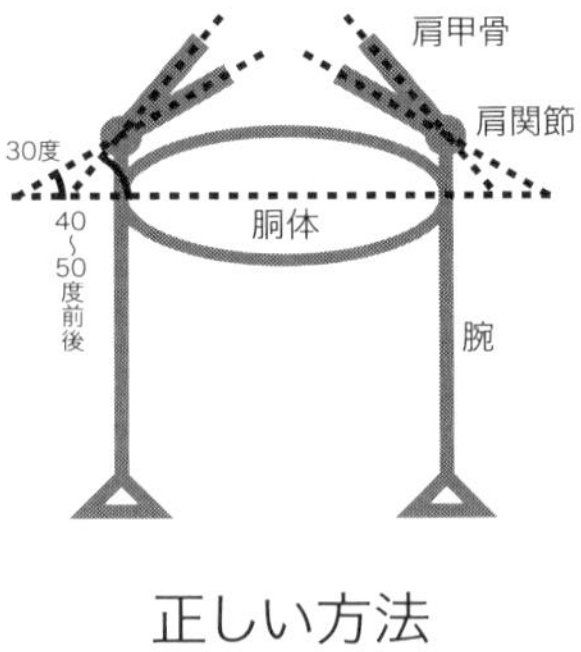

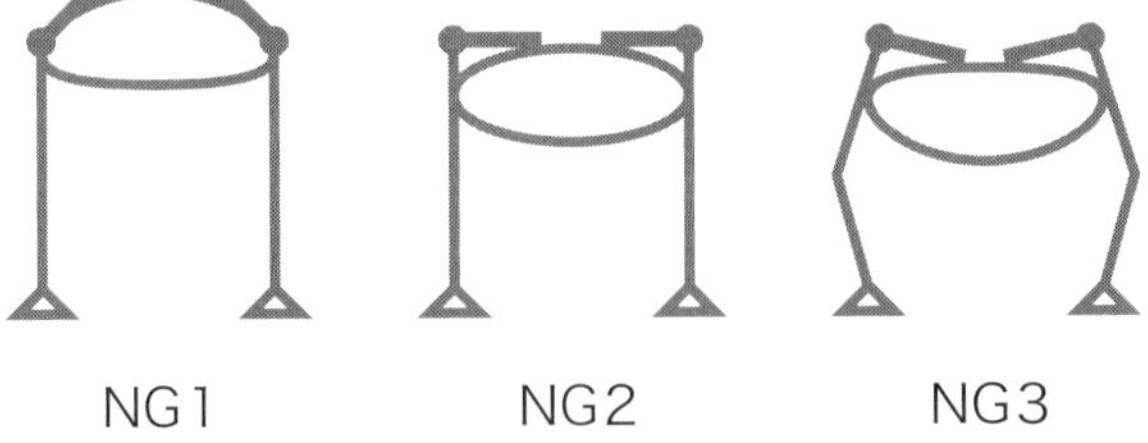

ここで大事なポイントは、肋骨の上で肩甲骨を立てることができると同時に、肋骨を土台にしながら肩甲骨をあらゆる方向に自由自在に動かせるようになってはじめて、本当の意味での立甲と呼べるということです。

いま「肋骨を土台として」と言いましたが、この「肋骨を土台にすること」はきわめて大事なポイントです。ものが特定の場所で自由自在に動くためには、その土台や起点になるものが必要だからです。

解剖学的にいうと、肋骨と肩甲骨というのは直接つながっていません。骨格的には、肋骨と肩甲骨は離れているのです。肩甲骨が直接つながっているのは肩関節です。肋骨と肩甲骨の関係というのは、肩関節に対する上腕や、股関節に対する大腿骨のように支点があって、その支点から生じている骨が動くという構造ではないのです。

それでは、肩甲骨はいったい何を基準に動けばいいのでしょうか。それが「肋骨を土台として」という概念なのです。肩甲骨は肋骨の上で自由自在に動きまわるもの、肋骨は肩甲骨が自由自在に動けるように安定的な土台として存在するもの、これこそが立甲における肩甲骨と肋骨の間で求められる必然的な関係なのです。

そのためには、肋骨は安定していなければなりません。肋骨が安定するためには、体幹の中段あたり、胸椎11番、12番、腰椎1、2、3番をキチッと固定させることが必要です。これらの脊椎は、支える背骨自身以外には他の骨格とつながるところがないことから、グニャグニャと自由に動きやすい部位という意味で、私は「自由脊椎」と名付けています。

■自由脊椎

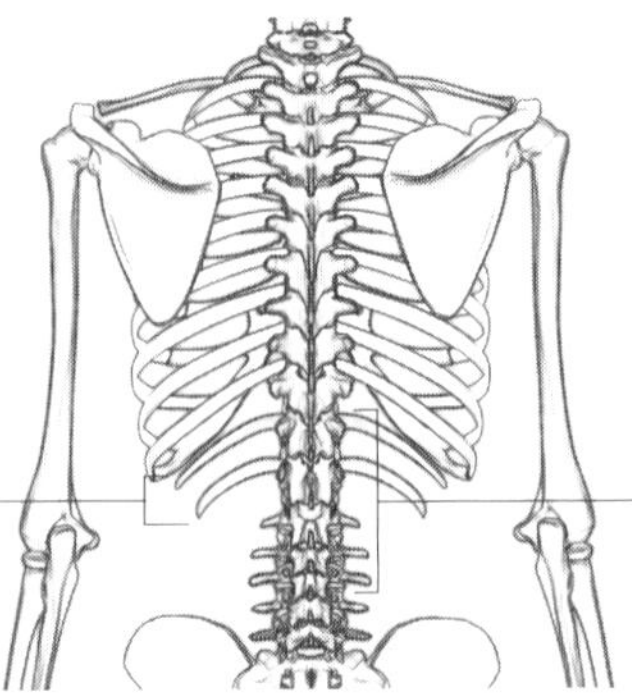

胸椎の下から２個と腰椎の上から３個の骨は、脊椎以外の骨から独立しており、自由度が高い。これを自由脊椎と言う。

立甲を身につけるには、この自由脊椎をキチッと固定させて、肋骨が肩甲骨の土台となるように体幹力をつけることが必要です。このことへの理解が本当の意味での正しい体幹トレーニング、ひいては立甲トレーニングにつながるのです。

手・腕・肩先でがんばる動きは寝甲の典型

先ほどもお話ししたように、現代人は放っておけば、手・腕など肩先でしか上半身の動きができません。もちろんそれは肩甲骨が寝甲しているためです。

寝甲の状態では、肋骨を安定した土台とすることができず、肋骨を十分に活かすことができません。肩甲骨が自由自在に飛び回るように動くためには、安定的土台となる肋骨の成立がどうしても必要なのです。

その肋骨が成立しないのは、すでに触れたとおり胸椎11番、12番、腰椎1番、2番、3番という5つの脊椎を取り囲む体幹中段の筋肉を、目的的・合理的にキチッと硬縮させて固めることができていないからです。このように筋肉を目的的・合理的に固めることを「格定《かくてい》」といいます。

競技スポーツは、相手の選手と競い合うことが前提ですから、各種スポーツの条件の中で必然的に肩関節から先だけの動きではどうしても対応できない、あるいはそれ以上の動きをしなければならないという場面が多く出てきます。

テニスや野球やバドミントンなど道具を使う種目を例に挙げれば、肩関節からの動きでは足りないくらいの角度で腕を動かさなければいけない状況や、飛んで来る物体に対し肩関節を近づけるように動かさないと道具の最適打点で来る物体を捉えられない状況などです。

格闘技であれば、もっと様々な状況が考えられます。

寝甲状態の人の脳と身体は、肩関節の先だけで手・腕を使うようにプログラムされているわけですが、競技スポーツという条件がそれを許さず、肩甲骨をどうしても動かさざるを得なくなるのです。

しかし、肩甲骨を肋骨からはがして自由に動かせないとなれば、当然のことながら肩甲骨に肋骨を引きつれて動き出すことになります。そして、肋骨を引きつれて動き出すには、体幹の中段をグニャグニャと伸ばしたり曲げたりしないといけなくなるのです。

先ほども申し上げたように自由脊椎は、その構造上、背骨の中で一番自由自在に動くようにできています。

一方、肋骨は胸骨とガッチリとつながったケージ（檻）状をしています。ですから肋骨自体は非常に変形しづらい構造をしているのです。肋骨を引きつれて動けば、結果的に体幹が崩れてグニャグニャしてしまうのです。

最近は、体幹トレーニングが流行っていますが、トレーニングに成功しない例が多く見られる原因の一つは、このように肩甲骨が肋骨にへばりついた寝甲状態のままトレーニングを行っていることです。

そして、この現代的宿命を克服するものが、立甲トレーニングなのです。

立甲の開発ができない限りは、体幹を活かした上半身など存在し得ません。体幹を活かすには、自由脊椎まわりの筋肉をキチッと格定させて、肋骨がグラグラと無駄で余計な動きをしないことが大前提となります。

つまりは道具を使う種目であれば、肩甲骨を自由に動かせない限りは、手・腕、道具などを自由自在に動かせず、体幹をフルに活かした上半身の動きができないということです。もちろん肋骨を土台とした肩・腕の雄大で効率的な動きなどできるはずがありません。

立甲ができなければ、たとえ身体資源に恵まれていたとしても体格や筋力を十分に活かすことができず、身体資源の割に弱くて脆弱な動きしかできませんし、しなやかで美しく効率的な動きをすることはとても不可能です。当然、専門種目の日本代表に選ばれたり、さらには日本代表から世界のトップレベルに向かってどんどん突き進むなんてことは、夢のまた夢です。

たとえアスリートが酸素消費能力（運動中に体が消費できる最大酸素摂取量のことで、全身持久力を測る指標となる）が高いというデータが出たとしても、実際の競技動作になるとタフネスに劣るという結果になるのです。

肋骨が安定的な土台となって、肩甲骨が自由度をもてない限りは、体幹を正しく保つことができませんし、無駄で間違った動きを続けざるを得ないのです。そこから生まれるストレスが、運動生理学・運動生化学的に酸素消費能力を下げてしまうことになるからです。

メンタルにも悪影響が出てきます。肩甲骨が硬縮して肋骨に貼りついている寝甲状態では、メンタル面でも緊張しやすくなり、脳の様々な領域が自由に連関しながら効率的・合理的に働くような脳活動ができなくなります。

したがってチームプレーの場合は、自分と仲間・敵を含めた他者や状況全体を見渡す大きな視野が失われることになります。重要な判断場面においても目先の小さな条件に捕らわれ、切羽詰まった状態で判断をすることになるのです。

肩甲骨から動きをつくり出せると、腕の角速度や回軸回旋力が圧倒的に増す

次に手・腕の動きについて解説します。

手・腕の運動には、手・腕が前後左右に振れる「振り子運動」と軸回りをする「回軸運動」、

さらにその２つが合成された「回旋運動」があります。

　これらの運動はスポーツの中でたいへん重要となる上半身運動なので、立甲ができると手・腕の動きが圧倒的・合理的に拡大化されます。肩甲骨が立甲することで、肩甲骨からの動きが生まれやすくなるのです。

　立甲ができると肩甲骨が肋骨の上で自由度を増して動けるようになるので、肩関節から先でやろうしている三次元の運動を根元からカバーしたり、あるいは根元から大きな動きをつくることが可能になります。そのことで肩関節の運動負荷が圧倒的に減り、余計な力を使わなくても済むのです。

　わかりやすくいうと、肩関節の動きの範囲や角度が小さくても対応できるようになるのです。肩甲骨や肋骨、肩関節が連動す

■振り子運動・回軸運動・回旋運動

振り子運動

回転軸運動

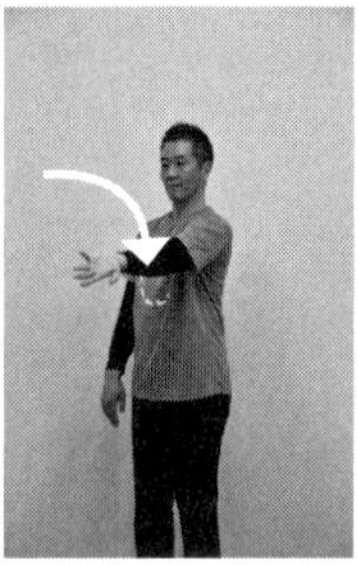

回旋運動

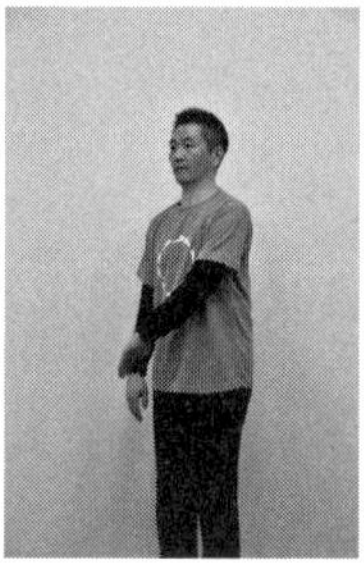

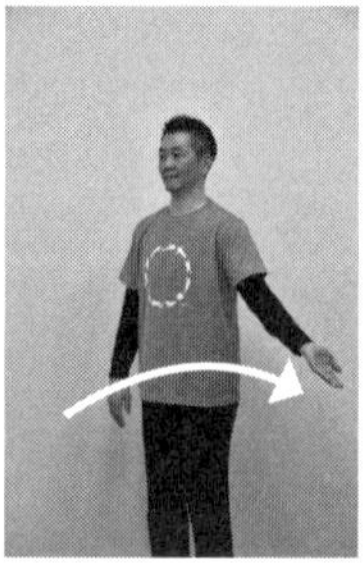

ることで、しなやかな動きをつくることができるわけです。

肩甲骨まわりには、僧帽筋や広背筋などの強大な筋肉群が存在します。それらの筋肉が肩甲骨の動きにしたがって肩関節から先の動きを根元から強大化しながら、動きをつくり出していくのです。

結果的に動きのスピードが早くなります。この場合は、腕が振り子運動することによる角速度ということになりますが、肩甲骨が動くことで角速度が圧倒的に増すのです。当然のことながらパワーも増えます。この腕の振り子運動のパワーを甲腕振力《こうわんしんりょく》といい、この甲腕振力が劇的に強化されるのです。

そして、このことは回軸運動と回旋運動にも言えることです。肘から先の前腕は回軸運動、肘から肩関節までの上腕骨は振り子運動と回軸運動の合成である回旋運動をします。しかし、肩関節に頼る動きでは、どうしても回軸・回旋の角度と力と速さが限定され、結果的にパワフルでスピーディーでダイナミックな運動が限定されてしまうのです。

手・腕の回軸・回旋運動を肩甲骨からつくり出すことができると、振り子運動で起きたのと同じように角速度とパワーが圧倒的に増し、同時に動く角度も増します。つまり、より大きく力強くスピーディーに回せるようになるということです。

そして、結果的に回軸回旋力が増し、甲腕回旋力《こうわんかいせんりょく》が圧倒的に強大化されることになるのです。

第二項

「回甲」は肩甲骨を回して肋骨を動かすこと

「回甲」で肋骨を固定土台から活動土台へと変化させる

「回甲」とは、立甲によって自由自在に動く能力を与えられた肩甲骨を上下左右に回したり、前後に運動させることとで、肋骨を通常の固定土台から目的的・合理的かつ自由自在に活動する活動土台へと変化させることです。

立甲では、肋骨は安定した固定土台の段階でしたが、立甲ができて自由自在性を得た肩甲骨が、さらにその先の運動レベルに進むためには固定土台になっている肋骨を目的的・合理的に自由自在に動くようにつくり変えることが必要です。

そして、トレーニングで肋骨を実際につくり変えることは可能なのです。

肋骨は全部で12段あります。体幹全体を左側に傾けると、左側の肋骨たちはすき間をわずかに減らし、反対に右の肋骨たちはすき間をわずかに開くことになります。右に傾けると、今度は左側に傾いだときとは真逆のことが起きます。

次に、肋骨全体で軸に対して軸回りに回転、つまり肋骨の回軸運動を行うと、この場合もわずかですが、左回りでは肋骨上部がまず左回りをして、少しだけ遅れて肋骨下部も左回りをします。一方、右回りでは真逆のことが起きます。

ところが、回甲はこのような類いの運動ではないのです。

回甲は上半身の運動を最強・最大化していく装置

回甲とはいったいどういう運動なのかをこれから説明していきます。

肋骨の左右両側を、背骨から肋骨の端までのおよそ半分くらいのところで、上からスパッと切ります。もちろん実際に肋骨を切ったら人間は死んでしまいますから、あたかも切ったようなつもり（意識）になってください。

そして、切ったところにあたかも巨大な関節面があると想像してください。この巨大な関節面が回甲の動きを生み出す元になるので、この関節状の意識はとても大事になります。

ここでは、仮に右側の肋骨を切ったとします。肋骨を切った面の外側の部分を「肋体」といいます。肋体の後ろには肩甲骨がついています。

その右の肩甲骨が、右の肋体の表面を右側に向かって滑るように動くと、肋体が肩甲骨の動きにつられて動こうとするのです。

肩甲骨は、ある範囲より先には行けません。しかし、可能な範囲の中で最大限に動けた方がいいのです。さすがに肋骨の真横、つまり脇までは行けませんが、その手前まで動いた流れのまま、あたかも肩甲骨が肋体の真横から前に向かって動こうかと思わせるほど肋骨のまわりを

■肋体のズレ回転運動

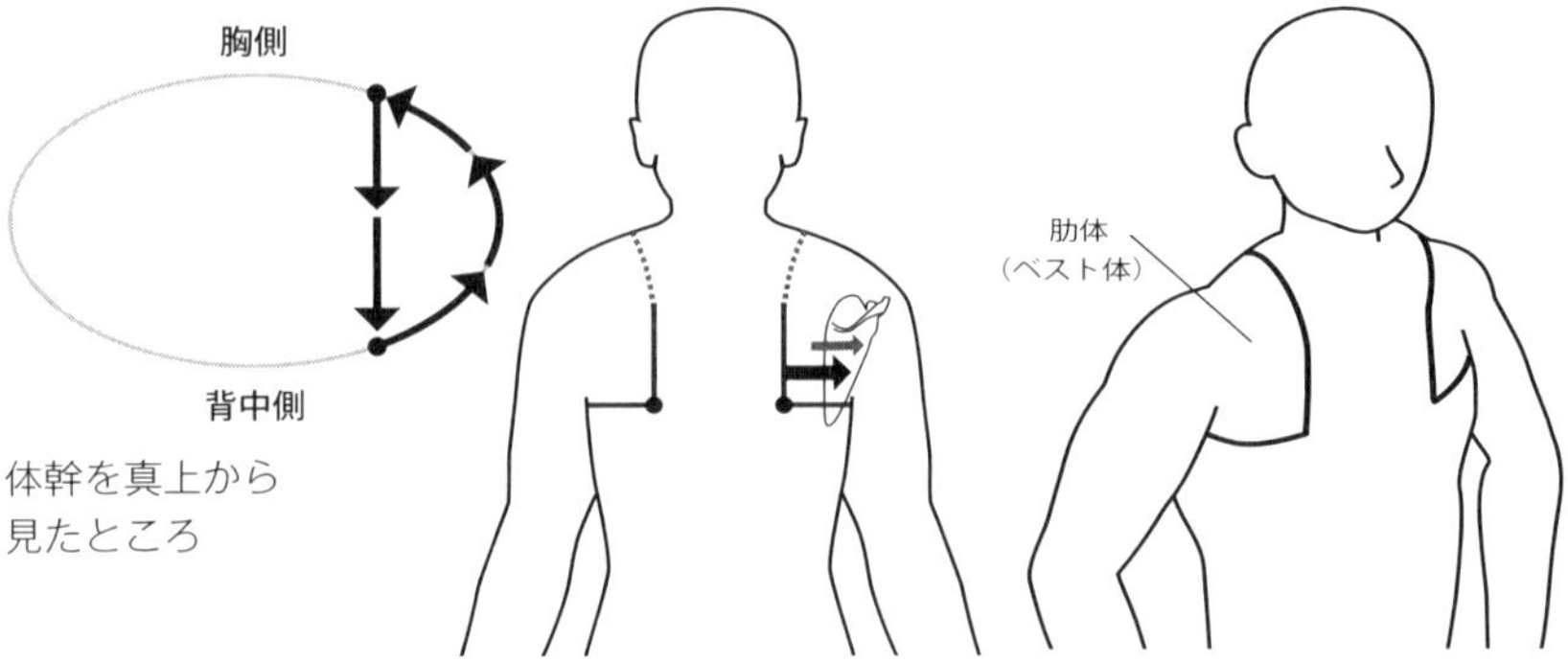

滑るように動く意識が生まれることで、その流れに引きずられて肋体も一緒に動こうとするのです。

そして、肩甲骨がリードした意識の流れは、一周して元の関節面に戻ってきます。これが肋体の回転運動です。

この肋体の回転運動というのは、肋体のど真ん中の一定の位置に上下に回転軸が通って、そのまわりを「クルッ、クルッ」と回るような回軸運動とは異なります。もし肋体に軸が通っていたとすると、その軸自体が肋骨背面の表面近くを右方向へ、次に脇を前方向へ、続いて胸面を左方向に、そして肋体内側の巨大関節面を後方に戻ってくる、というような「ズレ回転運動」なのです。

巨大関節面の後端でズレるようにして軸が内側から外側へと背側の肋骨を後方にふくらますようにと働きかけながら動いていき、次に前方へズレるように脇面を通り過ぎて、前方まで来たら今度は外側から内側へ向かうようにして軸が胸側の肋骨を前方にふくらますように動きかけながら動くのです。

この説明を聞いて、皆さんは「この運動って、いったい……？？」と、ある種の衝撃を受けたのではないでしょうか。

この運動は左側でもできますし、今と同じ右側で逆回りのパターンもあります。

スポーツ競技においてこの運動を行う場合、多くは最初に紹介した背側を内から外に向かって動き出すパターンがほとんどで、これを順回転といいます。胸側を内から外へ向かって動き出すパターンを逆回転といいます。

今は横回転系の動きを説明したのですが、関節面のところで上下に縦回転する動きもあります。背側を下から上へ回り、上に達したところで今度は前方に向かって、胸側を上から下へ回るように移動する。普通の運動表現でいえば前回り系の運動です。ただし特定のライン状のズレ回転というところが重大な違いです。

■横回転系の動き（ローター）と縦回転系の動き（サイクル）

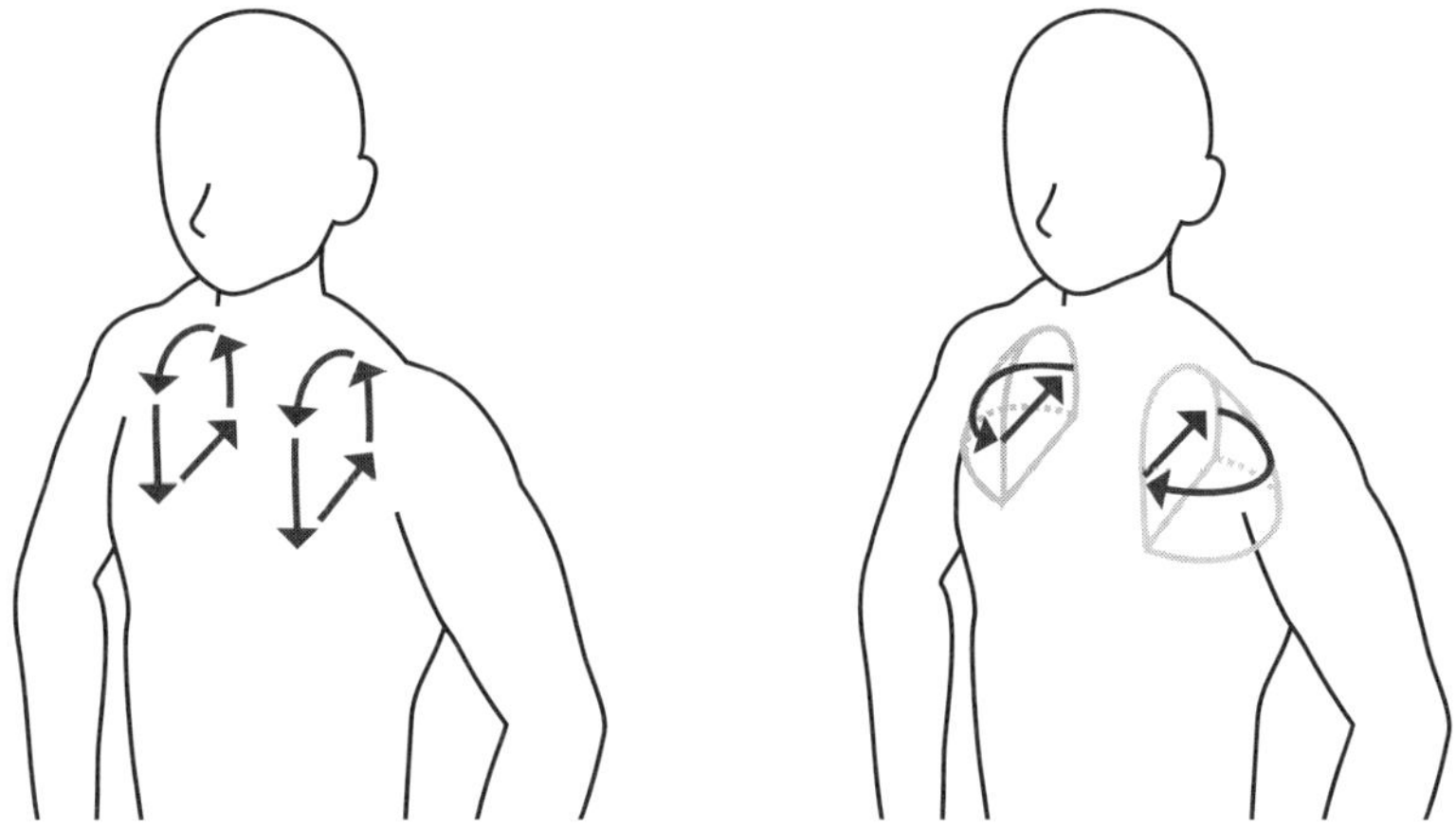

縦回転系の動き
（サイクル）

横回転系の動き
（ローター）

いきなり肋体を回すのは難しいでしょうから、回甲という言葉を頼りに肩関節と肩甲骨を一緒に前回りさせてみてください。これだったらなんとなく感覚的におわかりいただけるのではないでしょうか。

ただし、肩甲骨が相当固まった寝甲状態の人だと、この運動でもなかなか感覚をつかむのが難しいかもしれません。肩関節はなんとか回せたとしても、肩甲骨が肋骨にへばりついて、前回り運動する感じがしないからです。

一方、肩甲骨が自由自在に動く立甲状態の人なら、前後に回っている感じがするはずです。実際に肩関節は前後に回って一周しているので、結構大きく回るのが感じられるのではないでしょうか。

とはいっても人体の構造上、肩甲骨が回るわけがありません。必ずどこか途中で止まります。これは当たり前のことです。しかし、肩関節が回る流れの影響で、肩甲骨があたかも肩関節と一緒に肋骨を回っているように感じられるのです。

こういうものを「身体意識」といいます。身体に形成される意識のことです。

実際には、肩関節は身体の前方側にも回っていきますが、肩甲骨は決して前方側にまで回っていません。体幹の後ろ側では、肩甲骨が下から上に上がるように回り、体幹の前側では当然実体としての肩甲骨はないのですが、あたかも肩甲骨が上から下に下がるように回って、元の位置に戻ってくる、そしてふたたび体幹の裏側で肩甲骨が下から上へ回るというような運動をくり返しているように感じられるのです。これが身体意識です。

先ほどもお伝えしたように、あたかも関節面があるかのように感じられるライン上を、いま体験していただいたように前回り運動させるのです。

これが回甲の運動の中の「サイクル」といわれるものです。順回転をするので、より正確には「順サイクル」といいます。当然、逆回転の「逆サイクル」もあります。

水泳のクロールをやっているつもりになってください。その関節面上でサイクルの動きで前回り回転しているつもりになって、軽く腕回し動作をやってみましょう。「ん？ これは身体に馴染むな」という感じがしませんか。

今度は肩関節の先だけで腕を回してみてください。サイクルで動かした動きに比べると動きがずっと小さいし、動きづらく、大きく伸びのある、水を捉えられるようなきれいな腕の回転ができないことに気がつかれたのではないでしょ

■身体意識とは

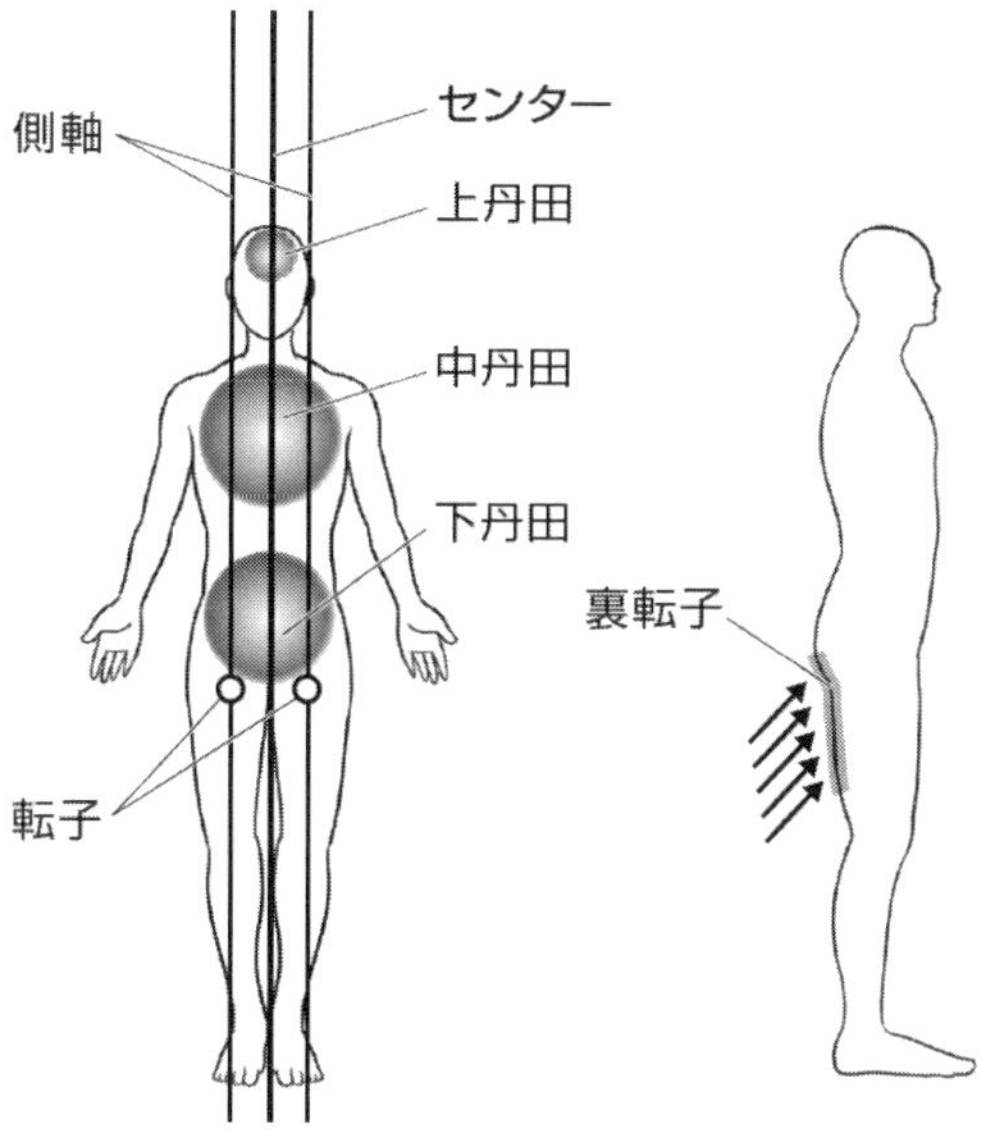

身体意識は、著者が発見した身体と精神の境界領域に空間構造をもって存在する潜在下意識であり、人間の心身にわたるあらゆる能力を本質の側から支配する働きを持つ。古来、人間の本質力の中心として重要視されてきた身体を天地に貫くセンター（正中線・軸）や前頭部・胸部・下腹部におのおの形成される上・中・下丹田、股関節に形成される転子、大臀筋と大腿裏筋群、外旋筋群を活性化する裏転子などが、その代表例。

うか。

もう一度、サイクルの順回転をやってみましょう。その運動をやりながら腕を上手に回してみてください。大きく、滑らか、雄大かつしなやかな心身一体の動きで、水をしっかりと捉えられる感じがするでしょう。これが身体意識の働きなのです。

実は回甲とは、肩甲骨の動きを使って、肋骨に巨大な関節状の意識をつくることなのです。それによってできあがった巨大関節状の意識とその様々な利用、活用を、運動科学の英語名では「ベスト」といい、昔日の武術での概念では「肋車《ろくしゃ》」といったのです。

肋車という名前は、この動きの印象にピッタリだとは思いませんか。実際に肋骨が回る感じがするからです。ただし正確な言い方をしますと、そもそも室町時代からの伝承では「肋に車あり」とか「肋を車となす」とか心と体の極意として教えられていたことを、私が他のいくつもの伝承を整理概念化して「肋車」と名付けたというのが事実です。

一方、英語名のベスト、これも私が訳したのですが、これはなぜかというと、タンクトップやランニングシャツなど、袖がなく、首や腕まわりが大きく開いた肌着を、イギリス英語ではベストと呼ぶからです。

実際にベストを見ると、先ほど肋骨を切った面に沿うような形で上から細い布地が下りてきて、途中で脇の方に向かっています。裏側も同じ構造です。このベストがつくり出している、布地のある部分とない部分の境界線が、ちょうど回甲における巨大関節状の意識が通る面と、形状としておおよそ一致するのです。

このベストによって切り取られた、つまりシャツのない部分が「肋体」で、「ベスト体」ともいいます。回甲では、この肋体（ベスト体）が様々な運動をすることになるわけです。

回甲ができれば、雄大なメンタルで奥深く見事に体幹力を活かし切り、肩から手・腕の能力を最大化することができます。回甲が上半身の運動の整合性や巧緻性、パワー、力学性を含め、上半身の運動とメンタルを最強・最大化していく装置になるのです。

回甲ができているアスリートたち

ここからは、実際に回甲ができている選手を取り上げていきます。この回甲ができているのは、まぎれもなく世界トップレベルの選手たちです。

■タンクトップを着た男性

最初に取り上げるのは、競泳女子自由形の中長距離でアメリカ代表のエースにして、すでにレジェンド的な存在として、世界トップの泳ぎを見せ続けているケイティ・レデッキーです。

このレデッキーの泳ぎは、非常にゆったりとした心身一体の雄大な動きが大きな特徴です。どうしてあんなによく水に乗れて、見事に水を捉えられるのだろうというような合理性が極まった腕使いをしています。

彼女は、泳ぎの最中に体幹がまったくゆるんだまま崩れません。先ほどもお話ししたように、優れた動きをするためには、体幹の中段部分がしっかりと格定されていることが必要です。

もし肋骨全体を大きく使ってしまうと、せっかく格定した体幹の中段とケンカすることになり、結果としてその中段部分がグニャグニャ動いてしまい、あっという間に体幹が崩れてしまうからです。こうなってしまっては、優れた動きなどできるわけがありません。

回甲ができるためには、まずその前提として、立甲ができていることが必要です。肩甲骨が肋骨にへばりついて硬縮している寝甲の状態では、肩甲骨を回そうとしてもとても回せるものではありません。

肩甲骨が動かなければ、当然、回甲はできません。回甲するためには、どうしても肋骨をリードしてくれる肩甲骨が必要なのです。格定をやめて、自由脊椎を解放してしまうと、体幹中段の肋骨下部、つまり胴体の胸腹部から背中の下の腰に近い部分が動いてしまうので、体幹が崩れてグニャグニャになってしまい、優れた運動にはならないのです。

レデッキーは、体幹が見事に格定され、全然ぶれません。その体幹の格定力は何から生まれているかというと、まず全身の体幹はもとより手足の先端までにいたるすべての部分を徹底的にゆるめ、その上で回甲するために必要となる、肋骨の肋体以外の部分から骨盤までの体幹をキチッと格定させて、それと同時に体幹中段の自由脊椎まわりも矛盾なく格定させることで、あの見事に雄大な回甲の運動を矛盾なく生起させているのです。

レデッキーは、脚をあまり使いません。あくまでも身体全体の調和とバランスを取りつつ推進力に加力し、かつ全身のすべてを支えるコントロール装置としてのセンター（軸）を見事に通すために、あえて脚の動きを抑制利用しているのです。実際の推進力の多くは、彼女の回甲の運動から生まれているのです。

次に取り上げるのは、元メジャーリーガーとして活躍した日本人投手です。

いま日本では、メジャーリーグがたいへんな

■ケイティ・レデッキーのゆったりとした雄大な動き

注目を浴びています。もちろん、それは大谷翔平の活躍によるものが大きいのですが、今日大谷がアメリカでこんなにも活躍ができるのは、かつて日本人メジャーリーガーの先駆者として、一人の天才的な投手がいた影響がたいへん大きいのです。

それは、野茂英雄です。若い世代の方はあまりご存じではないかもしれませんが、日本で誰もが渡米を猛反対する中、単身アメリカに乗り込み、数々の記録を打ち立てた名投手です。その後の日本人メジャーリーガーのピッチャーが目標とするもなかなか抜けないような多くの記録をつくりました。

この野茂の代名詞ともいえるのが「トルネード投法」です。身体を大きく捻る独特なフォームから名付けられたのですが、実は、このトルネード投法の一番基盤としてあった動きのメカニズムが、回甲だったのです。

ピッチャーがまず上半身で一番に目指すべきなのは、立甲（と体幹の格定）です。立甲によって肋骨を土台として、その上にある肩関節から肩甲骨にかけての筋肉全体を重力も含めていい重量にしながら、肋骨の上で肩甲骨を滑るように動かすことにより、肩・肘の負担なく速球や変化球を投げることが、第一の目標となります。

そして、次に目指すべきなのは、それよりもっと奥深い、さらに圧倒的な運動力を生み出すパーツを開発することです。それは肋骨です。

肋骨を活かすことによって、肩関節や肘関節に大きな負担をかけずに重量の利いた重いボールを投げたり、深い変化球を投げられるようになるのです。

肋骨が有効に使えるようになると、ピッチャーは、肩・肘の損傷を極度まで減らすことができます。逆にいうと、剛速球を投げるような投手が、肋骨の動きをまったく使えないと、肩や肘の損傷や障害に常に見舞われ続けることにもなりかねないのです。

そういう意味で、野茂は卓越した回甲の使い手だったのです。

次に取り上げるのは、ボクシングの井上尚弥です。

2024年5月に元世界2階級制覇王者ルイス・ネリに勝利した際に、米専門誌『ザ・リング』のパウンド・フォー・パウンド（PFP）ランキングで、見事1位に返り咲きました。

PFPランキングは、全階級で体重差のハンデがないと仮定したときに最も強い選手を決めるためにつくり出されたランキングです。現在では、多くのメディアが独自のPFPランキン

■野茂英雄のトルネード投法

■井上尚弥の左ジャブ

グを発表していますが、その中でも本家と言われているのが、この『ザ・リング』誌のランキングです。

井上は、2022年に一度1位になったことがあるのですが、その後ランクが下がって、また1位にカムバックしたのです。

彼は、なぜあれほどキレのある動きができるのでしょうか。彼の試合を実際に観たことのある方はおわかりだと思いますが、フットワークがキレるだけではなく、きわめて動きの削ぎ落とされたキレのあるパンチで、相手の選手を軽々KOしてしまいます。相手がまったく反応できないのです。

肩を大きく引いて、腰や体幹の捻りをフルに使い、ガツンとくるような大きなパンチが相手に当たれば、大きな衝撃を与えることは誰でもわかります。しかし、井上のパンチは、非常にコンパクトな動きなのに、そうは見えないような破壊力を持っているのです。

井上が試合を行うような世界タイトル戦で、小さくコンパクトな動きで相手を一発でＫＯするということはきわめて難しいことです。ところが、彼の場合は相手の選手をあっさりＫＯしているように見えます。

コンパクトな動きで相手の選手を強力なパンチで倒そうとすれば、普通は全身を動かしながら下半身から体幹、肩、腕へと動きを連動させ、身体をずらしていきながら時間をかけてパンチを打つことになります。しかし、彼は時間を使わずに身体を動かし、パンチが当たる瞬間に体幹全体の質量と力を拳に集約させているのです。

するとコンパクトな動きでも相手をＫＯするようなパンチ力が生まれます。これは、コンパクトな動きという意味で、最高の身体使いといえます。もちろん非常に難しいことなので、できる選手はほとんどいません。

さらに井上の場合は、それ以上に奥深い動きも同時に行っているのです。それが回甲です。彼の場合は、レデッキーが使っているような縦に回転するサイクル以上に、横に回転するローターというものを使っています。

井上が得意としている左ジャブを例に挙げると、左の背中側の肋骨の中間線から出発し、肩甲骨や肋骨が左へ回って横を通り、前を内側へ向かって回って、関節面を通り元に戻ってくるという流れの動きになります。

このようにして、彼は肋骨の関節面とその外側の肋体の運動だけで相手を倒せるパンチ力をくり出せるのです。

相手の選手からしてみると、井上が何をやったかわからない、なぜ見えないほどの小さな動きでそんなに鋭くて重いパンチをくり出せるのか、とても理解できないのです。

左ジャブになんとか耐えたとしても、その後にはさらに強烈な右ストレートが待っています。もちろん右側も回甲を使い、さらに下半身、体幹、肩、腕のズレ運動によるエネルギーを加算しながら、最後にパンチが当たる瞬間に一気に衝撃力を集約させるわけです。これに対応することは、きわめて困難なことです。

ここで申し上げておきたいのは、回甲が使えるようになると、脳による認知能力や判断力、全体を見渡す俯瞰力、そういったものすべてが優れた方向に変わってくるということです。同時にメンタルも根底から変わってきます。井上の戦い方を見ると、それが如実に現れていることがわかります。だから彼は強いのです。

本項で最後に取り上げるのは、車いすテニス界のレジェンドと称される元プロ車いすテニス選手の国枝慎吾です。２０２３年1月に世界ランキング1位のまま現役引退を表明したので、ご存じの方も多いと思います。

彼は車いすテニス選手ですから、コートに足を置き、足とコートの摩擦力を利用して腰と体幹を回転させ、肩を遅らせるようにしながら腕を振るということはできません。

すると、非常に高度なボクシングの動きに近いことが必要となってきます。つまり、回甲です。

なぜ彼は、あれだけの試合を積み重ね、肩や肘の障害を克服しながらあそこまで自由自在なショットをくり出して活躍できたのでしょうか。もちろんその答えは、回甲を使えていたからです。

実は、試合や大会を根底から支配するほどのメンタルやコート全体の鮮やかな使い方や戦術的な認知・判断能力も回甲が支えになっているのです。

そういう意味で彼も回甲を体現した特筆すべきアスリートの一人です。

■国枝慎吾のスイング

第三項

「立甲」は日本代表レベル、「回甲」は世界トップレベル

世界トップ選手たちでさえ、回甲のメカニズムや開発法を知らない

立甲だけでは、うまくいっても日本代表レベルまで、と捉えることが重要です。とはいっても、立甲をおろそかにしていているようでは、回甲はできるようにはなりません。少なくとも立甲を究めれば、日本代表レベルにはなれる可能性があるのですから、まずは立甲を究めてください。

それには、まず肋骨の安定化を図るために体幹力を鍛えることが必要です。最近は、体幹トレーニングの考え方が一般にまで普及してきましたが、このことはたいへん良いことだと考えています。立甲トレーニングを進めるにあたって、体幹トレーニングも同時に進めていかなければいけないものと考えてください。

体幹力があることによってはじめて、回甲を使った肋骨を切って、回して、割って、ずらすという動きを開発することができるのです。この回甲の開発ができなければ、世界トップレベルには到達できません。

現在の世界トップ・オブ・トップアスリートの関係者であるトレーナーやコーチでさえ、この理論や開発メソッドのことを知りません。もちろんアスリート自身も知りません。

それでも回甲ができているということは、その開発は意図的・計画的＝科学的なものではなく、選手の天才的センスに頼りきっての、直感的・感覚的＝偶発的なものにとどまっているということです。

ここで大事なお話があります。

それは、世界トップレベルで回甲を使えている選手たちにもまだ伸びしろがいくらでも残されているということです。

回甲には、4種類の動きが存在します。すでに紹介した縦回転である「サイクル」、横回転である「ローター」に加え、関節面を前後にずらすことで肋体を前後に鋭く運動させる「パルト」、肋体を前方に向かってドリルを回すように運動させる捻回転の「スクリュー」の4種類です。

それぞれ順回転、逆回転の2種類ありますから、4×2で計8種類あるということになります。それが左右両方にあります。

競泳や陸上競技のような種目では、必ず左右均等に回甲を発達させることが大切です。その中からどの回甲を選ぶのか。選択が正しければ回甲を発達させることでパフォーマンスを圧倒的に高めることができますし、選択が間違っていれば競技にはあまり役立ちません。

いうまでもなく、物事の上達においては、論理やメカニズムが明快に示され、メカニズム通りに開発するためのメソッドが揃っている場合と、論理もメカニズムもまったくわからずに直感的・感覚的に取り組む場合では、雲泥の差が生じてきます。数字でいうと1対100とか、場合によっては1対1000くらいの違いが出てくるはずです。

ここで回甲をまだ経験していない、ほとんどできていない、あるいは回甲が少しできかかっているという方に朗報です。

世界のトップレベルで回甲を使えている選手たちでさえ、メカニズムや開発するためのメソッドを知らないわけですから、「それなら、よーしやってやろう！」とやる気を出して、回甲のメカニズムを理解し、開発メソッドに正しく取り組めば、世界トップ選手に追いつき、追い抜くことだって当然に可能なのです。回甲がまったく未開発の選手はこれから100％まで開発できる可能性があるのですから。

■パルトとスクリュー

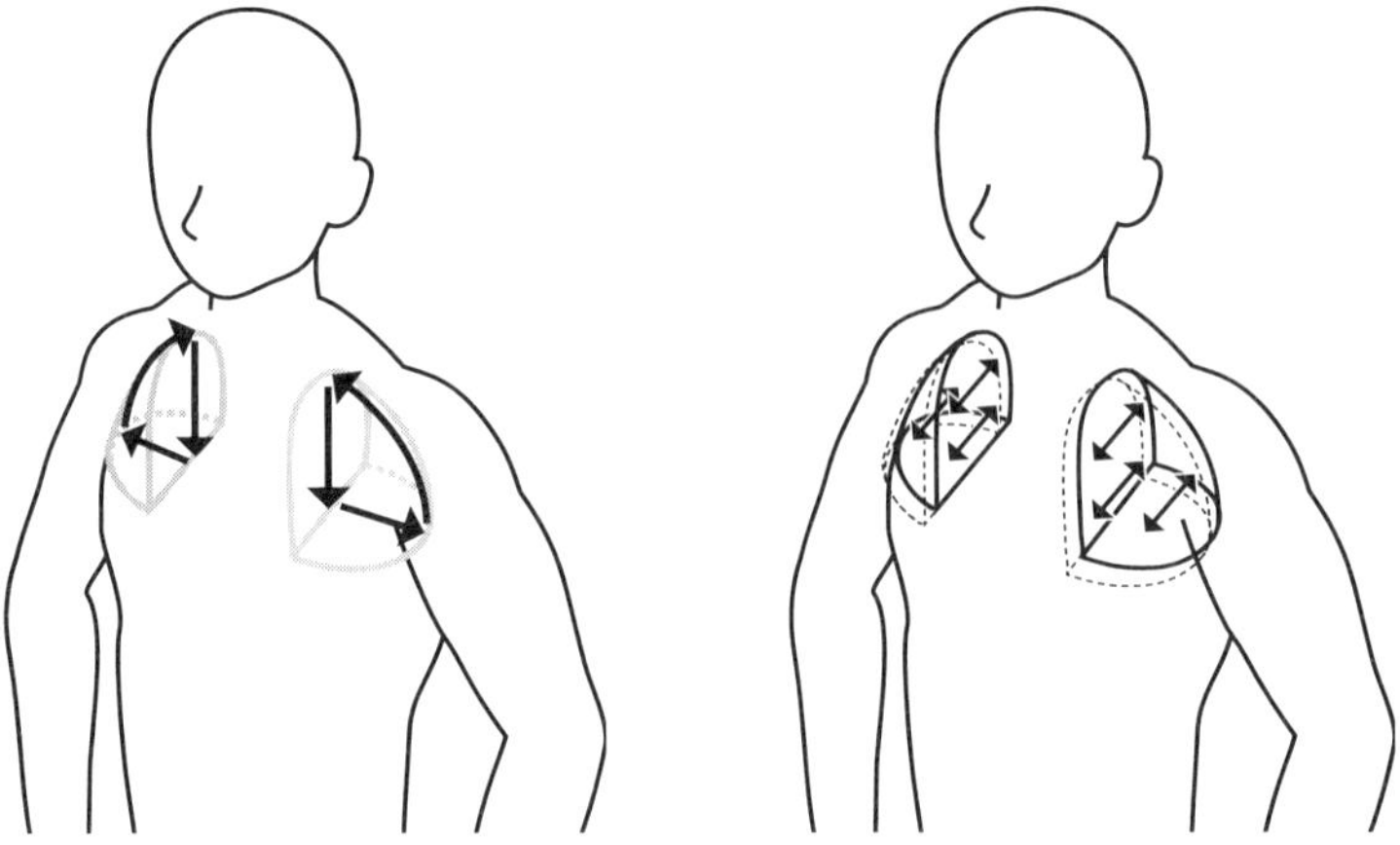

大谷でさえ、回甲は初歩的なレベルにとどまっている

次に取り上げるアスリートは、メジャーリーガーの大谷翔平です。

大谷の立甲は、間違いなく世界トップレベルです。これについては、私はかつて拙著『肩甲骨が立てば、パフォーマンスは上がる!』(カンゼン)のあとがきにもハッキリと書いたことです。

一方で、彼の回甲による肋骨の疑似関節の開発は、きわめて初歩的な段階にとどまっているというのが実状です。

このことが不思議な現象かというと決してそうではありません。立甲による肩甲骨の自由度がいくら高まっても、また安定した肋骨の土台の上で肩から肩甲骨を覆っているたくさんの筋量を使って重量の利いたピッチングができたとしても、そのこと自体は、回甲とはまったく逆方向の開発ともいえるものなのです。

この状態では、立甲による肩甲骨の自由度が高いことがかえってあだとなり、意識を肋骨に向けて、肋骨を切り、肋骨を回しながら一緒に肩甲骨を使うという方向には、なかなかいけないということも十分に起こり得るのです。

26ページで、初めて回甲によって肋骨を目的的・合理的に動かす話をしたときに、皆さんは非常にわかりにくいと感じませんでしたか。スポーツトレーニングやスポーツ科学の専門家でさえ、普通は、動きのイメージすらつかめません。普通の人にとってみると、回甲というのは

■大谷翔平のバッティングとピッチング

明らかに想定外、予想外の動きなのです。

そして、それは大谷のような天才アスリートにおいてもまったく同じことです。大谷にとっても回甲は想定、想像できないメカニズムなのです。

現在、大谷がかろうじてできている回甲は、サイクル前面の表層形成の段階にとどまります。それは、肋骨全体が若干しなって使われるというレベルのものです。しかし、すでにお話ししたように肋骨全体がしなると、自由脊椎まわりの格定がおびやかされることになります。

大谷が肋骨をしなやかに使えば使うほど、自由脊椎まわりの体幹中段の格定が崩れていくということです。

当然のことながら、バッティングにおいてもその部分に体幹の崩れが起きてきます。体幹を反らせて、バッティングの中であおる動きが生まれてきて、そのことでホームランがもちろん0になるわけではないものの、全体として彼のパフォーマンスが落ちてしまうのです。

彼は現在のメジャーリーグ界において断トツに優れた選手ですが、比較的波のある選手でもあります。波がある理由の一つが、回甲開発ができていないことによるものなのです。ピッチング時においては、肋骨をしなやかに使う動きが無意識に生まれ、そのことがマイナスの影響をもたらしています。その動きがちょっとでも強くなると体幹が崩れ出します。バッティングでは、体幹をあおることでホームランが減ることになります。

ピッチングとバッティングという身体運動は、あそこまでハイレベルになると、身体の深いメカニズムにおいて両立させるのはきわめて困難なことです。このことをまずご理解ください。大谷について、もう一つの重要な話があります。それは、この回甲を使えないことが、彼の肘のケガにつながっている可能性があるということです。少なくとも私はそのように考えています。

回甲を使わずに世界最高レベルの投球を続ければ、かなりの高い確率で肘を壊すことになります。彼は口にはしていませんが、目標としてはサイヤング賞に値する投球を、自分自身に課しているはずです。

そのような高い水準の目標を課していなければまだいいのです。投打二刀流のピッチングで年に3勝くらい、10年間で30勝もすれば御の字だということであれば、問題なかったのです。それだって投打二刀流なのですからたいへん立派なものです。

しかし、彼が目指しているのは、サイヤング賞レベル、リーグ最高水準のピッチングのはずです。つまり、リーグ最高のピッチャーとリーグ最高のバッターの両方を目指したいという、きわめて高いモチベーションを持って取り組んでいるはずなのです。

しかし、回甲を使わずに肩まわりの重量を使って、あれだけのピッチングを行い、投球回数が少しでも多くなれば、肩や肘に大きな負担がかかります。そして、目指す投球を優れたものにしようとすればするほど、負担はさらに大きくなるのです。この場合、肩よりも肘により大きな負担がかかります。その結果が、彼の肘の損傷だというふうに、科学的に見ることができるのです。

大谷は、立甲があそこまで高いレベルでできるのですから、回甲をやりまくればいいのです。回甲に徹底的に取り組み、回甲を身につければ、間違いなく実力は飛躍的に高度化するはずです。

回甲の開発を進めれば、世界トップを追い抜くことができる

最後に競泳と卓球の選手たちをザッと見ていきます。

まずは、競泳の池江璃花子と引退した入江陵介の二人です。

二人とも本当に素晴らしいアスリートで、私も大好きです。立甲の開発にかけては、二人とも本当に努力しているのだろうと思います。しかし、惜しむらくは、回甲を開発するまでいけない、あるいはいけなかったのです。

もし池江が回甲の開発に成功すれば、レデッキーに匹敵するほどの選手になれたはずです。あるいは今後取り組めば、十分になれる可能性があります。

ぜひ回甲の開発に取り組んで、世界トップレベルの選手を目指して欲しいと思います。

日本女子卓球の選手たちもとてもがんばっています。しかし、がんばっているのは立甲レベルなのです。もちろん立甲レベルでがんばること自体は、順番として間違っていません。

しかし、中国のチャンピオンである孫《そん》穎《えい》莎《さ》は、あの小さな体格と筋量で圧倒的なパフォーマンスを見せています。なぜ孫が、ボールの切れ味やタイミング、コース、球質、対応、身体のポジショニングなどのすべてにおいてあれだけの優れたパフォーマンスが発揮できるのかといえば、立甲の段階を越え、回甲の開発ができているからなのです。

■池江璃花子と入江陵介

とはいえ、孫でさえできているのは、まだ片側だけで、しかも8種類ある回甲の中のほんの一部にしか過ぎません。できている回甲のレベルもまだまだ伸びしろが多く残されている段階です。

ですから、日本の選手が立甲の開発をして、肩甲骨の自由度を上げながらそれと同時に回甲の開発をどんどん進めていけば、中国のトップ選手に必ず追いついて、追い抜き、さらに圧倒することができるはずです。

孫は身体資源自体は非常に乏しいですから、早田ひなや張本美和が回甲の開発に成功したら、パフォーマンスにおいて圧倒、圧勝することになるはずです。

現代におけるすべての競技スポーツ、野球、バスケットボール、ラグビー、サッカー、テニス、ゴルフ、競泳、陸上競技などの種目において世界トップレベルを目指すのであれば、必ず立甲、回甲＝ベストの開発ルートに乗ることが必要です。

立甲、回甲の開発ルートに乗らなければ世界トップになれない時代に入ったのです。

■早田ひなと張本美和

第1章

「回甲」はすべてのパフォーマンスを圧倒的に高める

第一項　回甲とは何か

軸回転運動とズレ回転運動

皆さんは、草原を疾走するチーターの映像をご覧になったことがありますか。スローモーションでご覧いただくとわかりやすいのですが、実はチーターの肩甲骨と肋骨は、ともに回転運動をしているのです。

といっても自動車や自転車などの車輪が軸回りにクルクルと回るような回転運動ではありません。もし肩甲骨や肋骨がそのような回転運動を実際に行ったら、筋肉はズタズタに断ち切れて、肋骨も砕け散ってしまうはずです。

チーターの肩甲骨と肋骨で行われている回転運動というのは、専門的には「ズレ回転運動」といわれるものなのです。

私たち人間もズレ回転を行うことができます。実際にやってみましょう。

右手をテーブルや机の上に置き、左回りに回してみてください。いかがですか。右手が回転運動をしているはずです。

とはいっても、当然のことながら右手の甲の中心に回転軸があって、その軸を中心に手が回転しているわけではありません。

軸を中心に回転するような運動を「軸回転運動」といいます。

一方、回転軸がないところで、モノが一見回転しているように見える動きをするものを「ズレ回転運動」というのです。

動物の身体では、これらの軸回転運動とズレ回転運動という2つの回転運動がともに行われています。それが、機械・道具として作られた自転車や自動車と、動物の身体における一番大きな違いです。

肩関節を中心に回転運動をやってみると理解しやすいので、実際にやってみましょう。

まず肩関節を中心に腕をできるだけ大きく前後に振ってみてください。さすがに腕を360度回すことはできないと思いますが、180度くらい、もしくは身体の柔らかい人ならもう少し大きな角度で、肩関節を中心に前後に回せるはずです。これが軸回転運動です。

一方、肩関節より深い肩甲骨から腕を動かそうとすると、肩関節のように回転軸となるものはありませんが、回転運動に近い動きができるのがわかると思います。それがズレ回転運動です。

では、今度は横の左右方向にも腕を回してみてください。こちらも問題なくできるはずです。

そもそも動物の身体というのは、このように肩甲骨を前後や横方向に回せるようにできているのです。

■軸回転運動とズレ回転運動

軸回転運動

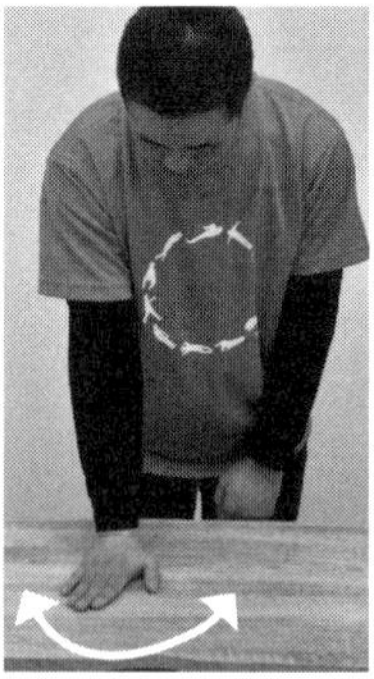

ズレ回転運動

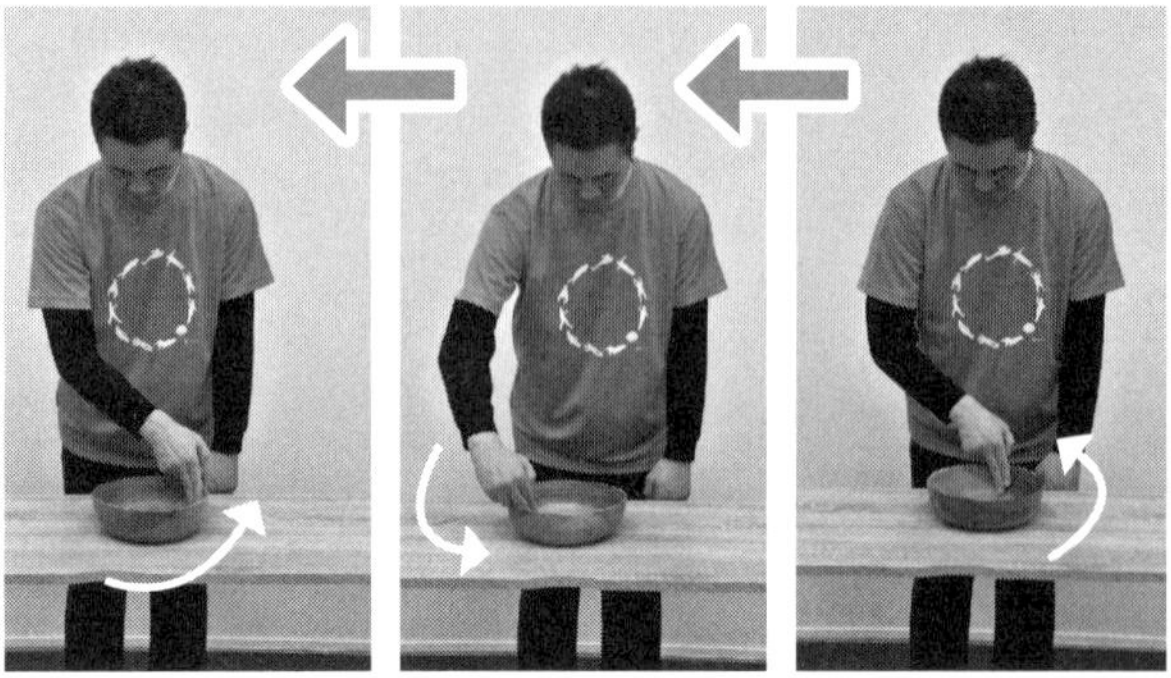

肩甲骨と肋骨の同調的連動による ズレ回転運動

しかし、肩甲骨がこのように動けるのはなぜなのでしょうか。ここでは構造の話ではなく、いったいどんな目的で、どんな効果効能を発揮するために、これらの回転運動が存在しているのかという話をしたいと思います。

それは、より強大かつ滑らかで、多方向性のある、さらには身体の損傷が少なく済むような運動を可能にするためです。

私たち人間の肘関節や肩関節や手首の関節などは、みな中心軸のある関節構造をしています。そのことにより、手から腕にかけて軸回転運動が成立するようにできているのです。

私たちの人体の構造を見ればわかるように、これらの関節を動かしている筋肉は、身体の末端に行けば行くほど量が少なく、逆に中心に近づけば近づくほど量が多くなっています。

強大な運動をするためには、当然筋肉は大きく量が多くないといけませんし、多方向に運動を行うためには、いろんな方向に向いた数多くの種類の筋肉が必要になってきます。

そして運動は、中心に近づけば近づくほど動きが小さく、先端に向かうにつれて動きが拡大されて大きな運動になります。

野球のピッチングを例に挙げると、動きの中心となる肩関節では動きが小さく、たいしたスピードではなくとも、末端の指先ではたいへん速いスピードになるのです。メジャーリーグのトップレベルのピッチャーともなると、160キロ超のとてつもない剛速球を投げることができます。

そのために、肩関節そのものを土台から支え、動かすような運動ができるようになっているのです。それは、肩関節を中心軸とした軸回転運動ではなく、その肩関節を支えている肩甲骨が運動することにより、肩関節そのものの位置を、多方向かつ強大な筋力によって動かすというズレ回転運動なのです。

このズレ回転運動をつくり出すために肩関節を支えている骨が肩甲骨と鎖骨です。鎖骨を動かす筋肉はそれほど多くありませんが、肩甲骨の方は非常にたくさんの筋肉とつながっています。

つまり、このような筋肉の構造により、肩甲骨は肩関節そのものを支えると同時に、肩甲骨自らが主役となって、肩関節で行う運動よりもずっと深い運動が行えるようになっているわけです。

肩関節の近くにある腕の筋肉も肩関節そのものを動かす筋肉ではあるのですが、人体を最大限駆使しながら、日常では決して行わないような多方向性きわまる様々な強大な運動を展開するスポーツでは、身体の損傷を極限まで減らすことができる肩甲骨を使った運動が、きわめて重要な位置を占めています。

拙著『肩甲骨が立てば、パフォーマンスは上がる！』（カンゼン）で、肩甲骨の使い方についての理論とメソッドを紹介したことで、多くの皆さんにご好評を頂き、お役立ていただいている背景には、このような理由があるのです。

本章の冒頭で取り上げたチーターは、肩甲骨だけではなく肋骨そのものでもズレ回転運動をしているのです。つまり、肩甲骨と肋骨がともに見事に調和して連動しながらズレ回転運動を行っているということです。

しかも、チーターの肩甲骨と肋骨は、お互いに大きく影響を与え合っています。具体的には、肩甲骨がズレ回転運動をすることで肋骨のズレ回転運動を誘導し、今度は肋骨がズレ回転運動をすることで肩甲骨のズレ回転運動をさらに高めているのです。

そして、高まった肩甲骨のズレ回転運動は、肋骨のズレ回転運動をさらに高めていく……というようなことが延々と繰り返され、肩甲骨と肋骨の二つの器官がお互いに影響し合い、絡み合いながらトルネード状にどんどん強力に高速化していく関係にあるのです。まさに同調的な連動の最たるものが、そこには存在しています。

人間の身体というものは、私が提唱する運動進化論から見れば、四足動物の身体を土台とした、四足動物の身体の発展形に過ぎない存在です。このように言うと、みすぼらしく聞こえるかもしれませんが、そうではありません。

人間は、四足動物と近似した身体構造と運動プログラムを維持したまま、二足歩行できるように四足動物から進化してきたということなのです。

チーターがズレ回転運動を使えないとどうなるか

では、私たち人間は、チーターが当たり前に行っている肩甲骨と肋骨の同調的運動によるズレ回転運動を行う必要があるのでしょうか。そして、ズレ回転運動が必要だったとして、はたして人間の身体でそれができるのでしょうか。

それは、スポーツや武道・武術、舞踊などの身体運動文化においてはすさまじく必要である、という回答になります。このことは、スポーツ、武道・武術をおやりになっている方なら強く頷いていた

■チーターの肩甲骨と肋骨による二重ズレ回転運動

だけることと思います。

しかし、人間が実際にズレ回転運動を行ったらどうなるのでしょうか。

チーターは時速110キロで走ることができるといわれており、停止状態から約1~2秒で時速70キロまで加速することができるともいわれています。

また、チーターの獲物であるインパラやトムソンガゼル、カモシカなどは、突然定規で折れ線を引いたように角度を変えて逃げ回ることがあるのですが、それに対し、チーターは間髪を入れず、まるで同じタイミングで折れ線を描くように追い続けることができます。

あのチーターの急角度な方向転換が、人間の身体でもできるとしたらものすごいことだとは思いませんか。

チーターは、肩甲骨と肋骨の同調的連動によるズレ回転運動ができない限りは、決して110キロという猛スピードで走ることはできません。もし仮に、チーターがこうしたズレ回転運動をできなかったとすると、私の推測では、チーターの疾走速度は時速50キロ以下にまで落ちるはずです。

なぜなら、肩甲骨のズレ回転運動によって肋骨自体のズレ回転運動が誘導されなくなると同時に、肋骨のズレ回転運動がないことでリターンとしての刺激が肩甲骨にいかなくなるからです。肩甲骨と肋骨の間で、ズレ回転運動がトルネード状に高まっていくということが起きなくなってしまうのです。

ズレ回転運動ができないチーターが疾走するスピードは、どんなに高く見積もっても時速

５０キロ以下になるはずです。つまり、チーターの肩甲骨と肋骨の同調的連動によるズレ回転運動というのは、とてつもなく強力かつ高速な駆動装置になっているのです。

人間が時速80～90キロで走ることは可能!?

立甲をベースとした肩甲骨の自由運動は、何を前提に成り立っていたか覚えていますか。それは、肋骨によるしっかりと安定した土台です。言い換えると、固定土台としての肋骨です。これは序章でもお伝えした通りです。

肋骨がしっかりとした土台としてあることで、肩甲骨は立甲することができ、その見事な自由運動により肩関節そのものの運動を強大化し、さらには上腕骨や前腕骨などの腕を、たいへん高速で、かつ強力に、かつ多方向に、かつ円滑に、そして身体損傷がきわめて少なく済む形で動かすことができるわけです。

チーターで例えれば、時速１１０キロで疾走するパフォーマンスになるということです。それができなければ、時速５０キロ以下の能力、パフォーマンスになってしまうのです。

人間の場合、１００メートル競走の世界記録は、ジャマイカのウサイン・ボルトが２００９年の世界選手権ベルリン大会で記録した９秒58です。

国際陸連（ＩＡＡＦ）の公表データによると、この時のボルトの瞬間最高速度は、時速44・46キロだったといわれています。実は、人類最速で走ることのできるボルトでさえ、時速50キロを下回っているのです。

もし、チーターが肩甲骨と肋骨の同調運動によるズレ回転運動を行わなければ時速50キロ以下になる、と推測した理由の一つは、この人類の最高スピードが時速40キロ半ば、時速50キロにも満たないという事実にあります。

「四足動物と二足動物では、どちらが速いのか」と質問をされたら、皆さんはどう答えますか。おそらくほとんどの方は「四足動物の方が速いんじゃないの？」と答えるのではないかと思います。

ところが、この二足走行と四足走行のどちらが速いのかということについては、まだ結論が出ておらず、現状では推測値だけの世界なのです。

たとえば、ダチョウは二足動物ですが、時速70～80キロで走ることができるといわれてます。

また、体格のきわめて小さなエリマキトカゲでも、身に危険が迫ると後ろ足二本だけで立ち、時速30キロ近くで走れるといわれており、近い大きさの四足動物と同

■ダチョウとエリマキトカゲ

等、もしくはそれより速いと考えられています。これは、人間の体格で同じような比率で走れたと仮定すると、時速80キロから90キロの疾走能力に相当します。だとすれば、人間がこのくらいの速度で走れたとしてもおかしくはないはずなのです。

さらに、人間がチーターのような肩甲骨と肋骨の同調的連動によるズレ回転運動を行うことができれば、上半身の運動が下半身の運動にも絶大な影響を与え、チーターに匹敵する時速110キロで走れてもいいはずなのです。

人間は進化の途中で四足走行をやめてしまったので、即チーターのように時速110キロで走ることは難しいでしょう。しかし、上半身と下半身が同調しながらそれぞれが互いに助け合い、影響し合うという四肢同調性の理論から見ると、人間が時速80〜90キロのスピードで走ることは、十分に成り立つと推測できるのです。

人間は二重ズレ回転運動ができるのか

人間は、チーターのような肩甲骨と肋骨の同調的連動によるズレ回転運動ができるのでしょうか。片方の肩甲骨、もしくは肋骨だけでズレ回転運動ができたとしても、両方同時に同調連動しながら行う二重ズレ回転運動ができるのかどうか。

この問題に答えることは、本書にとって最大のヤマ場となります。

その答えは、次の四つの点から回答することができます。

まず一つ目は、人間は四足動物と形状が部分的に異なりながらも根本的には、ほぼ同じ上半身の構造をしているということです。

二つ目は、序章でも取り上げたように、私の身体観察によってごくわずかながらも世界のトップ・オブ・トップアスリートには、この肩甲骨と肋骨の二重ズレ回転運動を行っている選手が、明確に存在しているということです。

三つ目は、この後の第二項で詳しくお話ししますが、スポーツよりはるかに長い歴史を持つ武術の世界において、肩甲骨と肋骨の二重ズレ回転運動を使った身体使いの教えが残されている事実があるということです。

■人間が肩甲骨と肋骨の同調連動によるズレ回転運動ができる４つの理由

❶
人間は四足動物と形状が部分的に異なりながらも根本的には、ほぼ同じ上半身の構造をしていること。

❷
世界のトップ・オブ・トップアスリートには、肩甲骨と肋骨の二重ズレ回転運動を行っている選手が存在していること。

❸
武術の世界において、肩甲骨と肋骨の二重ズレ回転運動を使った身体使いの教えが残されていること。

❹
筆者が開発した方法で、実際に肩甲骨と肋骨の同調運動による二重ズレ回転運動が行えるようになった人たちがいること。

そして四つ目は、ある意味これが最も重要で決定的なことなのですが、私がこの考え方、理論のもとに肩甲骨と肋骨の同調的連動によるズレ回転運動を達成する方法を開発したということです。

そして、その方法によって、スポーツ選手や武術愛好家、舞踊家など多くの人々を指導した結果、その人たちがこの肩甲骨と肋骨の同調連動による二重ズレ回転運動を行うことができたという事実があるのです。

その結果として、その人たちがそれまでの能力やパフォーマンスと比べて、格段に高い能力が発揮できたということはいうまでもありません。

このように、回甲とは肩甲骨によって肋骨に働きかけ、肋骨に肩甲骨と同じ同調連動を起こすことであり、そのことは誰でも行うことができるのです。

第二項

人類史上最強の剣術と最強の猛獣に共通するもの

サイクルはチーターの疾走運動と同じ運動構造

前項で、昔日の武術の身体使いと四足動物が行う二重ズレ回転運動の間には、大きな共通性があったことに驚かれたことと思います。この第二項では、この共通性を学問的、科学的に十分に深め、話を展開していきたいと思います。

序章でも紹介しましたが、武術の世界には、回甲によって同調連動した肩甲骨と肋骨をコントロールする教えとして「肋のうちに車あり」「肋のうちを車となす」という教えがあります。こうした教えを伝承した私が、それを他のいくつもの教えと合わせ整理した結果として「肋車」と名付けたわけです。注目していただきたいのは、この「肋車」に関わる様々な教えを伝統的な極意情報として残してきた武術の流儀があるということです。

実は「回甲」「肋車」「ベスト」という名称は、「回甲」が立甲からの理解と初学者にとっての導入のしやすさの観点、「肋車」が歴史的伝承という観点、「ベスト」が本体である肋骨そのものの構造機能の観点というように、それぞれ観点が異なるものの、ほぼ共通の運動構造を表した言葉です。本書では、話が複雑になるのを避けるため「肋車」という名称は使わず、「回甲」

「ベスト」という名称を優先的に使って説明を進めていきます。

回甲の動きの種類については、すでに序章で概略を紹介しましたが、身体座標空間を用いると理解がより正確になるので、ここではあらためて身体座標空間を用いて説明することにします。

身体座標空間とは、人間が立ったときに身体を3次元の軸で捉える見方で、身体の前後方向の軸をX軸、背骨に沿った上下方向の軸をY軸、左右横方向の軸をZ軸といいます。

身体座標空間で表現すると、人間の肋骨は少し長めの楕円球の下半分を切ったような形をしています。この肋骨が、XY平面上でズレ回転運動するのが、回甲の中のサイクルといわれるものです。

次のページの図をご覧ください。

このサイクルは、チーターの肩甲骨と肋骨が

■身体座標空間

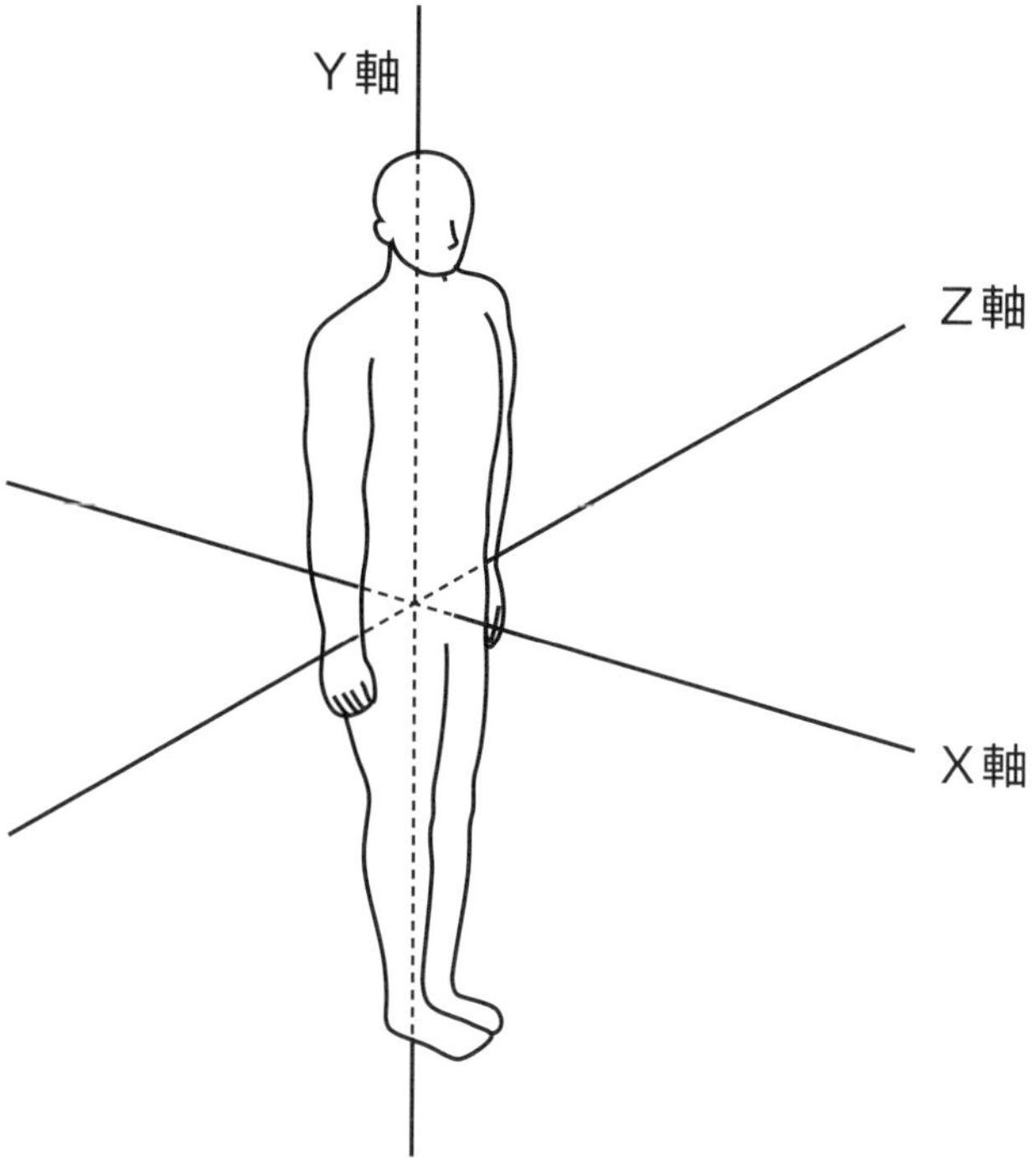

織りなす二重ズレ回転と、まったく同じ運動構造をしています。サイクルがチーターの疾走運動と同じ運動構造なのだと理解していただくことがとても重要です。

実際のところ、サイクルは日本の剣術において非常に重要な働きをした本質的な身体運動構造だったのです。

日本刀を抜いて正中面上を天地に裁断する、いわゆる敵を真っ二つに切る「天地裁断」と呼ばれる動きがあるのですが、これは日本刀を使った斬撃としては、一番基本となるものです。

古流の剣術には、鎌倉時代が終わった直後の戦乱が続く室町時代初期の南北朝時代、実際にそのような斬撃が行われていたことが口伝として残されています。これは怖ろしい話なのですが、敵の頭から股までを縦に真っ二つに斬り、しかも背骨も含めすべてを裁断することができ

■サイクルの動き

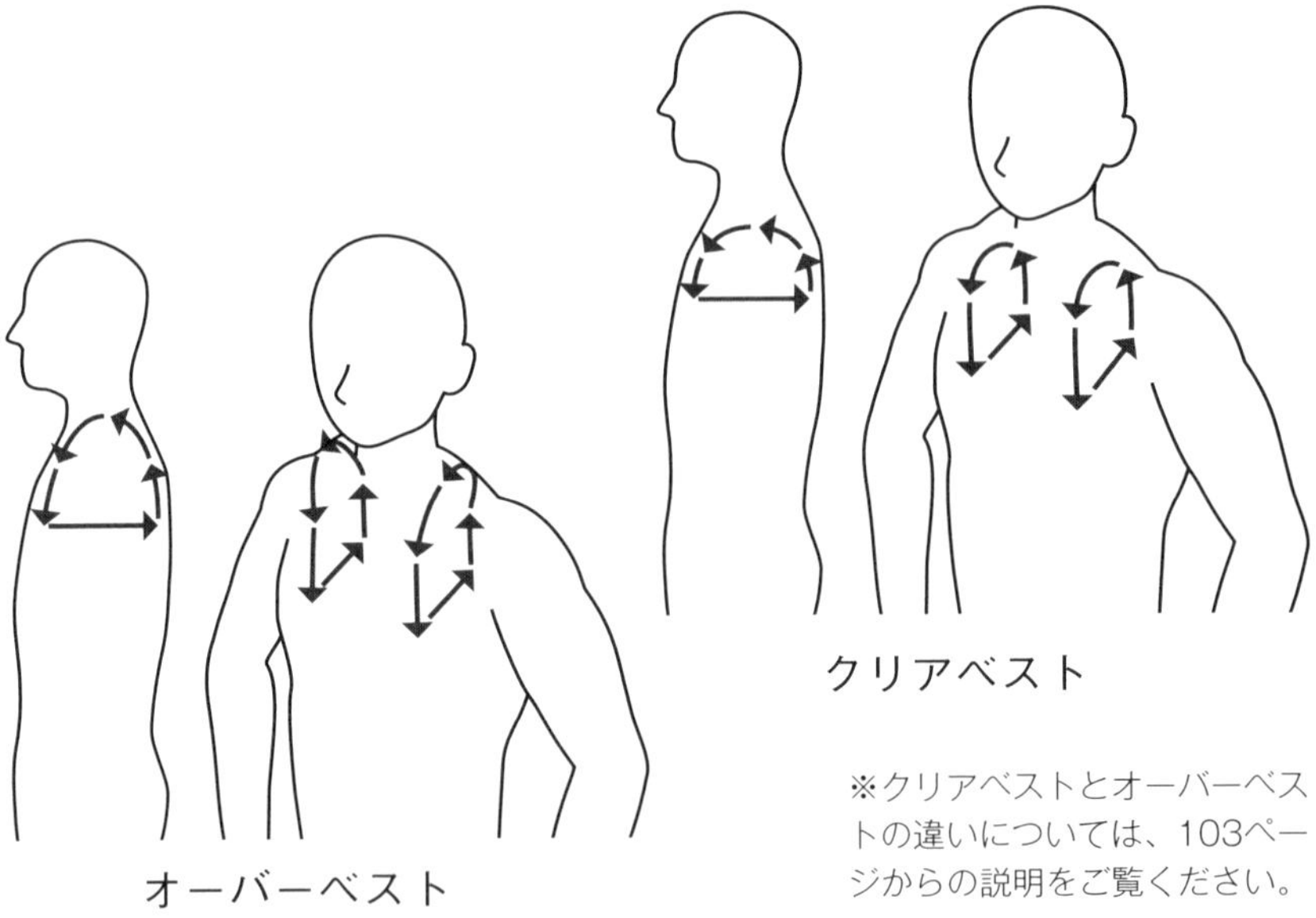

※クリアベストとオーバーベストの違いについては、103ページからの説明をご覧ください。

たことが口伝として残されているのです。

これについては、実際に刀をそのように動かすことができたのかという疑問が生じると同時に、硬い背骨をいくつも切ることになれば、日本刀の刃が滑ってしまうのではないかという疑問も生まれてきます。

現代においても鶏を調理する際に、鶏の骨を包丁で切ろうとすると普通は滑ってしまいます。かなりの体重をかけて、包丁を何度も前後にこすって切ろうとしても滑ってしまうくらいですから、そう簡単に人間の背骨を上下に真っ二つに斬れるものではないということは、よくご理解いただけると思います。

人間に近い大きさの死んだ豚の骨をまな板の上に置いて、包丁の前後運動を何十回もゴシゴシこするようにくり返したら切れたというのならまだしも、生きた人間は、死んだ豚のように動かずに待ってはくれません。

仮に敵が動かずに待ってくれたとしても、一瞬ですべての背骨を切るということは、普通は刀が滑ってしまってあり得ないという話になります。

これが実際に可能かどうかを理解することは、スポーツや武道・武術で高度な能力を追究したいという方にとっては、きわめて重要なことです。なぜなら、このことを理解することで人間の能力や上達進化に対する視野が素晴らしく開け、大きなモチベーションや方向づけができるはずだからです。

軟鉄と鋼鉄によるミルフィーユ構造の日本刀

鎌倉時代後期から室町時代前期にかけて作られた日本刀の中には、この時代に限られたことなのですが、軟鉄と鋼鉄を交互に刃として組み合わせて作られたものがあります。

鋼鉄は、硬くて切れ味があるものの、もろくて欠けやすく、折れやすいという特徴があります。一方、軟鉄は、柔らかくて切れ味はないものの、粘りがあるので折れない、欠けないという特徴を持っています。

当時の刀鍛冶は、これら二つの鉄の性質を日本刀に込めることで工夫を図っていったのです。皆さんの中に日本刀に詳しい方がいれば、「ああ、そのことは知っているよ」とおっしゃるかもしれませんね。

日本刀の内側の部分は軟鉄で、外側の部分は鋼鉄でできている。鋼鉄で刃を作るから切れ味があって、一方、内側は軟鉄だから硬いものにぶつかっても折れない。「おそらくそのことを言っているのでしょう?」と。

違います。室町時代以降、江戸時代になっても日本刀は作られ続け、今日に到るまでこうした作刀の歴史は延々と続き、すべての時代に共通する刀の基本構造は当然あるのですが、ここではその話をしたいわけではないのです。

この話は、にわかには理解しづらいと思いますので、ぜひ気合いを入れてついてきてください。

まず軟鉄と鋼鉄による厚さ2センチずつの板を作ります。それら2つの板をものすごく熱く熱して、叩いて、広げていきます。それらの板をそれぞれ半分ずつに切り、切ったものを軟鉄、鋼鉄、軟鉄、鋼鉄というふうに交互に重ねます。

これで4段重ねになりましたが、それをまた熱して叩いて広げ、また二つに切ります。そして、切った板をまたもう片方に重ねます。すると8段重ねになります。

それをまた熱して、叩いて、広げて、真っ二つに切って、重ねていくと16段重ねになります。同じ工程を何度も何度もくり返し、32段、64段、128段、256段、512段、と重ね合わせミルフィーユ状態にしていきます。

それを今度は90度に回転させます。軟鉄と鋼鉄が上下に積み重なるのではなく、左右方向に並ぶ状態になります。これをふたたび熱して、叩いて、日本刀と同じ長さにまで伸ばします。

日本刀にも様々な長さがありますが、一般的な日本刀の刃サイズ（刃渡り）は70～80センチ程度です。このくらいの長さにまで伸ばして薄くします。つまり、刃の長軸に対して500枚ほどの軟鉄と鋼鉄が交互にくり返し重ねられた状態になるわけです。

これで幅70センチ、奥行き10センチ程度のミルフィーユ状態の板（「ミルフィーユ硬軟鉄板」と呼ぶことにする）になりました。そのミルフィーユ硬軟鉄板の上にさらに日本刀の長さの軟鉄を置き、その軟鉄を芯とするようにミルフィーユ鉄板を巻きつけていきます。

ミルフィーユのパイ生地を作るには、小麦粉で練ったものにバターを挟み込み、それを折って伸ばし、それを何度かくり返して細かく何十段重ねかした状態にし、パイをつくるにはその生地を整形しオーブンで焼きます。すると間のバターが溶けて小麦粉部分だけが残り、あのミルフィーユ独特のパイができあがるのです。

小麦粉とバターでやってもかなりの手間がかかり、たいへんな作業ですが、これを鋼鉄と軟鉄でやるわけですから、想像すらできないほどのとんでもないものなんだなということが、ご理解いただけると思います。

軟鉄の芯に巻きつけた後、ふたたびこれを熱して、叩いて、日本刀の形に整形し、研いでいきます。このようにして、鎌倉時代の後期から室町時代の前期にこの時代独自の人類史上類を見ない超高度な日本刀が造られていたのです。

日本刀を使っての実証実験

この時代の日本刀がミルフィーユ構造をしていることは、日本刀の伝承や一部の研究者の研究による知見なのですが、日本刀をいくら眺めてもその構造は見えてきません。

私は実証科学者ですから、鎌倉時代晩期〜南北朝時代の日本刀を探し、実際に数本を手に入れ、実験をしてみました。それは日本刀で牛の頭蓋骨と大腿骨を切るという実験です。

まず、江戸時代の日本刀で骨になった牛の頭蓋骨と大腿骨を切ってみました。ところが切り込みが入るものの、見事にツルンと滑ってしまうのです。何度やってもある程度のところまでは切れるものの、最後まで切れずに滑ってしまうのです。

一方、室町時代初期の日本刀で切ると〝シュッーーン〟と刃が牛の巨大な頭蓋骨や太い大腿骨に深く喰い入るようにしてキレイに切れたのです。

私は、この時点で私が手に入れた刀は超高度な技術で作られた室町時代初期の日本刀に間違いないと確信したのですが、刀の構造はやはり見えません。そこで、自分自身でもなんてことをするのかと思ったのですが、「実証科学者として実験するにはこれしかない」と考え、銅線を切ることにしました。銅線といっても直径2~3センチはある棒のように太いものです。

それを室町時代初期の日本刀で実際に切ってみたのです。すると結果、驚くべきことに2センチのものも3センチのものも真っ二つに切れてしまったのです。

ところが、銅線は牛の骨よりもはるかに頑丈ですから、3センチのものを切った際に日本刀が7~8センチの長さにわたって、かなり見事に細かいノコギリ状に刃こぼれしたのです。

詳細に調べてみたところ、刃こぼれのサイズは、バラツキを修正してみると1・5ミリ間隔と推定できたのです。その日本刀は70センチ（700ミリ）の長さでしたから、仮に1・5ミリの厚さが刀の長さ分、続いていると仮定すると概数で467枚になる計算です。

当然刀によっては、刀鍛冶がどのように作るかが変わってきますから、枚数は多少前後するでしょうが、刀が軟鉄と鋼鉄のミルフィーユ構造をしているということ、そしてその構造をベースに切れ味が担保されているということを、実験的に証明することができたわけです。

この日本刀を高速に振って対象物を切ると、たとえ骨のように硬いものでもツルッと滑らないのです。軟鉄の部分は硬い骨にぶつかってへこみますが、鋼鉄の部分はへこみません。すると、軟鉄と鋼鉄の部分に段差ができるので、うまく骨に喰い込み、シュッーーンと切れるのです。

ちょうどノコギリで木を切るようなイメージです。ダイヤモンドカッターのようなものを使えば、金属まで切れてしまいます。それらと同様に、この日本刀を使えば、硬い骨なども簡単にシュッーーンと斬れてしまうのです。

通常は、刀で太い骨を切ろうとすればツルッと滑ってしまいますし、切るためには大変な力と時間が必要なので、その事に相手が反応し得るという反論が成り立つのですが、その反論がまったく成り立たなくなってしまうのです。

このように日本刀はとてつもない手間と高度な技術が組み合わさった文化ですが、あの当時の刀鍛冶は実際にこのような日本刀を作っていたのです。それはなぜかといえば、実際にそのような刀を必要とする高度な剣術界からの強い

■刃こぼれした室町時代前期の日本刀

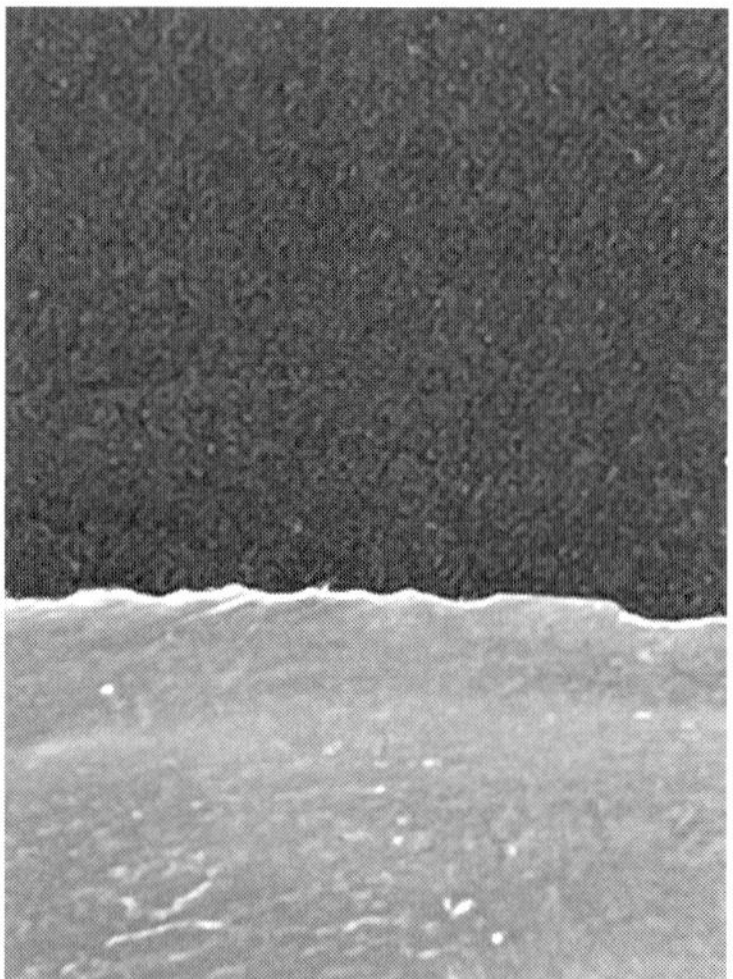

要求が存在したからです。

先ほども申し上げたように、天地裁断といわれる敵を真っ二つに斬る技があれば、肩口から入って股関節までを体幹を斜めに斬ってしまうような技もありました。斜めに斬った身体の上側の部分が、ストーンと斜め下にズレ落ちたというような話が、口伝として残されています。

この時代に存在していた剣術のパフォーマンス水準がどれほどのものだったのかを想像してみてください。それらのパフォーマンスを可能にした運動構造こそが、このサイクルをベースとした運動だったのです。

横方向にズレ回転運動するローター

一方、横方向、水平方向に斬るものもあります。それがローターを使った斬撃です。ローターは、横方向にズレ回転運動をするわけです。

その横方向に回すローターに対し、上下前後に回すのがサイクルだったわけですが、人間の場合は、チーターの運動構造とはだいぶ異なる部分もあります。

序章でも紹介したように、チーターのような四足動物の肩甲骨は肋骨に対し、ほぼ縦方向に沿って付いていますから、走るときには脚が動きたい運動方向に合わせて、肩甲骨のズレ回転運動が行えるのです。そして、その肩甲骨に応じて、肋骨もズレ回転運動をすることが可能なのです。

しかし、人間の場合は、肩甲骨が肋骨の真横まで行くことができません。ですから、肩甲骨は肋骨の背中側を下から上に上がり、肋骨が胸側をズレ回転運動で上から下に下りて背中側に戻ってくるまでに、肩甲骨は一度下に下りて、肋骨のズレ回転運動を待っている必要があるのです。

そして、肋骨のズレ回転運動がふたたび背中側を下から上に動くときに、肩甲骨は肋骨のズレ回転運動と同調連動するように自らも上に行くことで、肋骨のズレ回転運動を助けているのです。

そして、また肋骨が胸側をズレ回転運動をして下りてくる間に、肩甲骨が下に下りて待っている……というようなことが延々と行われているのです。

このことを前提にすれば、人間はチーターよりはるかに高度な運動を行っているともいえるのです。

チーターは、肩甲骨が肋骨と一緒になってグルグル回っていればそれでいいのですが、人間の場合はそうはいきません。人間の肩甲骨は、肋骨のズレ回転運動を導くようにしながら、一度離れて、戻ってまた合流しては一緒に回る、というより高度なことをやっているのです。これがサイクルです。

一方、ローターはそれを横方向に行うわけです。ローターについては、第2章以降で詳しく紹介しますので、詳細はそちらをお読みください。

肩甲骨は、肋骨を横方向に、背骨側（内側）から外側に向かって滑っていきます。その後、前に向かって何分の1か入っていきます。一定以上先には行けませんが、一緒に行けるところまでは、肩甲骨は肋骨と一緒に動きます。

そして、肩甲骨が止まってしまったところを、肋骨だけが動いていき、そして脇を通り過ぎて、胸側の肋骨を脇側（外側）から胸骨側（内側）に向かってズレ回転しながら、サイクルでちょうど通るラインの位置まで来たら、肋骨の胸側から背中側まで抜けるようにズレ運動を起こし、その間、肩甲骨は背骨付近に戻って肋骨を待っているわけです。

そして、肋骨のズレ回転運動を誘導する形で、一緒になってまた外側に向かってズレ回転運動をするのです。これがローターです。

一刀流と呼ばれる剣術の流儀がありますが、一本の刀を二本の手で持つことを「二手一刀」といいます。二手一刀でローターを使うときには、右のローターが背中側を右方向に動くのに対し、左側のローターは同じタイミングで左の背中の一番外側から背骨に向かって動きます。つまり左右の肩甲骨と肋骨が各々一体となって同じ方向にズレ回転運動を起こすのです。

右のローターも、左のローターも同じように左回転しなければ、一刀流で横に斬ることはできません。このローターによって相手の身体をスパーッと水平に真っ二つに斬ることは、室町時代の当時ならあたりまえのことだったのです。

人間の身体は、水平方向に対しては体幹の幅が狭いですから、頭のてっぺんから股までの縦方向よりは、はるかに斬りやすく骨の抵抗も少ないわけです。

実際、相当な使い手の剣客にとってみれば、このことはまったく造作もなかったようで、複数の敵と戦ったときにも瞬く間に何人もの敵を、胴から真っ二つに切り倒していたという話も残されています。

　そして、これは野球のバッティングにも通じる運動構造でもあります。

　もちろん野球のバッティングでは、人間の身体を斬るわけではなく、ボールを打つことになります。とはいえ、頭に当たれば即死するほどのたいへんな運動量をもった硬いボールが飛んでくるわけですから、そのような意味でいえば、現在のメジャーリーグの硬式ボールが時速150キロ以上、時には160キロ以上で飛んでくるという世界も、昔日の武術や剣術と変わらないほどの危険極まりないことをやっているわけです。

　時速150キロ以上で投げられたボールを、初速180キロ以上の打球で返せれば、悠々たるホームランになります。とんでもないスピードのボールに対してバットのヘッドスピードが高ければ高いほど、その動きが正確であればあるほど、正しく角度を調整できればできるほど、また変化球に対して対応力を発揮しバットをコントロールできればできるほど、優れたバッティングということになります。

　チーターの肩甲骨と肋骨による二重ズレ回転運動の能力・効果と同様に、このバッティングでもその二重ズレ回転運動の能力は発揮されるわけです。

　昔日の武術では、この左右のローターを同時に使うことを「双《そう》の肋使《ろくつか》い」と呼んでいました。

そして、この双の肋使いは、今後の世界トップレベルのスポーツにおいても応用可能なのです。

室町時代の日本の武術は人類史上最強のレベルだった

次に、信じられないほど高度な技術と集中力がなければ存在し得なかった室町時代前期の軟鉄と鋼鉄によるミルフィーユ刀剣を作らせた武術と武術家が、いったいどのようなものだったのかを見ていきましょう。

室町時代当時は、今日のようにスポーツの世界選手権やオリンピックが開かれて互いにパフォーマンスを競い合うというような機会や社会システムは存在しなかったため、国同士の戦い、あるいはそれに準ずるものをもってしか、世界基準におけるその武術のレベルを、推し測ることができません。

しかし、これを語るのに絶好な例が存在するのです。皆さんは、歴史上「モンゴル帝国」という国があったことはご存じでしょう。チンギス・ハンが1206年に建国したといわれる大帝国です。

モンゴル帝国の初代皇帝となったチンギス・ハンやその孫フビライは、当時の中国に位置する金や西夏をはじめ、西側はイベリア半島まで周辺の国々を次々と征服し、最盛期には人類史上最大の領土を支配する大帝国を築きました。このモンゴル帝国の武術が、歴史上世界基準において最強の水準にあったことは、疑う余地もないでしょう。

チンギス・ハンの死後は、モンゴル帝国は4つの国に分割されましたが、宗家にして彼の孫となるフビライ・ハンは1271年に元王朝を建国し、元の初代皇帝となります。そして、

1279年には南宋を滅ぼして中国を統一したのです。

その後、元を北方に駆逐し、新しい中国の王朝を築いたのが、朱元璋《しゅげんしょう》という人物です。この最強レベルの武術を誇った元を、武術の水準において上回ったのが、後の明の初代皇帝となる朱元璋率いる軍事力だったのです。

朱元璋は、元の圧制の中で密かに練りあげられた各種の武術をベースとして、10年余の間に強力な軍事力を作り上げ、この軍事力をもって元に圧勝し、周囲の様々な勢力を平定して漢民族王朝を再興したのです。

これらの経緯をもとにすると明の正規軍というのは、武術の水準においては人類史上最強レベルまで到達していたものと推測されます。

しかし、その明の軍事力と日本の武術がいったいどんな関係にあるのでしょうか。ここには、二つの話があります。

一つは、明の正規軍と日本の武術が激突したという歴史があるのです。歴史上、日本と明が戦争をしたという事実はありません。なぜなら、明の正規軍と戦ったのは、日本の正規軍ではなく日本の海賊だからです。

その日本の海賊というのは、倭寇《わこう》のことです。倭寇というのは、朝鮮・中国側の呼称ですが、朝鮮半島・中国大陸沿岸を襲い、略奪行為や密貿易を行っていたとされている海賊集団です。

倭寇の最盛期には、朝鮮半島・中国大陸の海岸線から何十キロもの領域を、中には何十年にもわたって実効支配した例もあったといわれています。その倭寇がそうした過程のなかで、明の正規軍と数十年にも渡って幾度となく激突し、勝利を収め続けたという歴史が残されているのです。

その後、倭寇を支える基盤が不安定になるにつれて、日本人が倭寇として活動することは少なくなり、代わりに中国（明）人やポルトガル人が倭寇の構成員の多くを占めるようなっていきました。

このことは、たまたま1対1で日本の剣術家が明の剣術家と戦って勝ったという話ではなく、何十年という長い歴史にわたって、たいへんな数の人々によって日本の武術と明の武術を比較する実証実験が積み重ねられた、と考えることができるわけです。

そしてそこから、日本の武術が世界史上最強水準と考えられる明の武術と比べ、遠慮深く見ても同等か、それ以上に強かったということが推定できるのです。

■倭寇

これが明の武術と日本の武術の関係を示す一つ目の話です。

次に、それを裏付けるものとして、輸入貿易上の記録が残されています。

当時、日本刀は日明貿易における最も外貨を稼ぐ物品の一つでした。明の権力者や上級武士の間では、日本刀は神聖な存在と見なされるほどの最高の価値を持った刀剣だったのです。そして同時に倭寇の使う剣技と剣の威力に対抗するために、軍事力を支える最高の武器として、一説によると十万振（本）以上の日本刀が明により輸入されたのです。

これが明の武術と日本の武術の関係を示す二つ目の話です。

子犬の徹底的マッサージによる実証実験

前述の通り、日本の武術は人類史上最強だったと推定することができます。もう少し具体的に絞っていうと、人類史上最強の剣術が室町時代の日本には存在していたと推定できるということです。どんなパフォーマンスが行われたかということについては、その一面だけですが、すでに先ほどお話しした通りです。

サイクルが、チーターの肩甲骨と肋骨の同調運動による二重ズレ回転運動と同じ運動構造として、縦系の剣の使い方においてとてつもないパフォーマンス水準をもたらしたことはすでにお伝えしましたが、チーターと人間の間には非常に大きな違いがあることに、皆さんもお気づきでしょう。

それは、人間の場合は、肋骨の脇の部分に肩甲骨を持ってくることができないということです。人間の肋骨は横方向＝Z軸方向に広過ぎて、前後方向＝X軸方向に薄過ぎるのです。

一方、チーターのような四足動物の肋骨は、Z軸方向に狭く、Y軸方向（人間でいうX軸方向）に厚いのです。ちょうどその構造にうまくピッタリと肩甲骨がはまるわけです。

このように人間と四足動物の身体では、左右幅と前後幅の比率が逆転しています。

ここからさらに細かい話に入っていきます。

運動能力が高い、特に疾走能力が高い四足動物、ネコ科ではチーター、イヌ科ではヨーロッパオオカミや、今日の犬でいうとグレーハウンドやドーベルマンなどが代表ですが、肩甲骨が付着する部分の肋骨の幅がえぐれるようにさらに狭くなっているのです。

といっても肋骨全体が薄かったら肺活量に悪影響をもたらしますし、Z軸方向に体幹が薄すぎると、左右方向への運動力が落ちて横方向の運動や横からの攻撃に弱くなるので、敵と戦うときや獲物を取るために横移動や方向転換したりするときには困ることになります。

ところが、いま申し上げた疾走能力が高い四足動物は、肩甲骨がついている近傍《きんぼう》以外は厚くなっているのです。これは、人間でいうとなかなか考えられないことですが、四足動物の場合は肋骨がキレイな楕円球体をしているわけではなく、肩甲骨がついているところだけが極端に薄くなるパターンがあるのです。

このことについては、私は実際に犬を使って実験をしたことがあります。私は子犬を何匹か育てたことがあるのですが、事前にその子犬の親犬を綿密に調べて、肩甲骨はこの位置にあり、肋骨はこういう形をしているという情報を細かくチェックしておいたのです。

私は、子犬が小さい頃から肩甲骨と肋骨の間に手を入れて、肩甲骨と肋骨の間の筋肉を徹底的にゆるめときほぐし、肋骨と肩甲骨自体も徹底的にマッサージすることを続けました。

子犬の肩甲骨が肋骨に対してズレ回転運動をするように、またその肩甲骨のズレ回転運動によって肋骨も誘導されてズレ回転運動をするように、肩甲骨と肋骨が同調運動して互いのズレ回転運動がトルネード状に高まるようにマッサージを続けたのです。一匹の犬について一日30分、それを毎日数年にわたり続けました。

そうしたら、肩甲骨が付着している部分の肋骨が信じられないくらい薄くなって、それ以外のところがトレードオフするように厚くなったのです。

ちょっと可哀想な話ですが、その子犬と同じ

■人間と四足動物の肋骨の形の違い

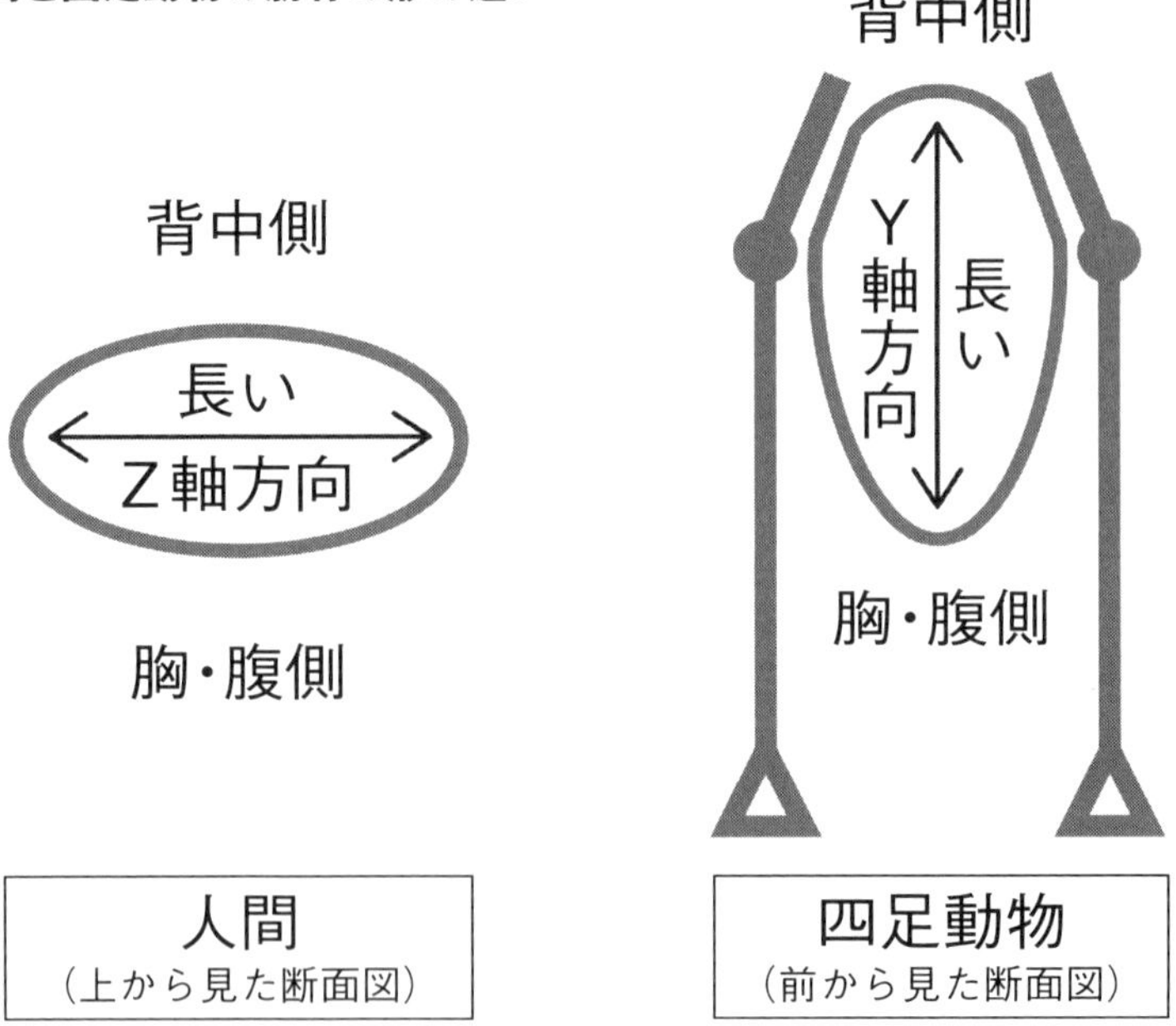

頃に生まれた兄弟犬には、マッサージを施さないで育てました。そうしたらマッサージをしてあげなかった方の兄弟犬の肋骨は、比較すると明らかに肩甲骨の部分もより厚く丸いのです。マッサージを施した子犬と施さなかった子犬では、まったく違う構造の肋骨になったわけです。

そして、それらの2匹の兄弟犬はどちらも一般的な犬と比べると運動能力がかなり高いのですが、驚くべきことにその2匹の犬の間では、運動能力がとんでもなく違ってしまったのです。

2匹の犬を一緒に走らせるとマッサージを施された犬はもう一方よりもスタートダッシュが倍以上も速いのです。そして、ふざけさせてくんずほぐれつさせるとマッサージを施された方の犬が、マッサージを施されていない方の犬の上をパッと飛び越え、時には飛び越えたと思ったら次の瞬間、今度はマッサージを施さなかった犬の四本足の間、つまり胴体の下をサッと潜り抜けて反対側に行き、また飛びかかるといった、まさに自由自在な運動をくり広げることにまでなったのです。

この運動能力の違いというのは、犬種が違うという以上に動物の種類が違うといってもいいくらいの違いです。

そのくらい運動能力が違うと、一方の犬が動けなくなってしまうこともしばしば起きました。動けないといっても兄弟犬ですから恐怖におびえるということではなく、まったく対応ができずに動けなくなってしまうということです。

実証実験を行うことでメソッドが開発できる

スポーツ選手やスポーツ選手を育てる仕事をされている方にとっては、非常に意味深い話だったのではないでしょうか。

私は運動科学者ですから、大学院生時代から、またそれ以降も電気・電子測定器を使った数多くの実験を行ってきましたが、私が科学、実証実験と考えるものは、基本的にはこのようなことなのです。

つまり、きちんとした理論背景があり、観察による事実認定があり、歴史的な事実があって、人間で実証実験をしたり、時には犬などの動物でも実証実験をしているということです。

私が専門にしている運動科学は、こういったことをきちんと構築することでできているのです。

便利なことに私が行っているような科学的な手法は、実証実験をやることで、そのままメソッドができてしまいます。先ほどの犬の例でもおわかりの通り、メソッドがないとそもそも実証実験ができないからです。

一方、人間で犬とまったく同じような実証実験ができるのかといえばもちろんできません。ただし、人間に私が開発したメソッドをやってもらった場合には、肋骨が前後方向＝X軸方向に厚くなることがわかっています。

また、胸の中央に胸骨と肋骨を繋いでいる胸肋軟骨という骨があるのですが、それが著しく発達することもわかっています。胸肋軟骨が柔らかくなると同時に、前後方向＝X軸方向に出っ張ってくるのです。実際に触ると、胸骨の両側がボコボコと飛び出してくるのがわかります。

ですから、肋骨が厚くなると同時に胸肋軟骨がそのように発達してくるという現象が協働して起きてくるのです。つまり、犬の肋骨で起きたのと同じ方向に、肩甲骨がついているあたりの肋骨上部が、前後方向に非常に分厚くなり、脇が前後に広くなるという現象が起きてくるのです。これにより肩甲骨が背側から脇側に入り込みやすくなることも分かっています。

人間の肋骨の形状はトレーニングで大きく変わる

さらに人間の場合は、サイクルだけをトレーニングした人と、ローターだけをトレーニングした人では、肋骨の形が変わってくることがわかっています。もちろん、どちらの人も何もやらなかった人の肋骨に比べると顕著に形が変わってきます。

肋骨の形が変わるという話をすると、皆さんは「骨って、そんなに形が変わるものなの？」と思われるかもしれませんが、肋骨についていえば変わるのです。

たとえば、肋骨以外の上腕骨や前腕にある橈骨《とうこつ》や尺骨、大腿骨、下脚の脛骨や腓骨のような骨は、形は変わらないわけではないのですが、非常に微々たる変化です。

ところが、肋骨は圧倒的に変わるのです。形状そのものが驚くほど変わります。これについては、非常に面白い話があります。

それは、肋骨というものは、そもそも「どんな機能を発揮するための存在なのか」、あるいは「どんな機能を発揮するべきなのか」という目的性・機能性にしたがい、形状が変わるものとして遺伝子的にできているということです。

ですから、ここから話が断然面白くなるのですが、何百万年という進化の歴史の中で、人間の肋骨は四足動物の肋骨からこんなにも形状が変わってしまったのです。

人間の肋骨が四足動物とはこれほどまでに変わってしまったので、四足動物のような運動機能や能力が人間にはないと思ってしまいがちですが、実はそうではありません。四足動物の運動機能や能力は、私たちの遺伝子の中にきちんと残されているのです。

肋骨の形自体は大きく変わってしまったのですが、チーターやトラのような四足動物たちが持っている肩甲骨と肋骨を同調運動をさせるような凄まじい運動能力を、私たち人間は遺伝子的に持っているのです。

ただし、人間は四足動物の運動能力を持ってはいるものの、肩甲骨と肋骨の同調運動によるズレ回転運動を使わない方向に進化してきてしまったので、肋骨は現状のような形になってしまったということなのです。

もちろんそれは、人間の肋骨は環境に合わせて変動できるように形成されているからです。それを超短期間の中で証明したのが、先ほどの犬を使った実験であり、人間を使った実験だったのです。一つの世代間、人間の一生の間、もっといえば数年単位で肋骨の形はいくらでも変えられます。

とはいうものの、肋骨の左右方向＝Z軸方向の厚みより、前後方向＝X軸方向の厚みの方を大きくするというところまで変えることは、一世代では無理でしょう。また、そこまで変える道理が人間にはありません。むしろ、変えない方がいいのです。

なぜかというと、人間の生活というものは、チーターのようにXY次元で強烈な二重ズレ回転を行えば済むわけではないからです。人間はローターを使うことも多々あります。ローターというのは、XZ次元の運動ですから、四足動物にとっては非常に苦手な方向の運動なのです。

このようなことから、人間の場合は、肋骨が前後に薄すぎても困るのですが、前後の方が左右よりも厚くなってしまうと、それも不便で困ることになるのです。

話は変わりますが、すべての動物を同じ大きさに揃えたとして、最強の動物は何だかわかりますか。それはトラです。

疾走運動についていえば、チーターに分があるのですが、トラは横方向の運動、つまりローターの運動構造を備えており、ローターを使った運動が非常に得意な四足動物なのです。

人間がローターを典型的に使う運動にはどんなものがあるでしょうか。スポーツにはローターが有効な種目と身体使いや技があり余るほど多くあります。中でも代表的な例を挙げると、ボクシングのフック、相撲の脇締・おっつけや、テニスや卓球のストローク、水泳の平泳ぎやバタフライ、バスケットボールのパス、野球のバッティングなどです。こういうものは、みなローターを使うことが最適な運動です。これらの運動は、ローターが発達することで圧倒的に優れたパフォーマンスが発揮されます。

これらの運動は、水平次元＝XZ次元の運動です。これはトラが得意とする運動でもあり、トラはフックが非常に得意な動物なのです。

日本の剣術の世界でも、トラに勝るほどのローターを使った剣術の術技が存在していいます。なぜトラよりも優れているかというと、トラの肋骨の形状より人間の肋骨の形状の方がローターには断然向いているからです。

人類の身体運動史的な観点、また人間と動物の間に成立する運動進化論的な観点においても、この回甲という運動構造は、四足動物と驚くべき共通性を持っています。そして、当然のことながらその相違性に満ち満ちた、まさに関係性の深い世界が存在しているわけです。

このことを十分に理解され、スポーツや武道、舞踊に回甲を取り入れていただければと思います。

■トラはローターが得意な動物

第2章

「回甲」には4種類ある

第一項　回甲（ベスト）の基本構造

4種類の回甲に共通する基本構造

すでに序章でもお伝えしたように回甲には4種類あります。「サイクル」「ローター」「パルト」「スクリュー」の4種類です。

身体座標空間から見たときに、これら4種類の回甲はそれぞれ運動構造が非常にハッキリと異なっています。

ところが、どの位置まで肋骨を使うかということについては、4種類の回甲すべてに共通する基本構造があります。まずは、その基本構造をしっかりと押さえることが重要です。

これら4種類の回甲すべてに共通する基本構造を理解できれば、それらを俯瞰し見渡しながら、その共通となる構造をベースにして、第3章以降で紹介するメソッドに取り組むことができます。

ですから、まずは本項で回甲の基本構造の理解に努めてください。

図をご覧ください。

まず、肋骨を上から4段目の第4肋骨まで使うというのが、4種類の回甲すべてに共通する基本構造となります。この第4肋骨がY軸方向＝上下方向での下端です。

次に、Z軸方向＝横方向の位置としては、前から見たときに左右それぞれの肋骨の幅の中心を通ります。

肋骨の幅というのは、上から下に向かうにつれてだんだん大きくなっており、人によって顕著な差がありますから、位置を決めるときは便宜的に行います。

便宜的というと、普通は「適当にやればいいんだよね」と大雑把に捉えてしまいがちですが、この場合は「このやり方しかない」という意味なんだと理解してください。便宜的といっても非常に正確に行う必要があるからです。

胸鎖関節から肩鎖関節をつないでいる骨、つまり鎖骨のことですが、その鎖骨の長さのちょうど中点の位置を正確に決め、そこから線を第4肋骨下端の高さまで垂直に下ろします。

■肋骨が入った上半身

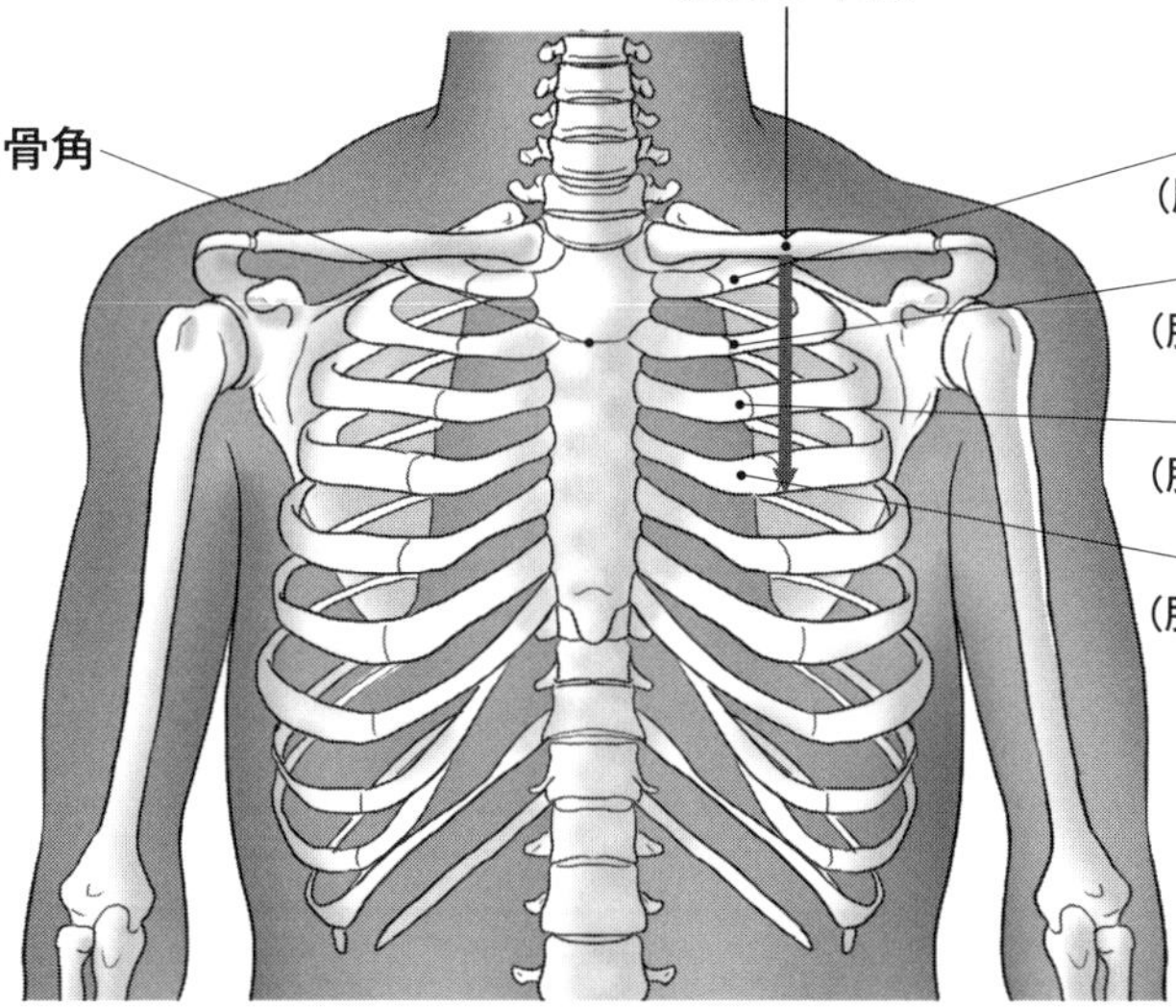

いきなり第4肋骨といわれても、にわかにわからないかもしれませんが、観念的に理解しただけでは意味がないので、身体でわかるようにこれから第4肋骨の探し方をお教えします。回甲の基本構造の概要については、後ほど詳しく説明するので、いまは自分の身体で確かめながら理解を進めることに専念してください。

左側から行っていきましょう。

まず、1段目の肋骨＝第1肋骨に触ります。といっても第1肋骨は、通常、鎖骨の裏側に隠れているのでそのままでは触れません。ですから右手の人差し指と中指で鎖骨の中点を触りながら、裏側に第1肋骨が隠れていることを感じ取ってください。

そして、裏側の第1肋骨を直に触るために左の肩関節を上げることで、鎖骨を持ち上げます。鎖骨が上がった所に人差し指と中指を突っ込んでください。特に中指の方を深く突っ込みます。あたかもキリで突き刺すようなイメージで、中指を背中側に向かって深く突き刺してみてください。

そのとき背中方向だけでなく、下方向にも突き刺すように意識します。つまり後ろ斜め下に向かって突き刺す感じです。そのときに中指にぶつかる肋骨が第1肋骨です。

今度は、人差し指を添えながら中指を下げていきます。すると肋骨があるので、グリッとかグクッとくる感じで中指が押し返されると思います。そこからさらに少しずつ指を下げながら背中側に向かって突き刺してください。

すると肋骨の1段目と2段目の間の何もないへこみの部分に指が到達します。いま指の下側

■第4肋骨の探し方

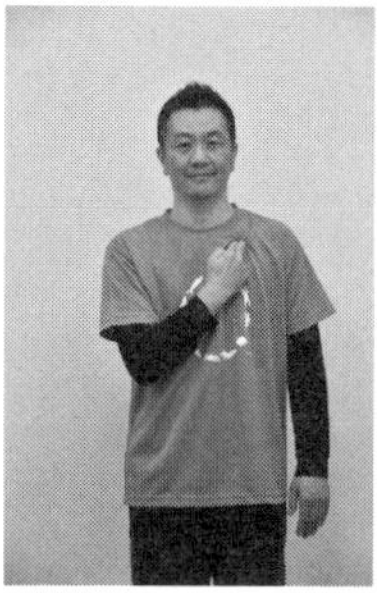

右手の人差し指と中指で鎖骨の中点を触りながら、裏側に第1肋骨が隠れていることを感じ取る

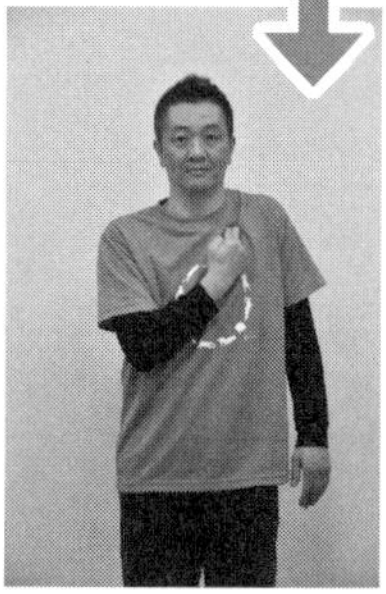

第1肋骨を直に触るために左肩関節を上げることで、鎖骨を持ち上げる

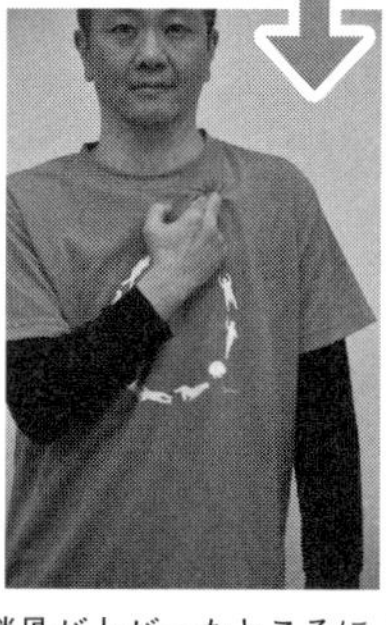

鎖骨が上がったところに人差し指と中指を突っ込む

人差し指を添えながら中指を下げる

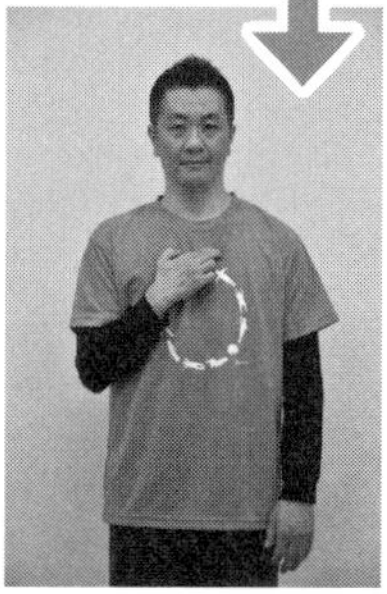

胸骨角を触るやり方。そのすぐ隣が第1肋骨と第2肋骨の間

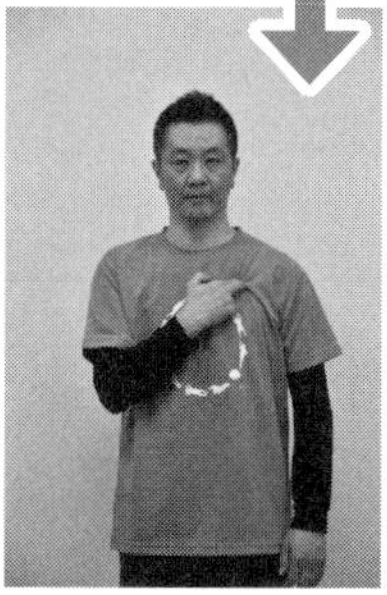

第2肋骨と第3肋骨の間の指を下から支えているのが第3肋骨

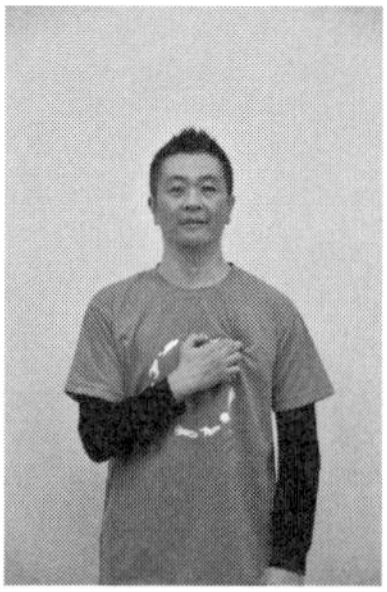

第3肋骨と第4肋骨の間の指を下から支えているのが第4肋骨

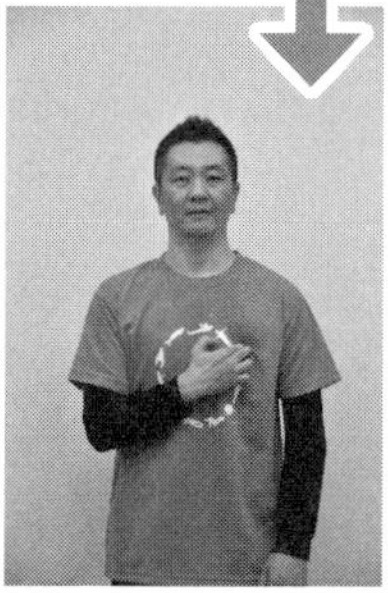

第4肋骨のすぐ下。ここが回甲の基本構造の下端

で支えている肋骨が、2段目の肋骨＝第2肋骨です（第2肋骨の探し方としては、胸骨の上から20％ほど下ったところにある胸骨角を目印にする方法もあります。第1肋骨から探していく方法をフォローする方法として併用すると良いでしょう）。

さらにそこから指を下げていくと、また肋骨に抵抗を受けながら、その肋骨を越すようにしてグリッ、グクッとする感じで、2段目と3段目の肋骨の間に指が入り込みます。そのときに指を下から支えているのが3段目の肋骨＝第3肋骨です。

その第3肋骨を乗り越えていくと、またグリッ、グクッという感じでへこみに指が深く入ります。そこが3段目と4段目の肋骨の間です。その指を支えるようにあるのが、4段目の肋骨＝第4肋骨です。

その第4肋骨をまた越えるように指を下に向かって動かしていきます。そこをグリッ、グクッと越えたところが、第4肋骨のすぐ下で、ここが回甲の基本構造における下端となります。

壁角で背骨の棘突起と肩甲骨の内端の中点を刻印する

回甲の基本構造の形状が見えてきました。いまは鎖骨の中点から垂直に下りて、第4肋骨のすぐ下まで来たところです。

今度は背中側も同様に行います。背中側に指で直接触れるのは難しいので、今通した胸側の垂直のラインの上を第1肋骨の位置から人差し指と中指で背中側に向かって突き通すように意識してみてください。身体の正中面と平行になるようにまっすぐ突き通します。

背中側は、背骨の棘《きょく》突起と左右の肩甲骨の内端（内側の端）の間の中心を通ります。どちらの手でも構わないので、背中側に回して棘突起を触ってみてください。胸椎3番あたりまでは、上から触ることができるはずです。

次に、肩甲骨を触ってください。手と同じ側の肩甲骨上端の内側の角のあたりを触ります。ここは肩甲骨の上端と内端がぶつかる角です。そこから少しだけ指を下げると、肩甲骨の内端のラインに触れます。

また棘突起を触ってください。そして、棘突起と肩甲骨内端の間の中点の位置を触ります。

次に大事なワークを行います。

部屋の中にある壁の角（壁角）の出っ張っている部分（へこんでいる部分は使えません）、あるいは柱の角（柱角）を見つけてください。

両方とも見つからない場合には、引き戸の枠の角やタンスの角などで代用していただいても構いません。それもないということであれば、玄関のドア枠の角を使っていただいても大丈夫です。

壁角や柱角のように上下にまっすぐ垂直に通る1本のラインを、運動科学では「環境センター」といいます。このワークでは、この環境センターを利用します。

壁角、柱角が見つかったら、実際にそれがある場所まで移動し、直前に指先で触って見つけた中点の位置を思い出し、棘突起と肩甲骨内端の間の中点の位置を角に当ててください。まず

■壁角で背骨の棘突起と肩甲骨の内端の中点を刻印する

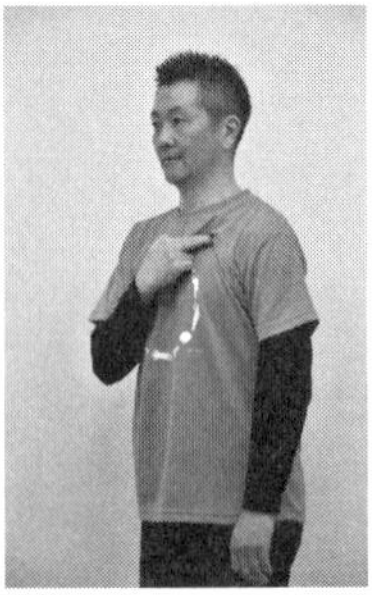

第１肋骨を人差し指と中指で背中側に向けて突き通す

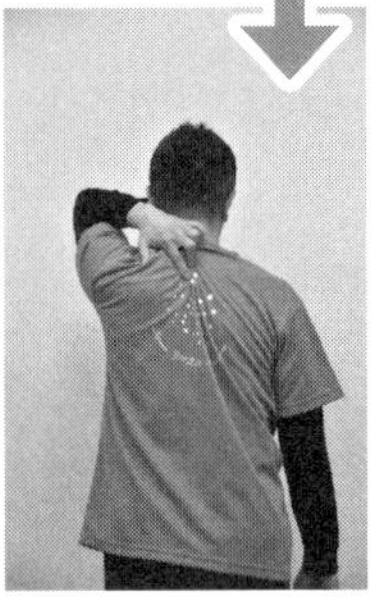

背骨の棘突起を触る

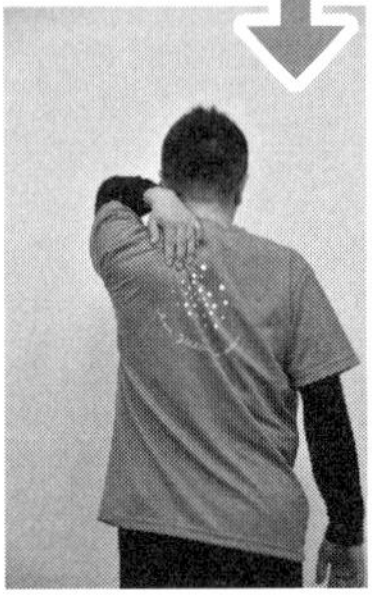

肩甲骨上端の内側の角あたりを触る

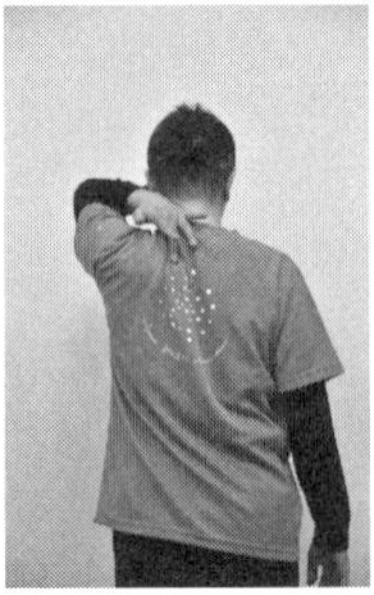

肩甲骨の内端のラインに触る

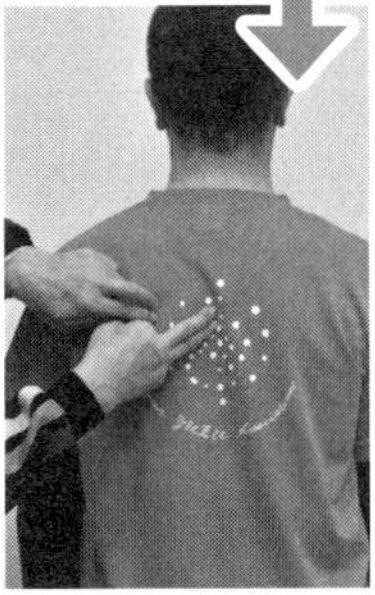

棘突起と肩甲骨内端の位置

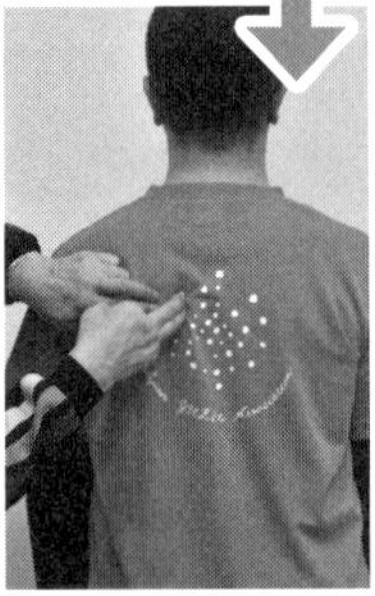

棘突起と肩甲骨内端の中点

部屋の中にある壁角もしくは柱角を見つける

引き戸やドアの枠の角やタンスの角などでも代用可能

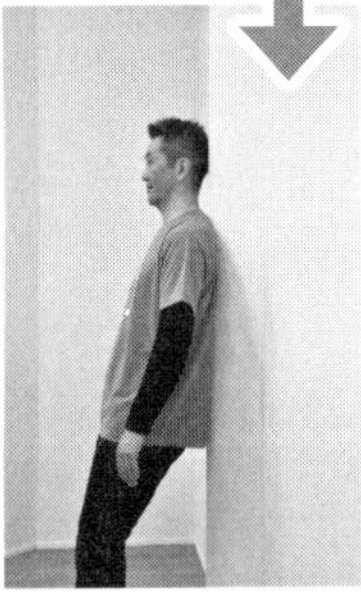

壁角、柱角に棘突起と肩甲骨内端の中点を当てる

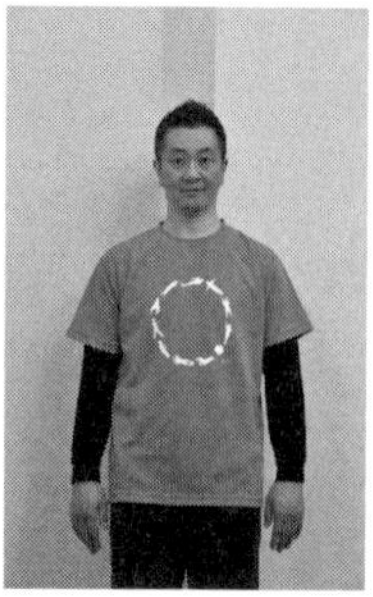

左側の棘突起と肩甲骨内端の中点を当てているところ

身体を左へ移動し、棘突起の左横を当てる

身体を右へ移動し、左肩甲骨の内端を当てる

指で壁角、柱角が棘突起と肩甲骨内端の中点に来ているかを確認

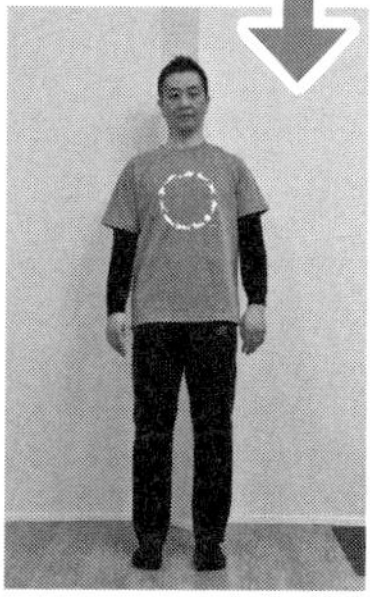

第１肋骨から第７肋骨の下端あたりまでを上下動する

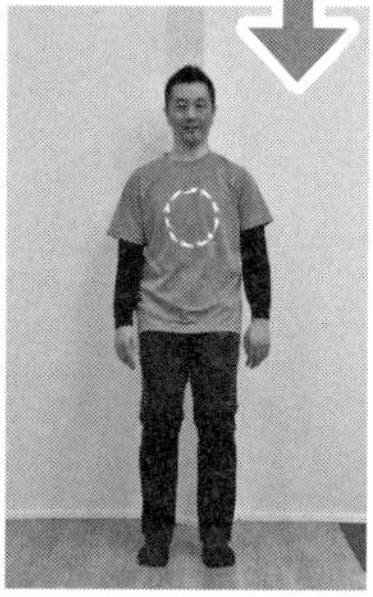

中点を上下にライン状に広げる

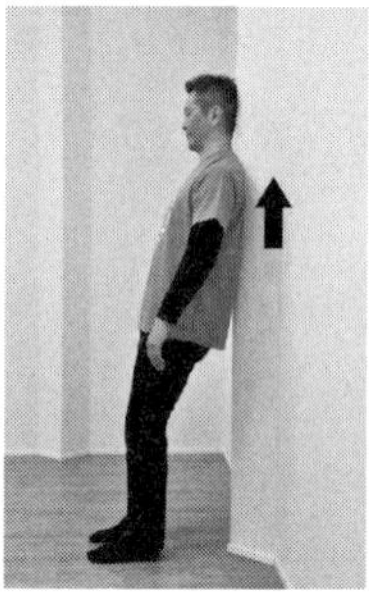

横から見たところ

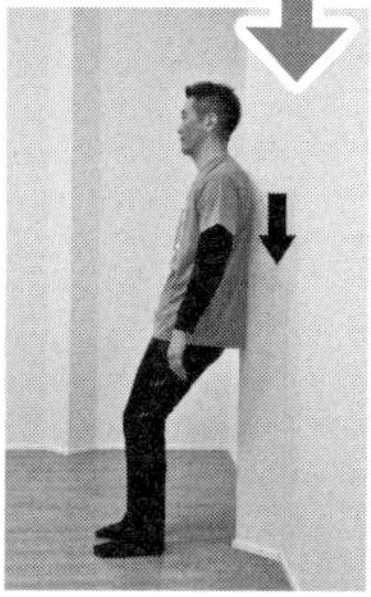

終わったら右側も同様に行う

は左側から行っていきます。

そこを身体で覚えるようによく刻印してください。刻印というのは、一般的には印を彫ったり、心象を刻み付けるという意味で使われますが、運動科学では、身体に意識、感覚を刻み付けるように刺激することを意味します。ぜひ覚えておいてください。

また、このときにケガをしないようにあまり体重をかけすぎないように注意してください。

壁角が背骨の方に寄ってくるようにずらしていきます。いまは背中の左側でやっているので、身体を左へ移動していくと壁角が棘突起の左横に当たるはずです。

壁角が棘突起の脇に当たったら、今度は身体を右へ移動し、先ほどの棘突起と肩甲骨内端の中点まで戻り、その位置を「ここだな」と身体でよく覚えてください。

そこからさらに身体を右側に動かして、左肩甲骨の内端に壁角を近づけていきます。壁角が肩甲骨の内端に到達したら、そこからまた身体を左へ動かし、壁角を棘突起と肩甲骨の内端の中点に来るように調整します。

ふたたび指で実際に触りながら、角が棘突起と肩甲骨の内端の間のちょうど中点に来ているかどうかを確認します。正確に棘突起と肩甲骨内端の間の中点に角が来ていない場合には、何度かくり返してやり直してください。そのうちに「位置が外側すぎるな」とか「内側すぎるな」というのが、だんだんわかってくるはずです。

とにかく現段階の自分で最善を尽くし、ここが中点だなと思える所を見つけます。ここでいいと感じられたら、体幹を上下動するようにしてその中点を上下にライン状に広げていってください。

ちょうど中点のあたりを第1肋骨から第7肋骨の下端あたりまでを上下動します。背中側の肋骨は、胸側に比べて高くなっているので、背中側の第7肋骨が、胸側の第4肋骨とほぼ同じ高さになっています。

右側の棘突起と肩甲骨の内端の間の中点も同様に行ってください。

人差し指と中指でベスト正面を切通する

一方、胸側は左右それぞれの鎖骨のちょうど中点にあたる位置を、人差し指と中指の爪を使って第1肋骨から第4肋骨の下端までの垂直のラインを何度もくり返し上下方向にこすって切り通します。

この切り通すことを運動科学の専門用語では「切通《せっつう》」といいます。肋骨表面を切るだけではなく深くまで切り通すことが重要です。

胸側の肋骨を上下に切って通すと同時に、身体の奥、背中側に向かって肋骨表面を切り、さらには肺のある胸郭と呼ばれる空間を切り通して、背中側の肋骨も内側から切って通していくように意識するのです。

肋骨の前側で動かしている人差し指と中指から後方に延長線を伸ばして、そこから背中側まで切り通します。もちろん、この延長線というのは意識のことです。

皆さんが使い慣れた言葉でいえばイメージですが、イメージという言葉はぼんやりして弱いので、トレーニングで使うのは適切ではありません。イメージという言葉では、回甲の線や面が持っているストラクチャー、クオリティ、動き（モビリティ）の鋭さや明確さなどを的確に捉えることができないからです。このような理由から、私が「意識」という言葉を使うように決めているということを理解してください。

このトレーニングでは、ミリ単位で正確にやるという意識が必要です。あたかも木でできたペーパーナイフで自分の肋骨を切るつもりになって、人差し指と中指の爪でキチッと正確に鋭く切ってください。

そして、その胸側の肋骨を切っているラインが、胸側の肋骨と背側の肋骨の間の空間を通って、背中側の肋骨の裏側まで到達するように切通します。

さらに背中側の筋肉、皮膚まで切り通し、貫き通すまで、人差し指と中指で何度も上下にこすります。上下方向にこすっている線が面になり、肋骨と肋骨の間の空間、さらには胸側から背中側までの肋骨すべてを切り通して、背中側の皮膚のさらにその先まで届くように切通していきます。

まずは人差し指と中指の爪を使い、胸側から肋骨の1段目と2段目を上下に何度も切通してください。最低10回はやってください。

背中側の肋骨まで切通できましたか。これは胸側から人差し指と中指を使って背中側の裏側の肋骨まで到達すると感じられるように、ハッキリと意識しながら切通するということです。

それができたら人差し指と中指を、肋骨の2段目と3段目にまで下げてください。そこでも同じことをくり返します。やはり上下動を最低10回はやってください。

さらに肋骨の3段目と4段目でも10回以上ずつ上下動をやります。

すると、最低でも合わせて30回以上は、上下動をやったことになると思います。

ひと通り全部行えたら、あらためて肋骨の1段目から4段目下端までを何度もくり返し切り通してください。この線は、胸側から背中側までの筋肉と皮膚を含めた肋骨と空間すべてを切り通して、あたかも一つの面にならないといけないのです。

いま切通したこの面を「ベスト正面」といいます。

ここで「回甲」と「ベスト」の名称について、もう一度別の角度から整理しておきたいと思います。

第1章でもお伝えしたように「回甲」と「ベスト」という名称は、ほぼ共通した運動構造を表した言葉ですが、そこにはきちんとした観点の違いがありました。その違いをズレ回転運動の観点からさらに整理すると、「回甲」は肩甲骨のズレ回転運動によって肋骨のズレ回転運動を誘導するところに重点を置くのに対し、「ベスト」は肋骨に形成される構造とそのズレ回転運動そのものに焦点を当てた名称です。

このあと4種類の運動構造を解説するにあたっては、肋骨本体の構造とその運動に焦点を当てるため、よりベストを中心に話を進めていくことになります。

■ベスト正面を切通する

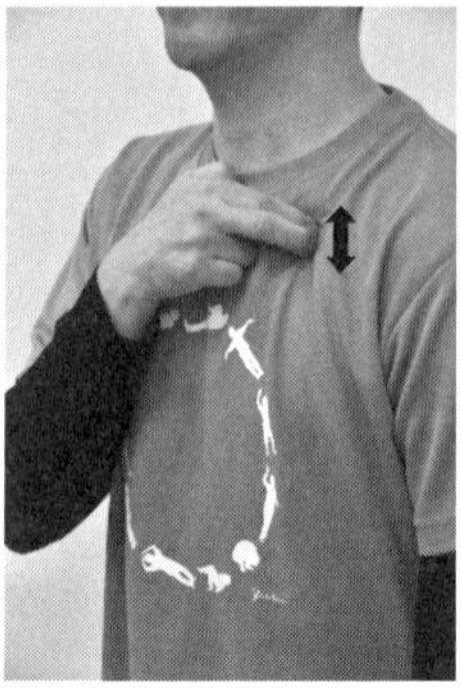

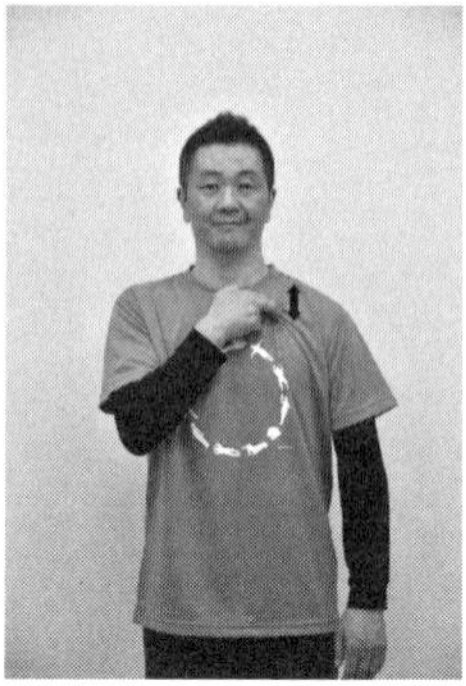

人差し指と中指の爪を使い、肋骨の１段目と２段目を上下に切通する。最低 10 回は行う

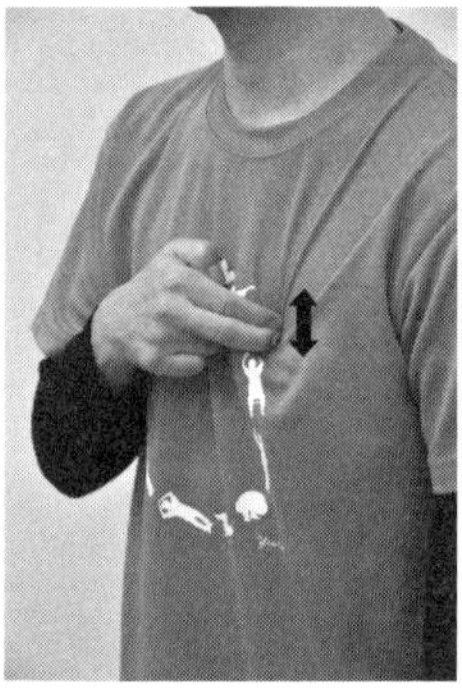

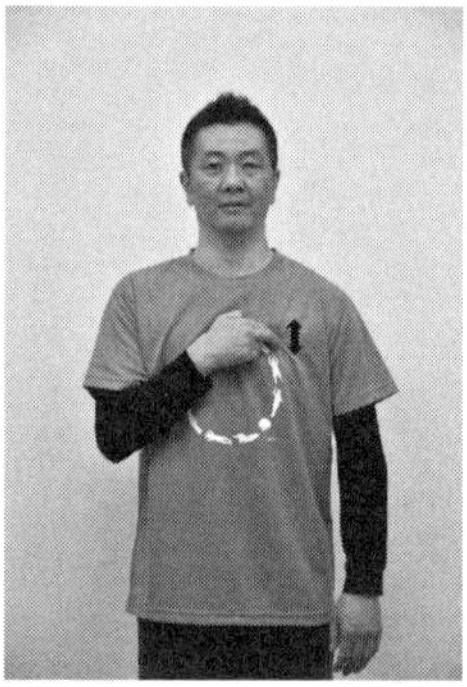

肋骨の２段目と３段目、３段目と４段目も同様にそれぞれ 10 回以上、上下に切通する

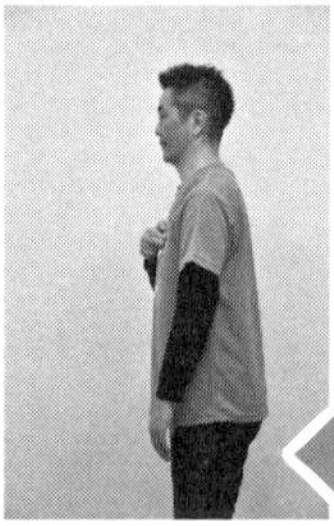

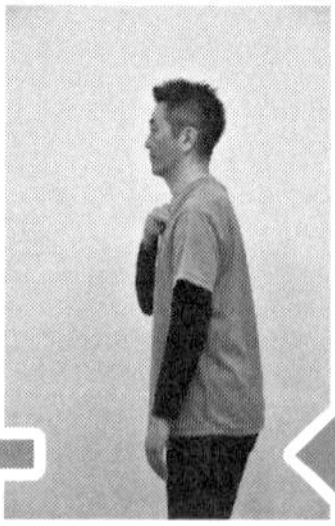

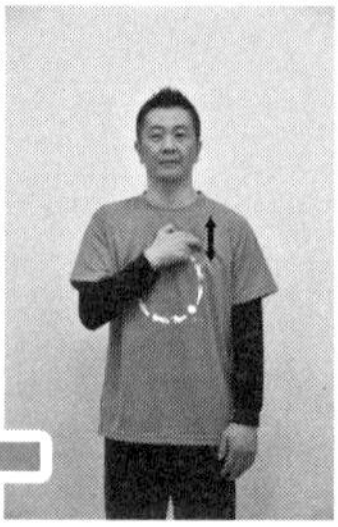

肋骨の１段目から４段目下端までを何度もくり返し切通する

クリアベストとオーバーベスト

ベストで共通して使われる肋骨の位置を実際に身体で確認していただいたと思いますので、より正確な理解へと進めるために、このあとベストの基本構造について詳しく解説していきます。

まずは、ベストの基本構造図1をご覧ください。

これはベストの基本構造を描き入れた人物を斜め上空から見た図です。これで、ベストの基本構造の立体的な形を正確につかんでください。

対象となる構造をより正確に理解するためには、機械や建築の設計図面のようにそれぞれの方向から見た二次元の立面図や平面図があった方がいいので、それに該当する図も一緒に掲載します。

■ベストの基本構造図１

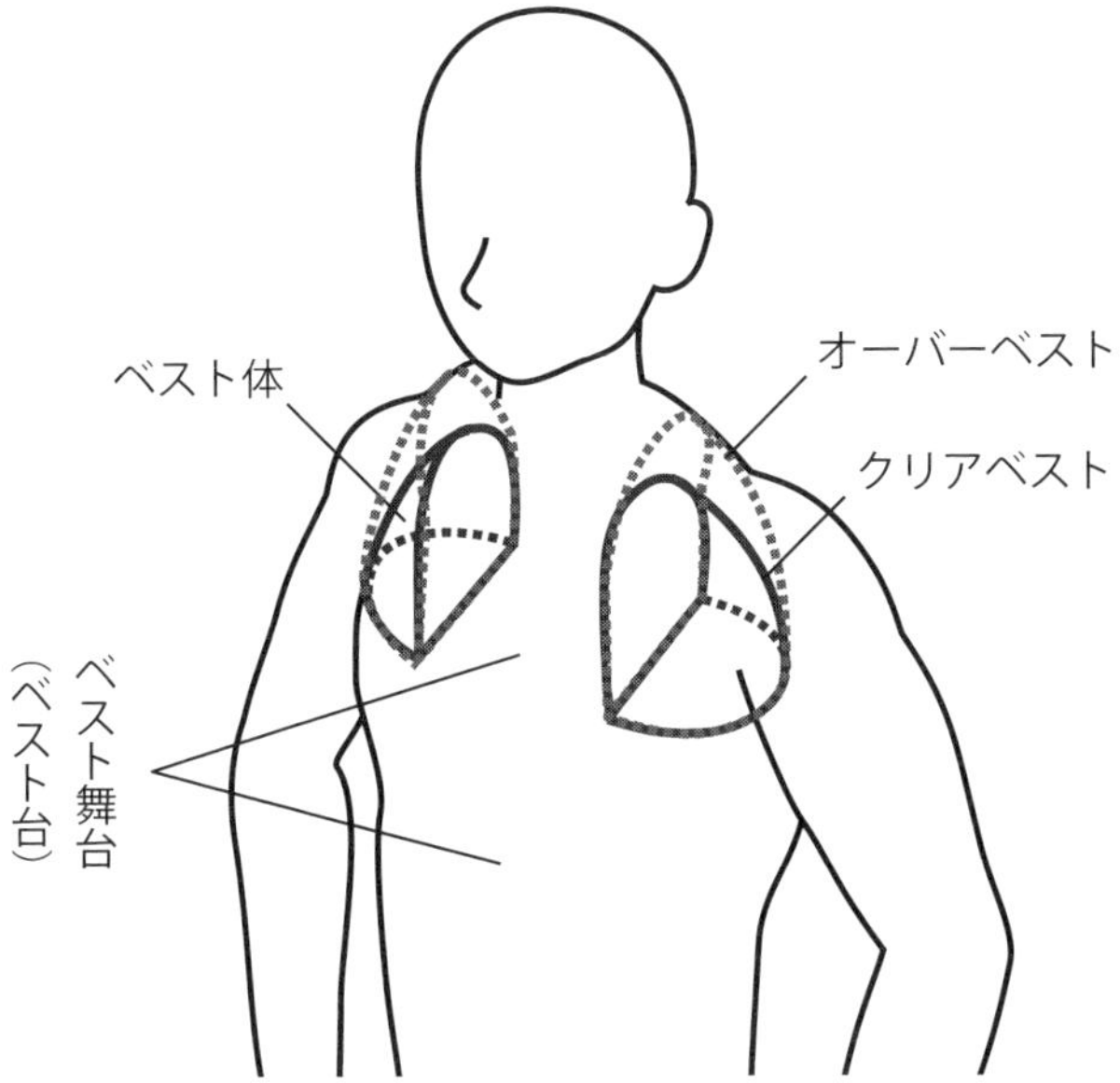

ベストの基本構造図２を見てください。

これは人物を前から見た図です。この図を見ていただくと、およそ鎖骨の高さあたりに、ベスト（実線部分）の上端があるのがわかります。右側と左側のそれぞれの肋骨を、横幅の中点をスパッと縦に切っています。ここがつい先ほど人差し指と中指で切通したラインです。

この切通した胸側のラインを「前ベスト線（ライン）」、一方、背中側のラインを「後ベスト線（ライン）」といいます。

そして、これらの前ベスト線と後ベスト線を結ぶ面が、先ほども登場した「ベスト正面」です。

前ベスト線は、僧帽筋を上り、裏側に向かってグルッと回り込むようにして、後ベスト線につながっていきます。

ベストの基本構造図３、４でこのことを確認してください。

■ベストの基本構造図2

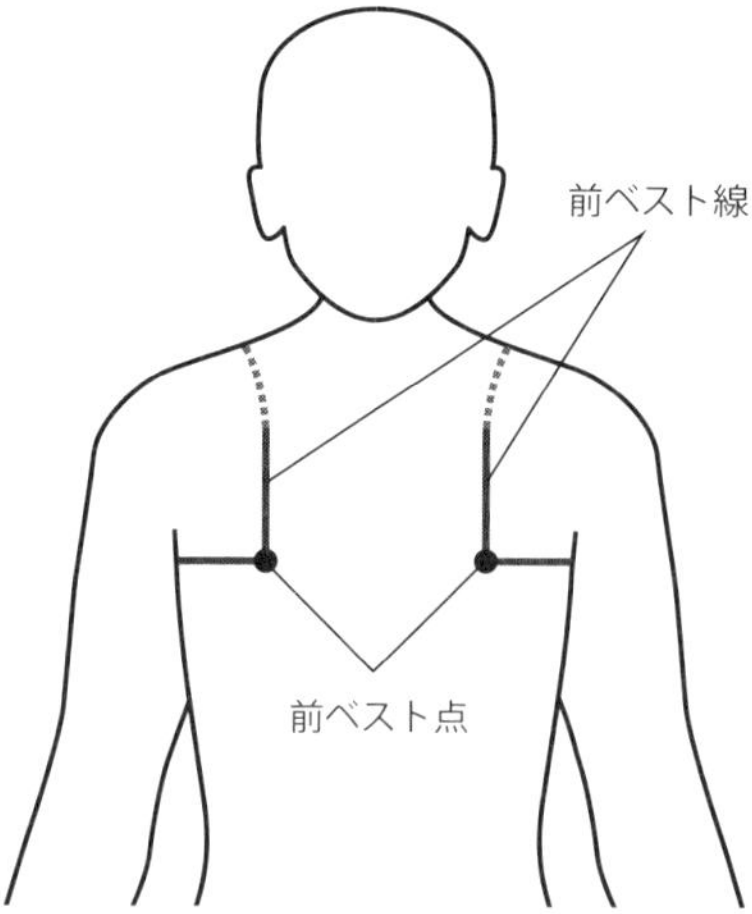

ベストの基本構造図3では、まるで包丁で切ったかまぼこを横から見たような形をした前・後ベスト線が見えます。

ところが、こまかく見ていくと前・後ベスト線には僧帽筋の峰まで行っているものと、僧帽筋の上端部分がなく鎖骨の高さで切れているものの2種類があります。

実はベストには、小さい規模と大きい規模の2種類の大きさが存在するのです。

これらのベストには、それぞれ名前がついています。

小さい方のベストは「クリアベスト」といいます。これは、上端が鎖骨の高さ、より正確には第1肋骨の高さとなっています。

一方、大きい方のベストは「オーバーベスト」といいます。上端が僧帽筋の峰まであります。

これらのベストの名前の由来については、後ほど説明します。

■ベストの基本構造図3＆4

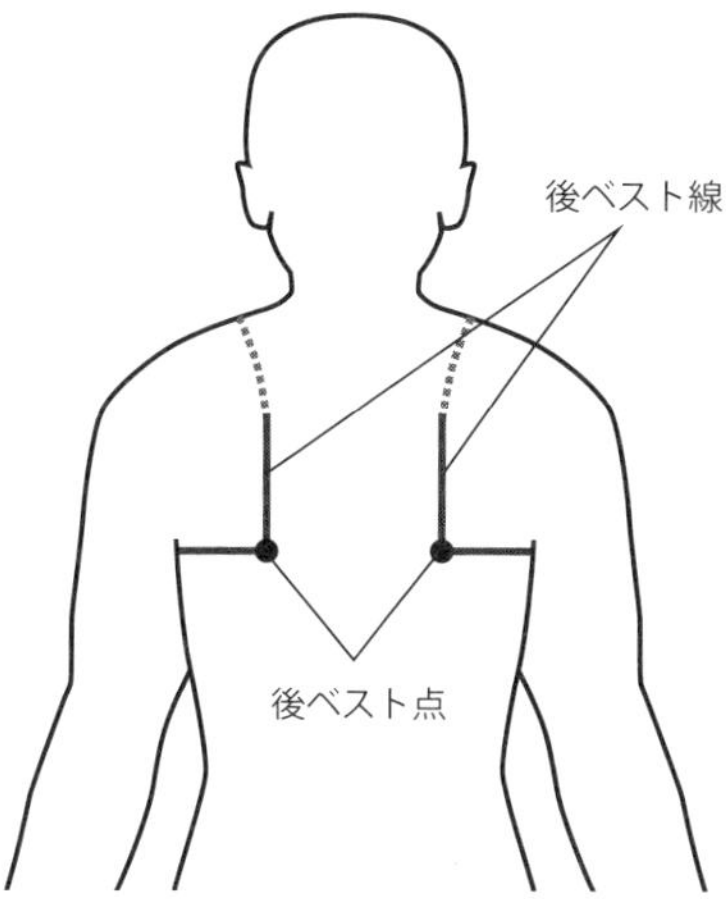

基本構造図4

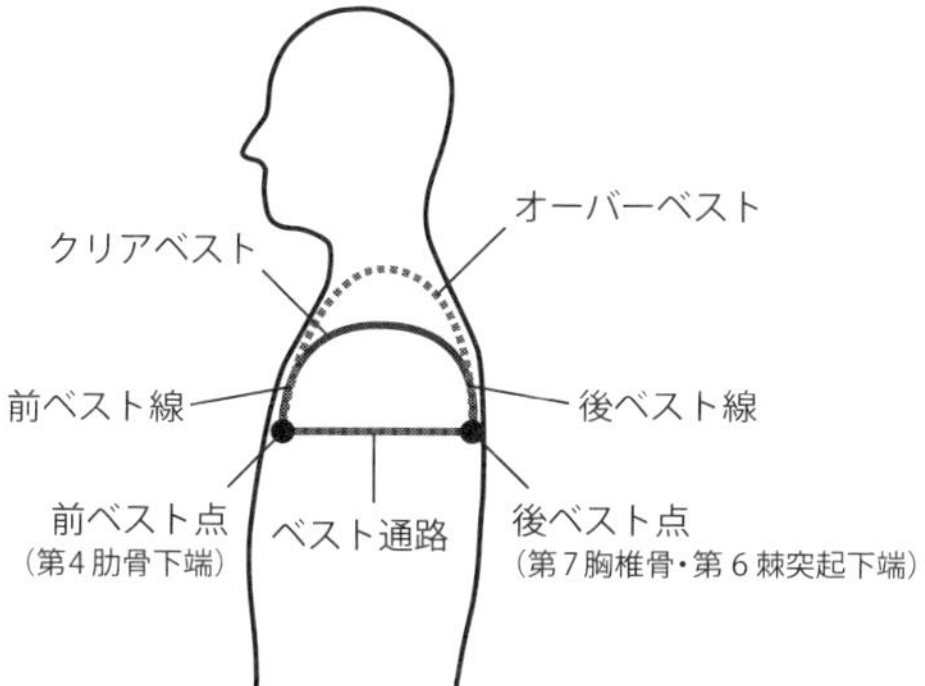

基本構造図3

なお、ベストの基本構造図1~4はクリアベスト(実線部分)とオーバーベスト(破線部分)の両方とも描かれています。

ベストの種類によっては、オーバーベストがないものもあるのです。

身体座標空間のXY次元で上下前後にズレ回転運動するサイクルは、オーバーベストもクリアベストも両方とも使えます。

XZ次元で横方向に回転運動するローターは、クリアベストのみを使います。僧帽筋の上までいくオーバーベストは使いません。

パルトもローター同様、クリアベストのみを使うタイプのベストです。

スクリューは、クリアベストとオーバーベストの両方を使う場合があります。その点で、サイクルと同じタイプのベストです。

あらためてベストの基本構造図2をご覧ください。

クリアベストの前ベスト線は、ほぼ垂直に通る直線です。

ところがオーバーベストの前ベスト線は、上に向かって鎖骨を越えたあたりで、僧帽筋の尾根に向かって若干外側にカーブしながら開いているのがわかります。

これは、僧帽筋の構造が首から肩の方に向かって富士山の裾野のように広がっているために、その形状に合わせて、前ベスト線が僧帽筋の尾根のラインに向かって直交するようにして広がっているのです。

ベストの基本構造図4でも、後ベスト線が背骨の棘突起と肩甲骨の内端の中点を通るエリアはほぼまっすぐに一直線に上がっていますが、僧帽筋にかかるあたりで左右に広がっています。この後ベスト線は、僧帽筋の尾根を越えたところで前ベスト線と合致して、前後ひとつながりになるのです。

ベストの基本構造

ベストの基本構造図3の前ベスト線、後ベスト線、ベスト通路という3つの線に囲まれた面が、先ほど切通したベスト正面です。

ベストの基本構造図5-1を見てください。

これは、ベストの基本構造図1の人物モデルの右側のクリアベストだけを取り上げて描いたものです。このクリアベストの内側の面がベスト正面です。当然、左側のクリアベストにもベスト正面があります。

一方、身体の正面から見える肋骨に沿ってでき

■ベストの基本構造図5-1

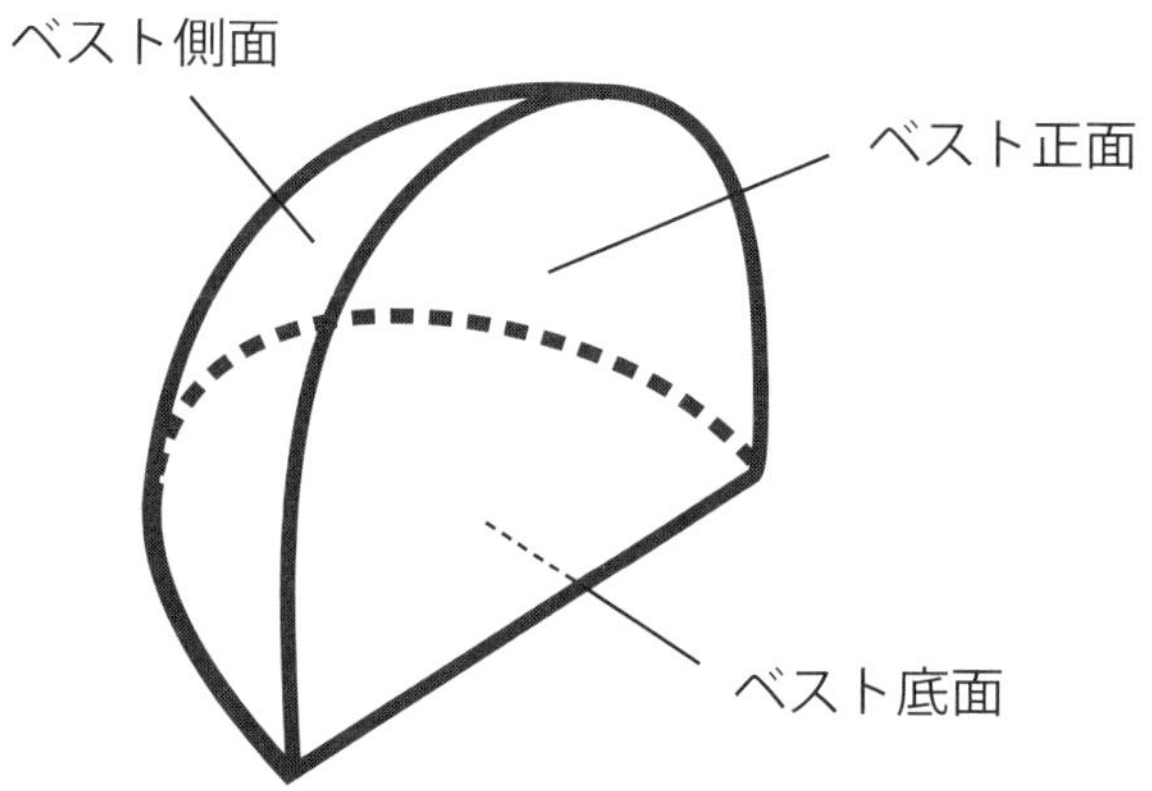

た外側の曲面が「ベスト側面」です。第1肋骨のあたりが非常に狭く、第2肋骨、第3肋骨と下るにつれて、だんだん横幅が大きくなっていきます。上の方は緩やかな斜面ですが、下の方に向かうにつれてだんだん急な斜面になっていきます。

クリアベストの場合、オーバーベストの上部にある僧帽筋の部分は一切関係がないので、丸ごとクリア（削除）してしまうのです。これがクリアベストの名前の由来にもなっています。

ベストの基本構造図5-1のベスト側面は、クリアベストのみで成立している曲面ということです。このベスト側面は、脇の下から手を入れれば、半分から上あたりまでは触ることができます。このときに肩関節を上腕と一緒に持ち上げれば、より深く上の方まで触ることもできます。

一方、オーバーベストの僧帽筋を含む部分については、ベスト正面が僧帽筋を斜めに切るラインはかなりハッキリしていますが、ベスト側面が僧帽筋のどのあたりを通るかについては、かなり曖昧です。

これは曖昧の方が望ましいからです。下手にハッキリと線や面を入れてしまうと、ベストの基本構造を自分の身体に焼きつけ、実際に動かすトレーニングをするときに、非常にやりづらくなる恐れがあるのです（ベストの基本構造図1では、わかりやすく説明するためにあえてハッキリと線を入れています）。

回甲トレーニングに取り組み始めた入門者や初学者は、この時点ではオーバーベストのベスト側面についてては、あえて曖昧にぼかしておいた方がいいのだと理解してください。

いま説明したベスト正面とベスト側面を除いたベストの底の部分を「ベスト底面」といいます。

ベストの基本構造図5-2を見てください。

これはベストの基本構造図1の人物の左側のクリアベストだけを描いたものです。

いま説明したベスト正面、ベスト側面、ベスト底面に囲まれた立体の形が「ベスト体」です。それが左右に一つずつできます。クリアベストのベスト体の方がオーバーベストのベスト体より当然小さく、オーバーベストは僧帽筋の部分まで含まれるので、クリアベストよりもサイズが大きくなります。

ベスト正面外側の左右二つのベスト体を取り除いた、胸骨と背骨を含むベスト正面内側の体幹中央部分を、ベストが成立する舞台という意味から「ベスト舞台」、略して「ベスト台」ということもあります。つまり、ベスト舞台の外側にベスト体が左右に二つあるということです（ベストの基本構造図1を参照）。

■ベストの基本構造図5-2

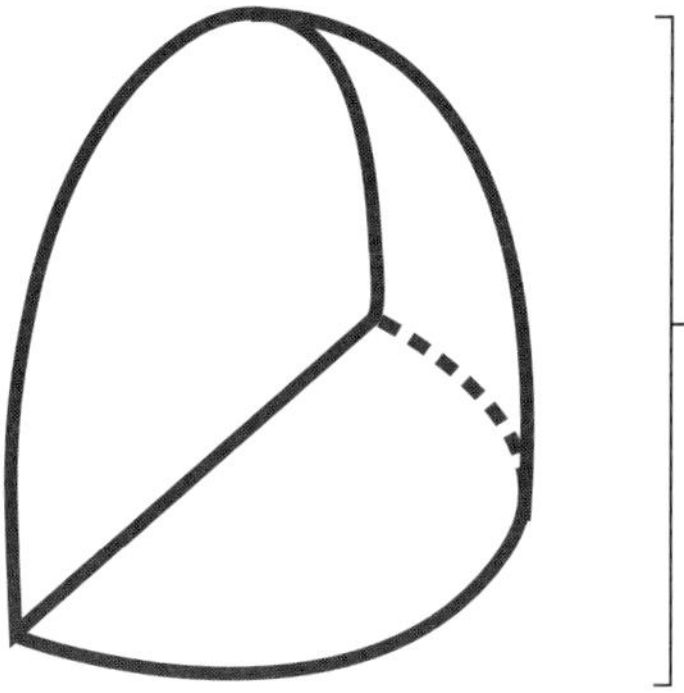

ベストの基本構造図6を見てください。

これは、クリアベストの前ベスト線、後ベスト線、ベスト通路という3本の線を合わせたベスト線です。つまり、本来ベスト線というのは、前ベスト線、後ベスト線、ベスト通路のすべてを含んでいるということです。この理解は非常に重要です。

サイクルはこのベスト線を上下前後にグルグル連続的に回りながらズレ回転運動をする運動構造だということです。

これはサイクルだけに限りませんが、前ベスト線だけで成立するベストはありません。どのベストもベスト線というひとつながりの構造によってはじめて行われる運動だということを理解してください。

以上が、ベストの基本構造の概要となります。

■ベストの基本構造図6

第1肋骨の高さは背中側は胸側に比べて高いので、クリアベストのラインを正確に記すと背中寄りに頂上がずれた破線の形状になるが、胸・背中側同じ高さの実線のかまぼこ形状でトレーニングしたほうがオーベーベストの僧帽筋使いをクリア（削除）してクリアベストに進みやすい。この理由で通常ベストはかまぼこ形状に表記することにしている。

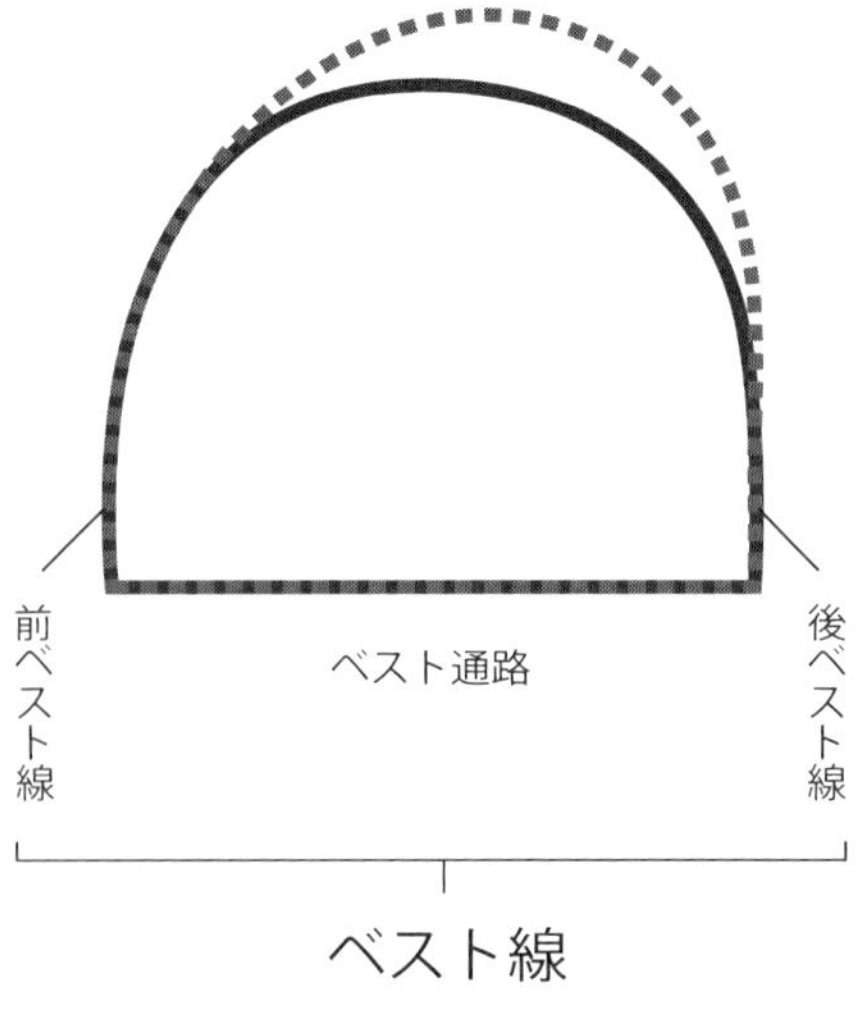

第二項

スポーツでの４種類のベストの運動構造

サイクルの運動構造とスポーツでの活用例

本項では、４種類それぞれのベストが持っている特有の運動構造を見ていきます。また、実際にどのようなスポーツ種目の動きで使われるかということについても合わせて紹介していきます。

一方、各ベストの詳しいトレーニング法や働きなどについては、第４章以降で解説していきますので、そちらをご覧ください。

まずは、サイクルで使われる運動構造について見ていきます。

ベストの基本構造図３（１０５ページ）を見てください。

後ベスト点は、第７胸椎骨の高さにありますが、トレーニングを一緒に行う仲間に見てもらう場合には、背骨の棘突起を基準に数えた方がやりやすいでしょう。

棘突起というのは、一つ上の椎骨の棘突起がそのすぐ下の椎骨の高さまで後方に垂れ下がる構造をしています。ですから、第７胸椎の高さには第６胸椎の棘突起が垂れ下がっていることになります。ここが後ベスト点の解剖学的に正確な高さです。

つまり、ベスト通路は第4肋骨下端の前ベスト点と、第7胸椎骨（第6棘突起）下端の後ベスト点をつないだものということです。

すでにお伝えしているように、サイクルの動きは順サイクルと逆サイクルの2種類あります。

順サイクルの出発点は、後ベスト点です。そこから背中側の後ベスト線を上昇し、僧帽筋の尾根を越え（オーバーベストの場合）、胸側の前ベスト線を下降します。そして、前ベスト点まで来たら、そこからベスト通路に入り、後ベスト点まで戻ってくるというルートです。

逆サイクルの場合は、順サイクルとは逆のルートになります。

逆サイクルの出発点は、前ベスト点です。そこから胸側の前ベスト線を上昇し、僧帽筋の尾根を越え（オーバーベストの場合）、背中側の後ベスト線を下降します。そして、後ベスト点

■棘突起の構造

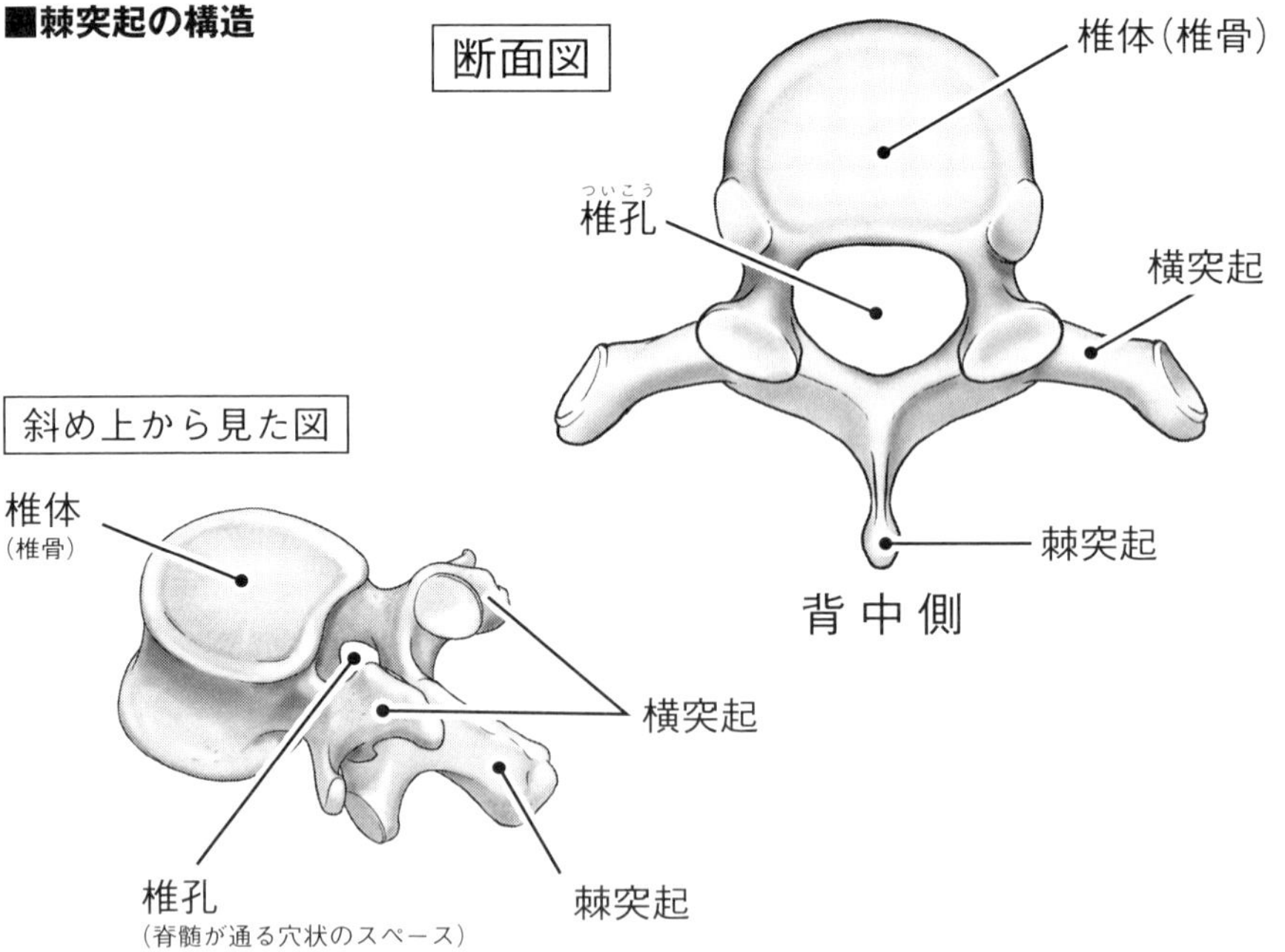

まで来たら、そこからベスト通路に入り、前ベスト点まで戻ってくるというのが、逆サイクルのルートです。

スポーツで使われるサイクルの動きは、ほとんどの場合が順サイクルです。

逆サイクルが使われる場面というのは、ボクシングのアッパーや、レスリングで相手の腕を両側から抱えて持ち上げたり、バレーボールで低いボールをレシーブするときなどです。

ここで、サイクルにおけるクリアベストとオーバーベストについて触れておきたいと思います。

先ほどもお伝えしましたが、クリアベストのクリアという言葉は、このベストが持つ僧帽筋の部分をクリアするという機能・働きを表したものです。

僧帽筋を含まないクリアベスト（肋骨の部分）だけでベストの運動が行えるようになると、腕の動きが正確かつシャープになり、さらには腕の動きの早度・加速力・角速度などが圧倒的に増します。

ベストの動きは、肋骨の運動が一番ベースとなりますから、肋骨の運動を起こせるようになると僧帽筋や広背筋、大胸筋などのアウターマッスルはもちろんのこと、それらの筋肉の下にある深層筋＝インナーマッスル群を主導することができるようになるのです。

これが、ベストにおける最も基本的かつ画期的に優れた運動機能です。

そのような意味で、本来の最も優れたベストの動きを発揮するためには、ベストがリーダーシップを取って、肋骨近傍の深層筋群をリードすることが必要です。

僧帽筋まで含んだオーバーベストを行うと、アウターマッスルが必要以上に使われることで、高度なパフォーマンスを行う際にマイナスとなる場合があります。

言い換えると、シャープかつ正確な動きで、必要とあらばリーダーシップを取って関係する深層筋たちを主導し、さらにアウターマッスルにまで必然的に動きを拡大していくというクリアベストが持っている本来の動きができなくなってしまう恐れがあるのです。そのような意味で、オーバーベストには、明確な弱点があります。

しかし、それと同時に大きな長所も併せ持っています。

上達というのは、まったくできない状態からそれを学びながらトレーニングしていく過程で徐々にできるようにしていくことです。このトレーニングの上達過程では、このオーバーベストがたいへん役に立ってくるのです。

もし、サイクルを初めてトレーニングするときにオーバーベストがなくて、いきなりクリアベストに取り組まなくてはいけないとなったら、初っ端《しょっぱな》から僧帽筋に隠された第1~4肋骨を使うという難しい課題に直面することになってしまうのです。

ローターの運動構造とスポーツでの活用例

次に、ローターの運動構造を見ていきます。

ベストの基本構造図7を見てください。

これは、前ベスト点と後ベスト点の高さの体幹を水平に切った断面図です。上が胸側、下が背中側です。

ローターもサイクル同様、順ローターと逆ローターという2種類の動きがあります。

右側のベスト体を見てください。

後ベスト点から出発するのですが、この箇所には後ベスト線が身体に対してほぼ垂直に通っているので、後ベスト点であると同時に後ベスト線でもあります。

ベストの基本構造図4（105ページ）を見ると、背骨と肩甲骨の間の中心を後ベスト線が垂直に通っているのがわかります。

ローターは、サイクルと違ってクリアベストのみを使います。僧帽筋の部分は使いません。

このクリアベストが外側に向かって開きながら水平方向に回るというのが、このローターが持っている動きの大きな特徴です。

■ベストの基本構造図7

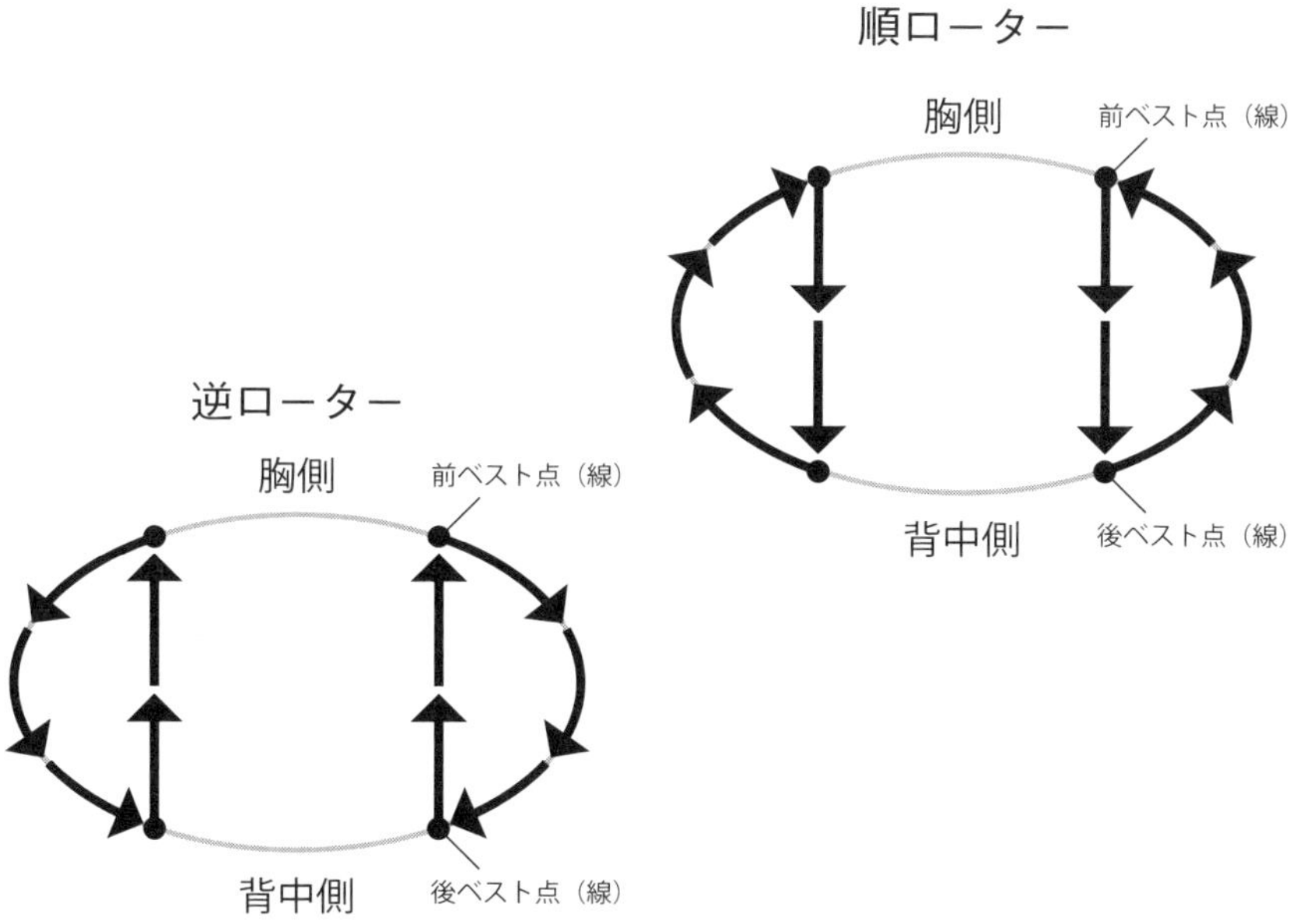

後ベスト線のところにボールペンが垂直に立っているイメージで行うと、感覚的につかみやすくなるはずです。

後ベスト線をベスト側面の縁に沿って右側に動かしていってください。

右側へどんどん進んでいくと脇を通り過ぎ、胸側まで来ます。さらにどんどん進むと、今度は左の方へ向かい、前ベスト点＝前ベスト線に到達します。

そして、ベスト通路上の垂直面＝ベスト正面を通って、後ベスト線まで戻ってきます。

これが順ローターのルートです。

一方、逆ローターは、前ベスト点上の垂直線＝前ベスト線から出発します。

前ベスト線を右側に向かってどんどん進み、脇を通り過ぎると、背中側まで来ます。さらに左側に向かい、右の後ベスト点上の垂直線＝後ベスト線まで来たら、ベスト通路上の垂直面＝ベスト正面を通って、前ベスト点上の垂直線＝前ベスト線まで戻ってきます。

これが逆ローターのルートです。

ローターでは、僧帽筋の部分は使わないと言いましたが、これはローターを学ぶ初期の過程、つまり初めてローターを知り、トレーニングをする局面でも僧帽筋の高さにまで前・後ベスト線を広げて、ベスト体として参加させる意味や必要性がまったくないということです。

というのは、ローターでは前・後ベスト線が水平面上のXZ次元の動きしかしないので、僧帽筋は関係ないからです。トレーニング的な観点からいってもオーバーベストを使うことはあり得ません。ですから、ローターでは僧帽筋を無視することが重要です。

ローターのトレーニングにおいて僧帽筋を無視するというのは、僧帽筋を徹底的に脱力緩解することです。とにかく僧帽筋をゆるませきることが必要です。そうしないと、ローターはまったくといっていいほど回ってくれません。

ですから、まずは思いっきり僧帽筋を脱力することを心がけてください。

スポーツでは順ローターの方が圧倒的に多く使われ、また、ほとんどのスポーツの動きには、順ローターの運動の成分が含まれています。

順ローターよりも種目はだいぶ限られてきますが、水泳の平泳ぎなどは逆ローターを使う典型的な種目です。平泳ぎで上体を水面に現しながら前上方に向かって進んでいくときに両腕を後ろ下方に向かって掻くのですが、そのときの腕の動きを体幹の奥深くからつくり出すのが逆ローターなのです。

他にも相撲やレスリングの揉合系の格闘技で

■水泳、相撲で逆ローターを使う

は、相手の腕の中に自分の腕をすり抜けつつ入り込ませるように、あるいはこじ開けるように入れる場合に、この逆ローターが使われます。

左右同じ動きのローターを使うことも十分に高度なパフォーマンスですが、これが左右で異なるローターを使う場合には、さらに超高度なパフォーマンスとなります。

野球のバッティングを例に説明しましょう。

左バッターがテイクバックするときには、右は順ローターを使い、左は逆ローターを使います。つまり、右も左も左回転しているということです。右のベストは左回転で順ローターに、左のベストは左回転で逆ローターになります。

このあたりはかなり混乱しやすいので、実際にテイクバックの動きをしながら、胸の前で同じ側の人差し指（右ローターには右手の人差し指、左ローターには左手の人差し指）でローターの動きをなぞるようにして確認してみてく

■野球のバッティングで順・逆ローターを使う

ださい。

フォワードスイングに入るときには、これらのローターの動きを一気に逆転させます。右のベストは順ローターから逆ローターへ、左のベストは逆ローターから順ローターへ逆転させるということです。

このことによって、あまりにも高度かつ鮮やかに、とんでもなく素晴らしいバッティングが可能となります。これが実際にできている選手というのは、野球の歴史を見ても本当にごくひと握りの存在のみです。

しかも、それができている時というのは、その選手が絶好調の中の絶好調の時で、本当に限られた期間、具体的には絶好調の一カ月とか一週間とかの間の一日とか二日です。その瞬間に歴史に残るのほどのパフォーマンスを見せているのです。

また、実際にできている選手であってもまったく知らないうちに左右で異なるローターを使っているということがほとんどです。天才的な直感にしたがって、それが一時的な現象として現れているのです。

逆にいうと、メカニズムとしてローターを一度身につけてしまえば、一日わずか数分間でも基本トレーニングとして行うことで、いつでもどこでも使いこなせるようになるということです。好調不調とは関係なしに、その順逆ローター両方を再現できるのです。

また、ローターは動きの構造がわかりやすく、トレーニングにも取り組みやすいので、初学者にとっては一番わかりやすいベストだともいえます。

パルトの運動構造とスポーツでの活用例

次はパルトです。

パルトは、ローターに比べるとかなりわかりにくいのですが、一度わかってしまえば、非常に取り組みやすくなるというタイプのベストでもあります。

パルトは、ベスト体をベスト正面のところで割って、ベスト台に対して前後にずらし動かすという運動構造です。あたかもベスト正面に潤滑油や滑液が塗られて、ベスト体がベスト台に対してツルツル、スルスルと前後動するのです。

皆さんは「え!? 何それ?…?…」と思われたかもしれませんね。非常に実感しにくい運動構造をしているので、無理もありません。

本書のタイトルにもなっている「回甲」というのは、すでにお伝えしたように肩甲骨のズレ回転運動に助けられるようにして肋骨がズレ回転運動をすることです。

肩甲骨は背中側にありますから、胸側まで来ることはありませんが、背中側の肩甲骨のズレ回転運動に助けられるようにして、肋骨のズレ回転運動を導くことができるのです。

サイクルとローターは、それが感覚としてつかみやすいベストです。

また、トレーニング論の観点からいっても、サイクルはオーバーベストで僧帽筋を使うことができるので、肩甲骨の上下動が大きくて動きがわかりやすいのです。肩関節も大きく動けます。その点からいっても大きな筋肉を使って、大きな動きができるサイクルは、入門者や初学者が上達するきっかけをつかみやすいのです。

サイクルから入り、次にローターという順番で紹介しているのは、このような理由があるからです。回甲の指導でも普通はこの順番で行っていますし、1番目にサイクル、2番目にローターというのが鉄板の流れです。本書でもその順番で紹介していきます。

ローターは僧帽筋が使えないことから、サイクルに比べると多少わかりづらい面があるのですが、一方で構造はよりシンプルで肩甲骨も使いやすいので、非常に取り組みやすいともいえます。

例えば、ベスト正面はサイクルで使うことはほぼありませんが、ローターではかなり使います。ちなみにローターのトレーニングをしているときのベスト正面を「ローター面」といいます。

3番目に紹介するパルトは、サイクルやロー

■パルトの運動構造

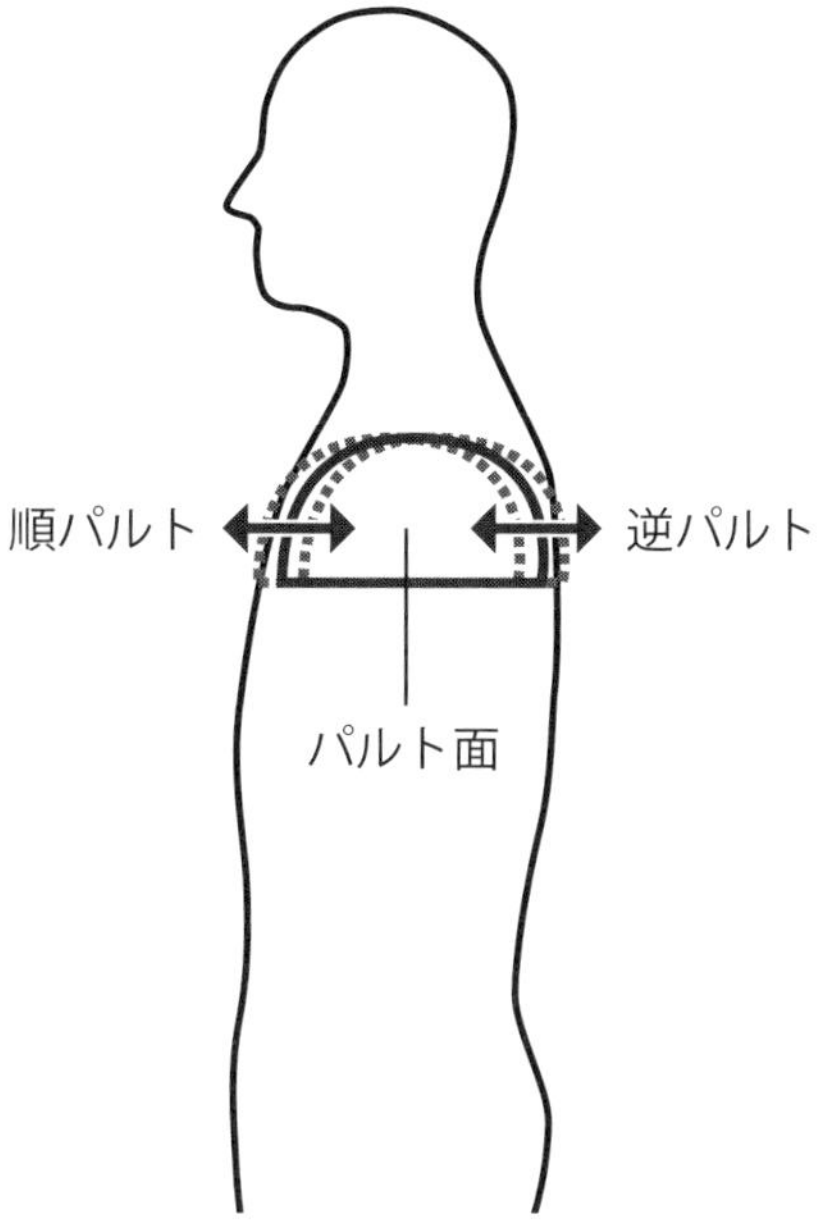

ターのように肋骨を回す運動がありません。ベスト体を背中の面に対して押したり引いたりします。

ベスト正面の両隣をベスト体がスルスルと動くように、肩甲骨でベスト体を押したり引いたりするわけです。もちろんベスト正面の所に実体としての関節などありませんし、誰でもこれまでの人生でそこに疑似関節をつくることなんて考えたこともないでしょうから、非常に実感しづらいと思います。

しかし、肋骨のその位置に面を切るようにつくる、すなわちベスト正面を切るのがパルトです。パルトのトレーニングで使うベスト正面を「パルト面」といいます。

このパルト面を切ることを回甲に対して「切甲《せっこう》」ともいいます。

パルトにも順と逆の2種類の動きがあります。

前に向かってベスト体が進む動きが順パルト、後ろに向かってベスト体が戻ってくる動きが逆パルトです。

パルトでベスト体を押す局面では、ベスト台に対し、ベスト体だけが前にグッと出ます。数ミリから1センチ、でも本人の主観によっては5センチも前に出ているような感覚が生まれます。

パルトでベスト体を引く局面では、立甲を量的にはわずかですが使うことによって肩甲骨を後ろに向かって引くことになります。肩甲骨をわずかに立てることでそれができやすくなるのです。肩甲骨を寝甲のまま後ろへ引くとパルト面を切ることは決してできず、ただ当たり前の両肩を後ろへ引き、胸を前へ張り出すだけの動きになってしまいます。

立甲ができている人は、肩甲骨を肋骨から微調整してわずかにはがれるようにして立てることができると同時に、意図的に肋骨にベターッと貼り付けることもできます。この使い分けがパルトに活きてきます。

順パルトと順ローターは、非常に折り合いがいい組み合わせです。順パルトと順ローターを組み合わせる場合には、そのパルトの動きに乗る形で一緒にローターが回るのです。

一番典型的なのは、卓球やテニスのフォアのスイングです。これらのスイングでは、順パルトと順ローターの組み合わせを使った動きを多く見ることができます。

また、野球のショートやセカンドなどボールをキャッチしてからすぐに投げることが必須なポジションでは、ゆったりと大きく投げるときにはもち

■テニス、野球で
順パルトと順ローターを組み合わせて使う

ろん順ローターを使ったサイドスローで投げますが、そこに順パルトが一緒に使われると、非常に小さい動きで素早く威力のあるボールが投げられるようになります。

パルトが使えると、たいへん立ち上がりの鋭い、最高の早度を易々と出せるようになるのです。

ボクシングや剣道、バスケットボールや卓球、水泳のバタフライやブレスト（平泳ぎ）などにも言えることですが、腕を突き出す動作をわずかでも含む競技では、パルトは最も基本的なものとして身につけておかなければいけない機能・構造を持ったベストだといえます。

スクリューの運動構造とスポーツでの活用例

最後はスクリューです（本書では紙幅の都合上、詳細を取り上げられないのですが、「高岡英夫の天才情報書店」で電子書籍として無料公開しています。詳しくは、巻末の案内をご覧ください）。

これは一見わかりにくいベストですが、わかってしまえばとても面白く感じられるはずです。

ベストの基本構造図8と9をご覧ください。スクリューにも順逆の2種類の動きがあります。

順スクリューは、前上ベスト点から出発して前ベスト線を下降します。

前ベスト線を下降するように感じられるかもしれませんが、実際にはベスト正面を下降しています。そのあとベスト底面を外側に向かって、ベスト側面を上に上がり、上ベスト点まで戻ってきたら一周です。

これが、順スクリューのルートです。

右の順スクリューをやる場合、右手でドライバーを持っていると想像して、腕を反時計回りに捻るとわかりやすいでしょう。

反対に左のスクリューでは、時計回りになります。

この動きは、人間の腕では内旋といわれる動きになります。

一方、逆スクリューでは、後下ベスト点から出発して、ベスト正面を上昇していき、後上ベスト点に到達したら、ベスト側面を下りてきて、ベスト底面に入り、後下ベスト点に戻ってくるというルートです。

逆スクリューでは、右のスクリューが時計回り、左のスクリューが反時計回りになります。

■ベストの基本構造図8＆9

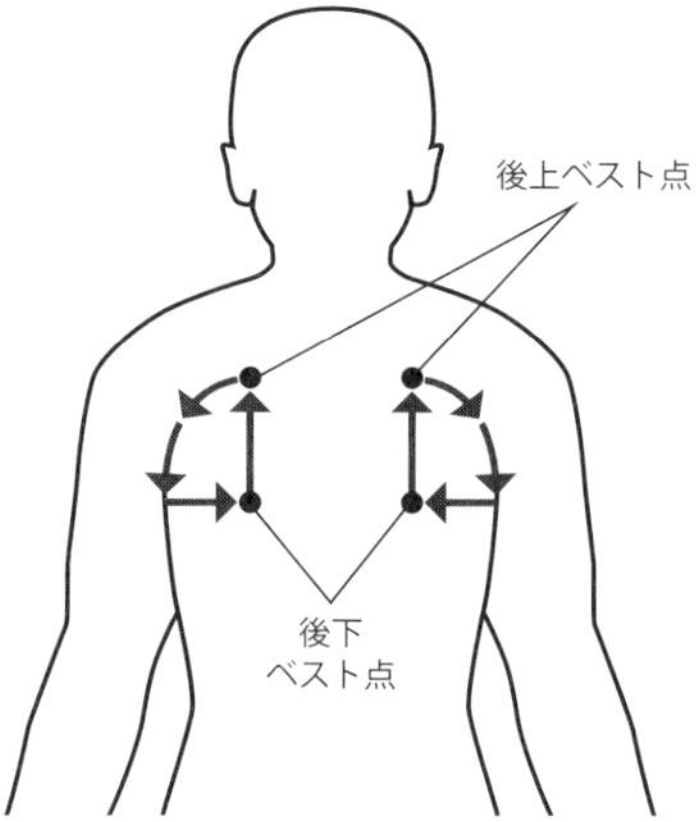

基本構造図９
（逆スクリューの運動構造）

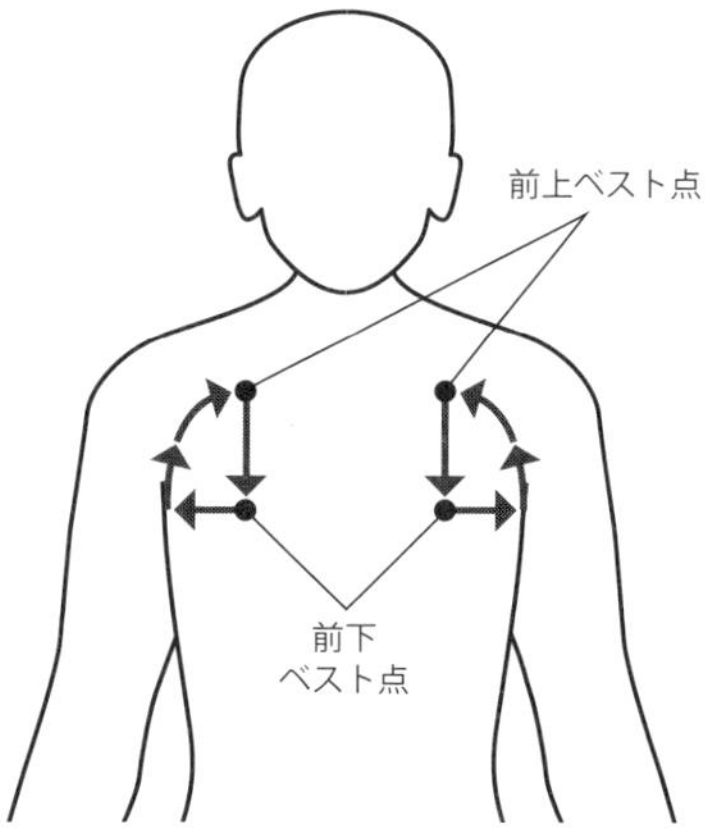

基本構造図８
（順スクリューの運動構造）

■スクリューによる腕の内旋と外旋

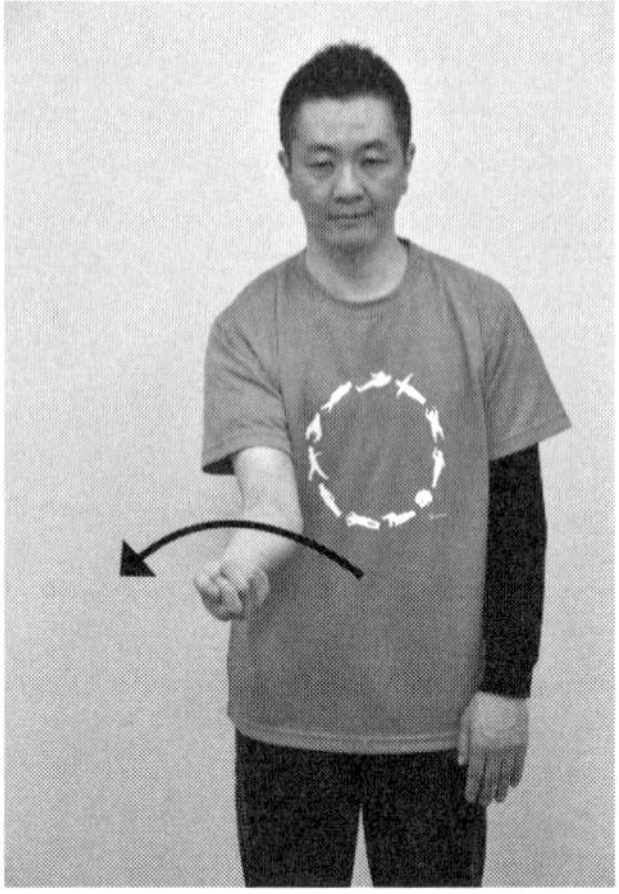

外旋

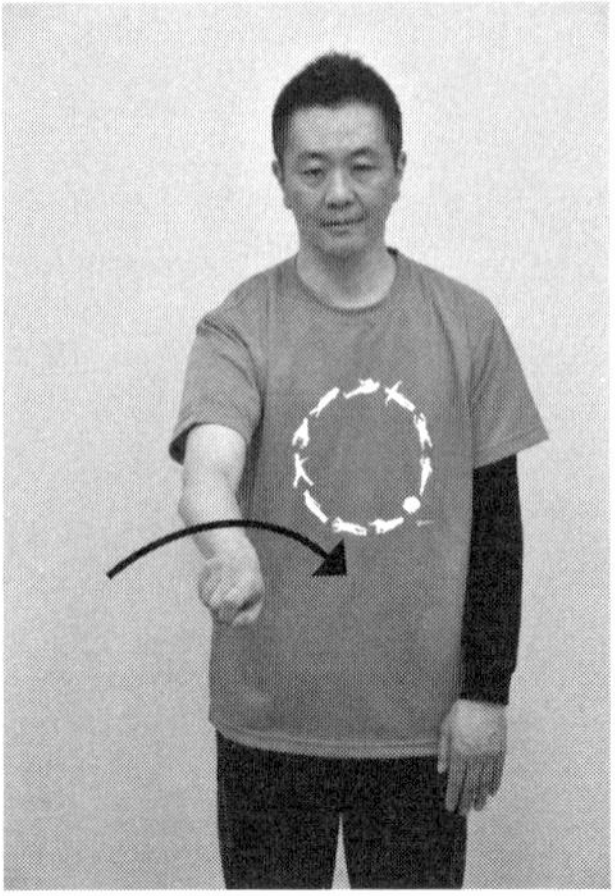

内旋

これは、腕でいうと外旋という動きです。

ボクシングを例を挙げると、パンチが当たる寸前に内旋すると、いわゆるコークスクリューパンチになります。

コークスクリューパンチは、肩先だけでは決してできない運動で、このパンチを使えるボクサーは非常に少ないです。立甲が使えるようになるとコークスクリューパンチができるようになります。

しかし、ベストのスクリューが使える選手となると、さらに数が限られてきます。

先ほどもお話ししたように、立甲ができて肩甲骨が使えるようになると、肩甲骨を動かすためにつながっている中間層の筋肉を通して、その外側の大きな筋肉も動かせるようになるので、かなり優れた動きができます。

その結果、日本代表レベルにはなれるのです。

しかし、世界のトップ・オブ・トップになるためには、これだけでは足りません。その課題をクリアするための装置となるのがスクリューです。

肋骨から内旋の動きができるようになれば、肋骨の動きというのは肩甲骨の動きよりもはるかに切れ味があるので、動きのスタートだけでなく、加速も全体のスピードも含め、速度がまったく変わってきます。

その動きにリードされる形でインナーマッスルが働き、中間層の筋肉や肩甲骨、腕全体も動くので、動き出しが非常にわかりづらいのです。

しかも、パンチのスピードや回転が圧倒的に速くなるので、衝撃的といえるほど切れ味と威力のあるパンチになります。

これは、フェンシングの突きなどにも同じことがいえます。

昔日の武術でも剣や槍や薙刀による捻り込むような突き動作には、このスクリューは欠かせない基本的な動きだったのです。

■ボクシングのコークスクリューパンチ

今日でいうと、野球のピッチングがわかりやすい例です。

現代の野球には、実に様々な球種があって、球種によって様々なボールの回転のかけ方が存在します。そのときに、スクリューが使えるようになると、信じられないような凄まじい回転のかかったボールを投げられるようになります。

しかも、肋骨から使えるので、ボールに回転をかける際に肘関節や肩関節に対して無理が生じてこないのです。肋骨で十分な回転運動をかけていますから、あとはそのリードにしたがって中間層の筋肉、肩甲骨、肩から腕の大きな筋肉が、脱力しながら素直についていけばいいのです。

これは、ムチの動きで例えるとわかりやすいでしょう。ムチには関節がありませんから、しなやかに動きます。ムチがピッチングによって関節を痛めるということは考えられません。スクリューができるとそのように身体が使えるようになるということです。

一方、逆スクリューのスポーツでの活用例ですが、卓球に「チキータ」というバックハンドでボールに横回転や縦回転をかけて返球する技があります。これなどは典型的な逆スクリューの動きです。

水泳の平泳ぎやボクシングのアッパーでもこの逆スクリューが使われます。

ここまで4種類のベストの運動構造とスポーツでの活用例を紹介してきましたが、第3章以降はベストの基盤となる理論とメソッド、それぞれのベストについてのトレーニング法や、バイオメカニクス、筋肉学的、意識学的な観点から重要な働きについて解説していきます。

第3章

ベストの基盤となる理論とメソッド

第一項

ベストの運動進化論

なぜベストの動きが可能になるのか

ベストが私たちの身体に対する従来の見方を根本的に変えるものだということは、すでに前章までの説明でご理解いただけたことと思います。

本章では、なぜベストが可能なのかという観点から話を進めていきます。これには、大きく二つのポイントがあります。

一つ目のポイントは、肋骨の巨大疑似関節化です。

体幹を土台に腕脚を動かすことが、人間の身体運動の中で非常に大きな領域を占めていることは、誰も否定できないでしょう。

しかし、腕脚を動かすには、肩関節と股関節という二つの関節が必要です。いくら腕の運動には肩甲骨の働きが重要だといっても、肩関節や鎖骨との関係性の中で活かされなければ、肩甲骨はその機能を十分に発揮できないのです。

一方、ベストの構造内には、そもそも関節というものが存在しません。しかし、ベストができると肋骨をあたかも巨大な関節のように使えるようになるのです。

さらに肩関節や肩甲骨が、これまでに考えられてきた腕の運動の常識をはるかに超えるような奥深くて三次元的な、様々な画期的な運動を生み出せるようになるのです。

二つ目のポイントは、駆動器官としての肋骨です。

もうすでに皆さんも直感的、あるいは分析的、理論的には理解されていることかもしれませんが、ベストを動かすきっかけになるのが肩甲骨だとしても、ベストを構成する本体は肋骨です。すると「肋骨を動かす筋肉は、自分の知っている限りでは肋間筋くらいしかないけれど、それって呼吸を司る筋肉なのでは？」という疑問が生じてくるはずです。

関節があるはずのない所に、あたかも多次元的な関節が存在するようになるのがベストです。しかし、その疑似関節状の構造を支えるはずの肋骨は、そもそも呼吸運動しかできないはずです。

あるいは、体幹の一部として立甲した肩甲骨を支え、肩甲骨の自由な運動を可能にするために安定した固定的な土台となること以外は、できないはずです。

ところが、呼吸筋は駆動筋として機能することができるのです。肋骨とそれに関わる筋肉が積極的に駆動し、さらには肩甲骨や肩関節やそれに関わる筋肉たちを主導し、腕の運動のみならず脚の運動にも関わることができるのです。

ベストのトレーニングをすることによって、これまでの常識を打ち破り、肋骨に疑似関節が存在するようになり、実際に関節のように動かせるようになるのです。

サイクルは吸息運動と呼息運動のくり返し

これは、スポーツ科学者やスポーツ医学者、バイオメカニクスや筋肉機能論的な観点から身体を見る専門家たちにしてみると、目をこすりたくなるほど、あるいは耳を疑いたくなるほどの話です。

この点については、皆さんにわかりやすくご理解いただけるように丁寧に話を進めていきます。

まず疑似関節についてですが、第2章の第一項「回甲（ベスト）の基本構造」ではベストにはどんな形状の疑似関節構造があり、同じく第二項「スポーツでの4種類のベストの運動構造」ではベストがそれぞれどんな運動機能を果たすのかについて解説しました。

すると次に、ベストはどのようにしてその運動機能を果たすことができるのかが問題になってきます。

そして、その答えはすでにお話ししたように呼吸筋が駆動筋として働くからなのです。いかなる筋肉が、駆動筋として関わるのかについては、のちほどお話しします。

ベストには、サイクル、ローター、パルト、スクリューという4種類があり、さらにそれぞれ順・逆の二つの動きが存在するということは、すでに前章でお伝えした通りです。

ベストには共通となる基本構造があるので、4種類のベストで各々がまったく違う筋肉が使われるということはありません。筋肉がどのように働けば、肋骨が疑似関節として動くことができるのかについて詳細に説明していくと、あまりにも話が膨大になるので、ここでは皆さんにより理解いただきやすいように、サイクルに絞って話を進めていきます。

まず、サイクルの動きを思い出してください。順サイクルでは背中側を下から上に後方にふくらむようにしながら肋骨が動き、僧帽筋の尾根を越えたら今度は、胸側を上から下に前方に肋骨がふくらむように動きます。

そのときに背中側の肋骨を下から上に順番にふくらみながら上がる局面の運動を、順番で細かく分けずに全体として見てください。つまり、背中側の肋骨全体がふくらんでいく運動として見るということです。

一方、このとき胸側の肋骨はへこんでいきます。背中側の肋骨がふくらむのに応じて、前側の肋骨はへこむのが骨格構造上の必然的帰結だからです。

■サイクルの動きを呼吸運動として見る

吸息

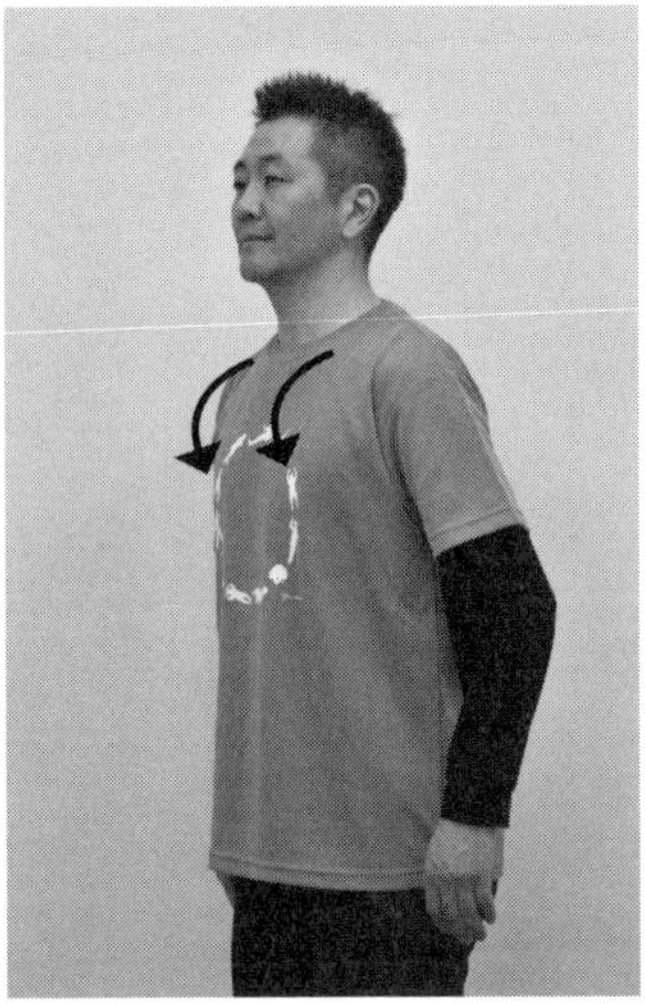

胸側の肋骨を上から下にふくらみながら下りる局面は吸息運動に近い状態

呼息

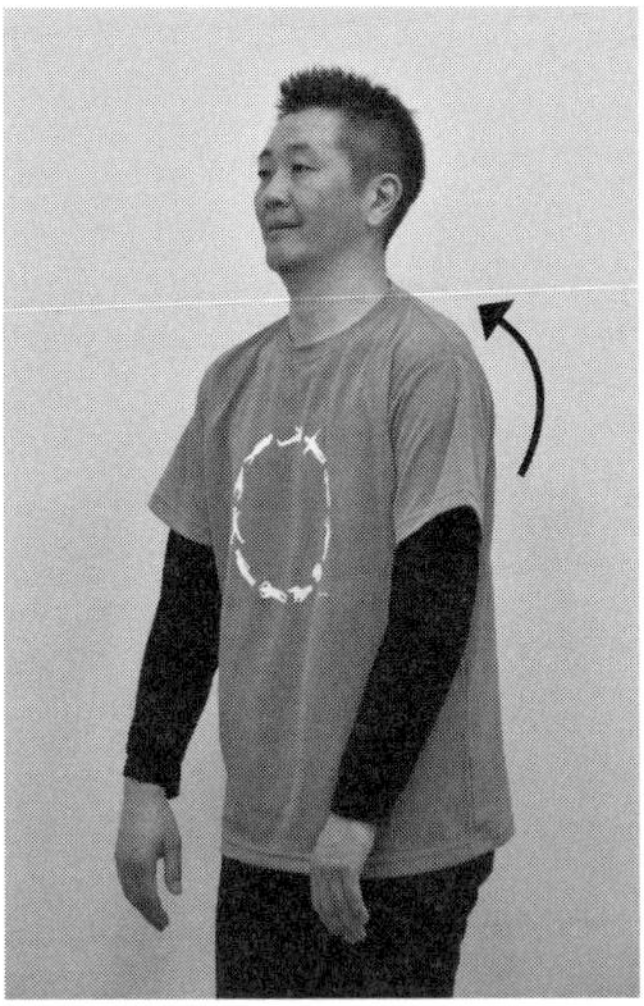

背中側の肋骨を下から上にふくらみながら上がる局面は呼息運動に近い状態

へこんだ状態の胸側の肋骨を見ると、呼吸運動でいうところの呼息した状態、つまり息を吐いたときに近い状態です。

一方、胸側の肋骨を上から下に順番にふくらみながら下りてくる局面の運動を、順番を一切無視して肋骨全体が前へふくらんでいく運動として見ると、吸息運動、つまり息を吸ったときに近い状態になります。

このように順サイクルの運動を、肋骨が順番にどう動くかを無視すると吸息運動と呼息運動のくり返しとして見ることができるのです。

肋骨を順番に動かすことは可能なのか

ここからさらに二つの話を進めていきます。

まず一つは、この順サイクルの運動を吸息運動と呼息運動として見たときに、一体どんな筋肉が参加しているのかという話です。

そしてもう一つは、肋骨が順番にふくらんでいく、あるいは順番にへこんでいくということが、そもそも人間にとって可能なことなのかという問題です。これは、実際に可能なことが実証されています。

胸側の肋骨を上から下に下りてくる吸息運動の局面で見ると、胸側の肋骨が前へふくらんでいくのを意図的に操作し、一番上の第1肋骨から第2、第3、第4肋骨へと順番に肋骨を前に移動させることは可能なのです。

ベストのトレーニングを十分に積み、ベストを身につけた人間にしてみれば、肋骨を手の5本指を順番にずらし動かすことは造作もないことなのです。

ただし、指の場合は角度にして90度以上、動く距離も数センチから場所によっては10センチ以上動かすことができますが、肋骨がそこまで動くということは、さすがにありません。もし実際に動いたら肋軟骨が骨折したり、背中側の肋骨と背骨の関節が壊れてしまうはずです。

このように順サイクルで胸側を下に下りてくる局面では、胸側の第1肋骨から第4肋骨が上から順番に前に向かってふくらんでいく、言い換えると吸息過程が進行していくのです。

一方、背中側を上に上がっていく局面では、背中側の第7肋骨から第1肋骨あたりが下から順番に背後に向かってふくらんでいきます。こ

■吸息運動に関わる筋肉の代表

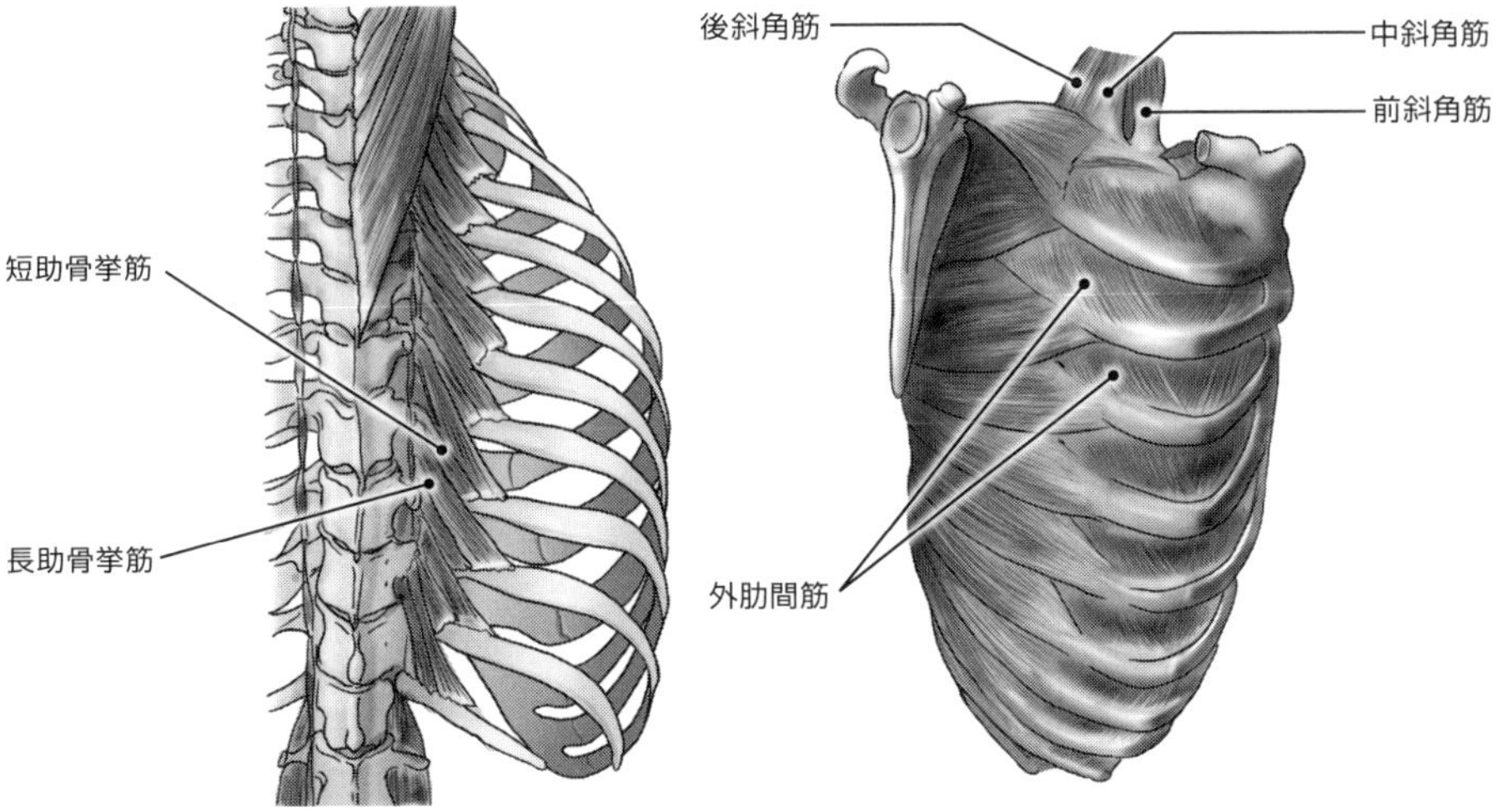

短肋骨挙筋は椎骨の横突起から一つ下の肋骨に、長肋骨挙筋は二つ下の肋骨につながっている。

■呼息運動に関わる筋肉の代表

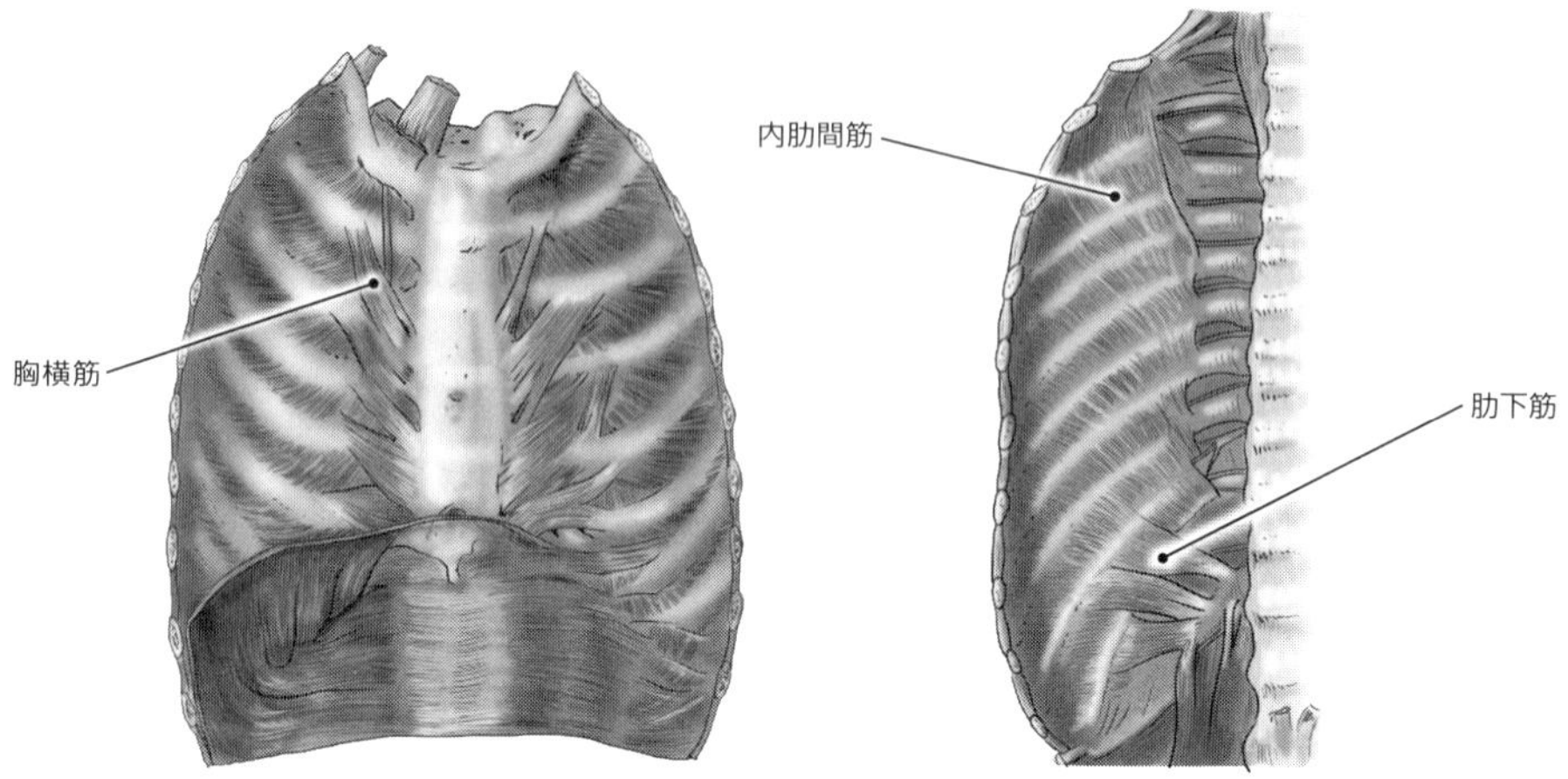

のときに胸側を見ると、第4肋骨（の下方）から第3、第2、第1肋骨へと順番にへこんでいくのがわかります。つまり、呼息過程が進行していくのです。

　次に、このときにどの筋肉がこの順サイクルの運動に参加しているかを見ていきます。吸息、呼息という言葉が何度も登場したので、おそらく呼吸筋がこの運動に参加するのでは、と思われた方もいるでしょう。実は、その通りです。

　順サイクルの胸側を上から下に下りてくる局面で、肋骨を引き上げ、胸郭を広げる吸息運動をするための筋肉の代表は、外肋間筋《がいろっかんきん》を筆頭に、肋骨挙筋《ろっこつきょきん》、肋軟骨間筋《ろくなんこつかんきん》、前・中・後斜角筋《しゃかくきん》という六つの筋肉です。これらの筋肉によって肋骨が引き上がる方向に運動し、吸息運動が行われるのです。

　一方、順サイクルの背中側を下から上に上っていく局面では、第7、第6から第2、第1肋骨へという順番で肋骨が参加していきます。背中側の肋骨がふくらみ、胸側の肋骨がへこんでいくという呼息運動に関わる筋肉の代表は、内肋間筋《ないろっかんきん》、最内肋間筋、肋下筋《ろっかきん》、胸横筋《きょうおうきん》という四つの筋肉です。

こんなにもたくさんの筋肉が吸息・呼息運動に関わっているということに驚かれた方もいるでしょう。これらの筋肉のコントロール能力が高まることによって、肋骨を順番に動かすことができるようになるのです。といっても吸息呼息に関わるだけなら、わざわざ順番に肋骨を動かす必要はありません。

では、なぜこういう運動操作があり得るのか。そして、それを実際に自覚的にトレーニングをすることによって可能になるのかということについて、これからお話ししていきます。これは皆さんにとっても非常に興味深いテーマになるはずです。

これは魚類の時代（約4億年前。古生代のデボン紀とも呼ばれます）にまで遡ります。

肋骨と呼吸筋は駆動器官だった

運動進化論的に考えると、肋骨とそれに関わる呼吸筋のそもそもの働きは、呼吸運動を支えるものではなかったのです。「え、それはどういうこと!?」と思われたことでしょう。それらは、本来体幹の運動をつくり出す、全身を駆動させるための器官だったのです。

人間の肋骨にあたるものは、魚類時代にはすでにありました。種によって多少の違いはありますが、魚体のおよそ3分の1の部分に肋骨は存在しており、内臓を取り巻き保護していたと考えられています。

そして、その肋骨の中には浮袋（鰾《うきぶくろ》）を内包しています。浮袋とは硬骨魚類の消化管の背面にある気体の入った薄い袋状の器官のことで、四足動物の肺と相同の器官です。魚体の比重を周囲の水の比重と等しくすることで、魚が水中を自由に遊泳できるようにしているのです。

従来からの定説では、魚類の時代にはそれが実際に浮袋の役割として使われていたものの、陸生動物に進化していくにあたって呼吸器官の肺に変わっていったという説明がなされていますす（これに対し最近ではこれとは異なる学説も生まれていますが、魚類の肋骨が全身運動の駆動器官であった事実にはいささかの変更もないため、従来説のまま記述を進めることにします）。

しかし、えら呼吸をしている魚類にしてみると、浮袋やそれを内包する肋骨とそれに関わる筋肉は呼吸器官ではなかったのです。

では、その浮袋を内包していた肋骨とそれに関わる筋肉は何をしていたのでしょうか。実は、内臓を守る働きをしていたことはもちろんですが、それと同時に体幹の運動の中心をなしていたのです。

魚体で最もよく動くのは、身の後ろ半分から尾びれにかけての部分です。しかし、体幹の運動としての起点という意味では、肋骨にあたる部分が中心となって、全身の運動を行っていたのです。肋骨に関わる筋肉たちが駆動筋として働くことで、尾びれまでを含む全体の運動を生

■魚体、浮袋

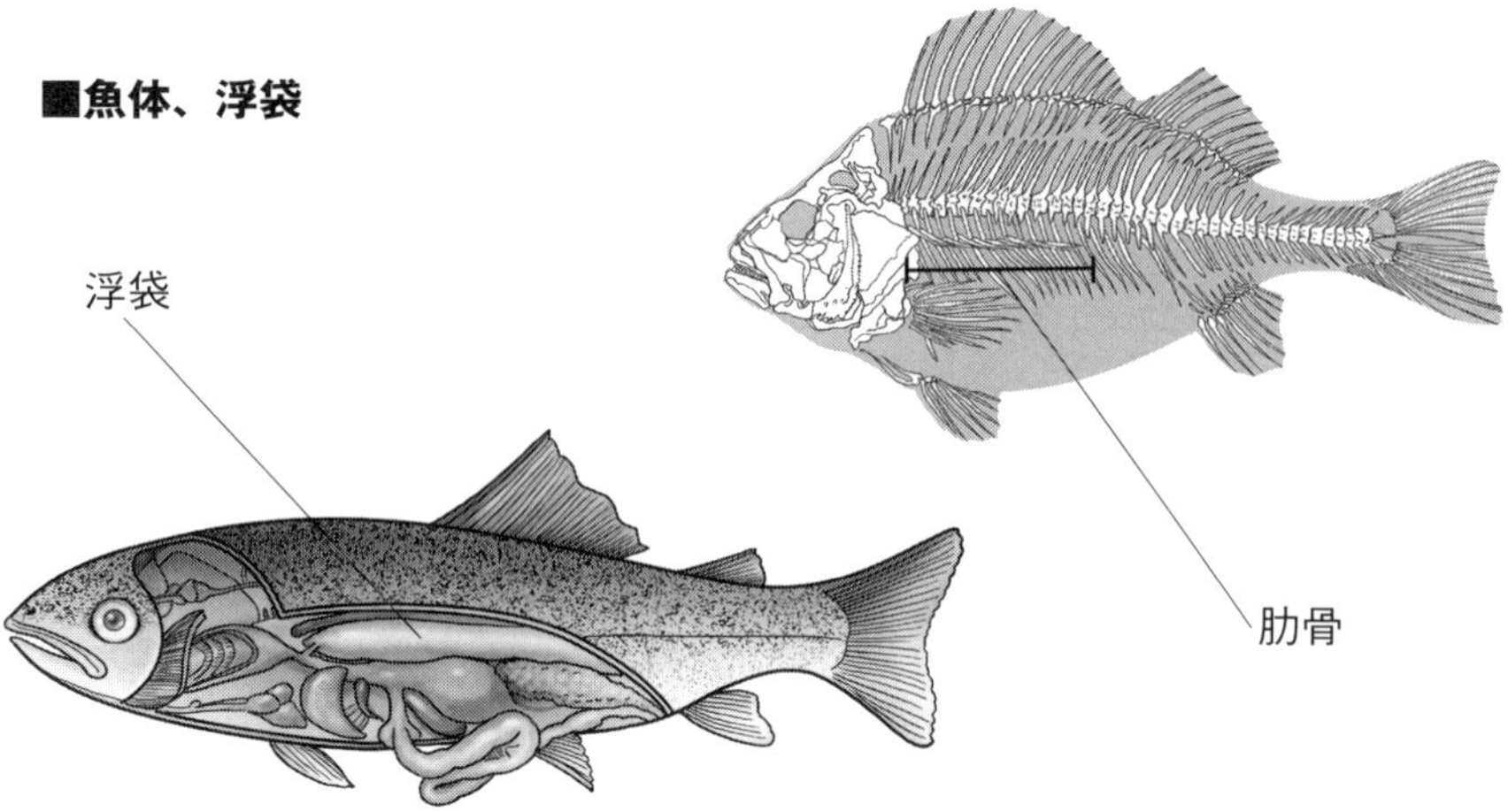

み出していたわけです。

その点でいえば、肋骨とそれに関わる筋肉たちが、身体全体を主導する筋肉、すなわち主導筋として働いていたことは明らかです。

それが陸生動物になるにつれて、えら呼吸を行わなくなって肺性呼吸というものに変わっていった時に、肋骨に関わる筋肉が呼吸筋としての働きも併せ持ったと見るのが、運動進化論的なものの見方なのです。

したがって、そもそも人間の肋骨とそれに関わる筋肉は、体幹の運動の起点にして中心をなす主導筋の働きをしていたということになるのです。これは、本書の冒頭に登場したチーターの肋骨のズレ回転運動を見るとリアルに理解できます。

肋骨が肩甲骨との同調的連動によって、順番にズレ回転運動を起こしていく四足動物は、人間に比べてより魚類に近い身体の空間的な位置関係を保っています。

ですから、肋骨が動くことで前肢が動くと同時に、体幹全体がうねる波状運動によって脚の運動も促すという、脚の運動の主導的な起点にもなっているわけです。

ただし、人間の肋骨は、チーターのような四足動物と比べたときに、次の二つの点で大きく変化してしまいました。

まず一つ目は、魚類や四足動物のような体幹が水平の状態から、90度変換して垂直の状態に立ち上がったということです。

もし体幹が水平方向にあれば、手足は前肢と後肢という関係になります。魚類が水中で浮力によって体幹が自由に運動する状態を維持できたように、四足動物は前肢後肢という4本の腕脚を利用して、その上に体幹を置くことによって、体幹が自由に運動するポジションをキープできているのです。

肋骨に関わる筋肉が体幹全体の運動の起点となって、より強力で合理的な運動を生み出し、そしてその運動との関係性の中で前肢後肢が、人間でいえば腕脚ということになりますが、より高度かつ合理的に運動できるという関係が見えてくるのです。

逆にいうと、人間は垂直に立ったことで、肋骨が体幹全体の運動の起点となっていることが見えにくくなってしまったということでもあります。

そして、二つ目の変化は、四足動物からの肋骨の形状の変化です。

四足動物は、肋骨の側壁、人間の脇にあたる部分が左右に狭く、垂直方向に長い状態を保っているために、側壁で肩甲骨がズレ回転運動をすることで、同調運動により肋骨もズレ回転運動できるような構造をしています。

そして、肋骨のズレ回転運動が肩甲骨のズレ回転運動をさらに引き出し、お互いのズレ回転運動がトルネード状にどんどん増幅されていくという関係が見られるのです。この関係は運動能力が高い四足動物ほどわかりやすくなっています。

ところが、人間の肋骨は側壁が狭くなってしまったので、サイクルの運動では、肩甲骨は肋骨のズレ回転運動を導き出せるものの、背中側を上下に運動することしかできなくなってしまったのです。

人間の身体はそのように重大な変化を遂げたわけですが、実はベースとなる機能はそのまま残されています。ですから、肋骨が順番にズレ回転運動をすることは十分に可能であり、肋骨とそれに関わる筋肉が駆動筋として働き、それが体幹、ひいては腕脚など全身運動の主導かつ主働筋としての起点・中心になり得るわけです。

普通は、この話を聞いてもその動きを想像すらできないでしょう。ある意味では、進化のいたずらに陥ってしまったともいえるのです。

■人間の肋骨と四足動物の肋骨を比べたときの二つの大きな違い

❶ 人間の肋骨は、四足動物の肋骨のように水平の状態から、90度変換して垂直の状態に変わった。

❷ 人間の肋骨は、四足動物のようにY軸方向（上下方向、人間でいうX軸方向＝前後方向）に長い形状からZ軸方向（左右方向）に長い形状に変化した。

昔日の武術では知的・意図的にベストを開発していた

昔日の高度な武術は、人間の脳と身体の可能性を今日の競技スポーツ以上に深いところまで追究し、具現化した文化でした。その深い追究によって、運動進化論的な意味で人間の脳と身体に本来存在する可能性や潜在能力に気がつき、開発し、術技といえるものにまで昇華していたのです。

言い換えると、動物のように最初から本能的・無意図的に肩甲骨と肋骨のズレ回転運動ができたわけではなく、顕在意識上でそれを術技として認識し、位置づけて、武術という文化を通してそれを知的・意図的に開発してきたわけです。それが「肋に車あり」という教えに結実したのです。

一方、今日のスポーツでは、昔日の武術のように知的・意図的・顕在意識的に開発する文化としての技術にはまったくなり得ていません。ベストの構造と機能を使う能力に先天的に恵まれた個人=トップ・オブ・トップアスリートのみが、その天才的な感覚と高度なパフォーマンスを求める強い意欲によって、ベストを形成・成立させることができているという状況です。それがこれまでに本書で取り上げたアスリートたちです。

無意図的であるもののベストを開発、形成、機能させているという例がこれだけ少ないのには、このような明確な理由があるのです。

第二項

ベストの基盤となるメソッド

前・後ベスト線を通すには「センター（軸）」が不可欠

魚類からチーターのような優れた四足動物の脳・身体構造から見て、非常に困難な状況に置かれている私たち人間にとって、ベストをたいへんに優れた高機能な駆動装置として開発するためには、ベストの基盤構造と、それを実現するためのメソッドが必要です。それをこれから紹介します。

これから紹介するのは、ベストそのものではありませんが、読み進めていただければ、「なるほど、これは必要だ」とご理解いただけるはずです。

まず最も基盤となるのは、「センター（軸）」（※1）です。「センター（軸）」がきちんと通らない限りは、前・後ベスト線がまともに通ることはあり得ません。

※1……「センター」と「軸」はほぼ同じ意味の言葉ですが、ニュアンスの違いがあります。「センター」は柔らかい感じでスーッと伸びる印象があり、一方、「軸」はやや固くてキチッとした印象があります。著者は両者の性質を併せ持つ「センター（軸）」「センター＝軸」という表現を使うことが多いのですが、本書では文脈に応じ適宜わかりやすく使い分けて表記します。

すでにおわかりのように肋骨は左右それぞれに12段あり、横方向に伸びています。厳密にいえば、肋骨は水平ではなくやや斜めに通っているのですが、おおよそ水平方向に通っているといえます。身体を支える骨格ということもあり、非常にしっかりとした水平性が存在しているということです。

そこに直交するような形で、前ベスト線と後ベスト線をできるだけ垂直方向に通し、ベスト線同士で結ばれた面をつくっていくのです。

想像してみてください。前・後ベスト線という二つの直線が肋骨と同じく水平に通るならば、2本の直線の間に平面を描くことも容易にできるはずです。

一方、それとは90度関係を変えて、肋骨の水平性に打ち勝つように、肋骨と直交して通る2本の垂直線と面をしっかりとした存在力のあるものとして形成することは、非常に困難なことです。

誰だってトレーニングによって、顕在意識で「ここに線と面を通すんだよな」と一所懸命努力をするはずですが、視覚的・観念的に通そうとがんばるだけでは、肋骨の水平性に負けてしまうので、指先の刺激に助けてもらって縦に切るように通していくのです。それを何度もくり返し行います。

胸側では指先で前ベスト線を何度もくり返し切通しつつ、背中側では壁角と柱角の直線性に助けてもらいながら後ベスト線を何度もこすり、その前・後ベスト線の間に面を通していくのです。これを徹底的にくり返し行うことでやっと面が通ってくるのです。

しかし、これだけだと、途中で左右にねじ曲がってしまったり、斜め外側あるいは斜め内側の方向に行ってしまったりということがしばしば起きてくることになります。これは肋骨が横方向にしか通っていないからです（入門者や初心者の段階では、左右の肩甲骨の間が狭いため、ベスト正面が斜め内側に向きやすいのですが、トレーニングを積むに従い肩甲間が広くなってきますので、できるだけまっすぐ通るように意識してトレーニングしてください）。

実際にはあり得ない話ですが、もし肋骨が何本か垂直に通っていたとしたら、その垂直に通る肋骨の垂直性を頼りにしながら胸側にも背中側にもラインを引くことができるので、面を通すことがはるかに楽だったはずです。

おそらく数十倍、もしかしたら100倍以上は楽だったかもしれません。それだけ身体の垂直性を利用できるということには、大きなアドバンテージがあるのです。

しかし、人間の身体には垂直に通っているものがあります。もちろん、それは背骨です。背骨を横から見たときには、S字カーブを描いていますが、前から見たときには、まさに垂直そのものです。

一方、前から見たときも横から見たときも、背骨よりはるかに垂直に通っているものがあります。

それが「センター（軸）」です。

「センター（軸）」は垂軸と体軸という2本の軸でできている

実は、この「センター（軸）」は2本の軸によってできています。それは、垂軸と体軸です。

まず垂軸というのは、まっすぐに自分が立ったり、座ったりしたときに、自分の重心と地球の重心を互いに結ぶように一直線上に立ち上がって、体幹と頭のど真ん中を通り、天のほうに向かって抜けていく軸のことです。地球上に存在するすべての物体には、物理学的に必ず重心があるのですが、その物体の重心と地球の中心＝重心を結ぶ重心線に助けられるようにしてつくられるのが垂軸です。

一方、体軸というのは、垂軸と助け合いながら、体幹を垂直方向に維持する力学的構造を持つ背骨の直線性に則ってできる軸のことです。

直立状態でこの垂軸と体軸がお互いに影響し合い、一緒に通る垂体一致軸ができることで、正確かつ強力無比な人類独特の直立姿勢を支持する垂直性をつくり出すことができるのです。

■センター（軸）は垂軸と体軸という2本の軸でできている

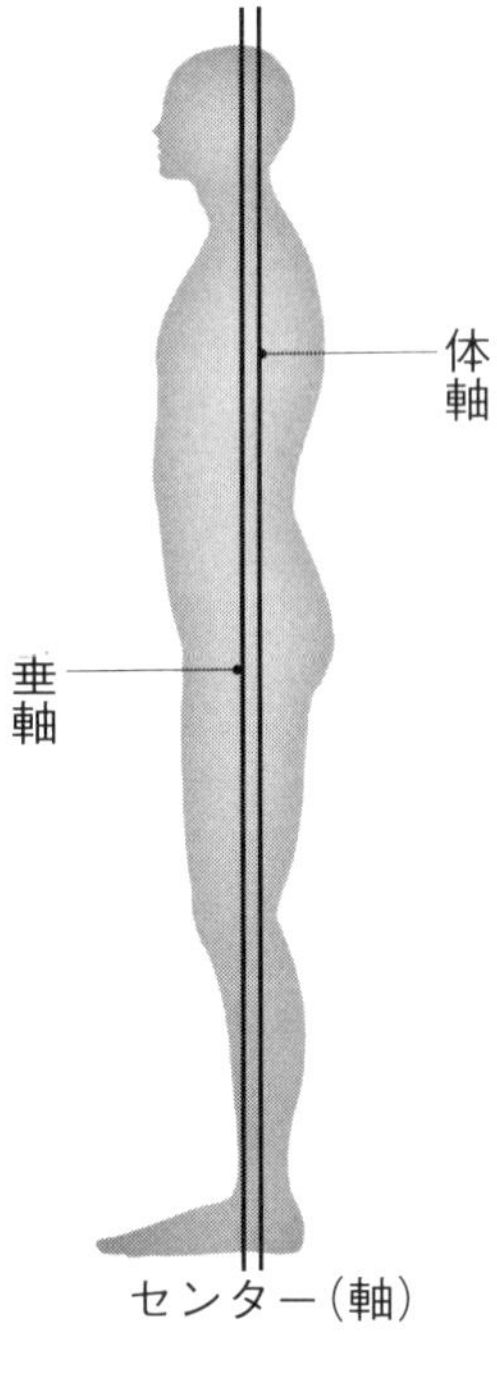

この垂軸と体軸については、拙著『背骨が通れば、パフォーマンスが上がる！』（カンゼン）でも詳しく解説していますので、興味のある方はそちらも併せてお読みください。

この垂軸と体軸を強力に通し、垂体一致軸を使ってセンターを見事に通す能力には、人によってとんでもないほどの個人差があります。

スポーツ界のトップ・オブ・トップアスリートたちは、圧倒的にその能力が高いのです。逆にいえば、生まれつきそのセンターを通す能力が高い子どもが頭角を現し、どんどん様々な優れた能力を身につけ、開発し、それによって軸がますます強力になり、信じられないようなパフォーマンスを発揮するようになるともいえます。

たとえば、身長170センチ、体重70キロくらいのほぼ同じくらいの体格の人間だとしても、サッカーの世界トップ・オブ・トップアスリートであるリオネル・メッシと、趣味で10〜15年ほどサッカーの練習を続けてきたという愛好者たちでは、そのパフォーマンスは桁外れに違います。

もし、メッシやクリスティアーノ・ロナウド、かつてのジネディーヌ・ジダンなどトップ・オブ・トップのサッカー選手だけで編成されたドリームチームと、一般のサッカー愛好者たちだけで編成されたチームで試合を行ったとしたら、当然のことながらまったく勝負にはなりません。ドリームチームが本気を出せば、100対0くらいのスコアになってしまうはずです。

同じ人間なのになぜそこまで違うのか。

その最大の理由は「センター（軸）」が全然違うことです。トップ・オブ・トップアスリートは「センター（軸）」に支えられるようにして「センター（軸）」との連関のなかで他のすべての能力が信じられないほどに発達してくるのです。

そして、その能力の代表的な四つが、まさにベストなのです。つまり、サイクル、ローター、パルト、スクリューという4種類のベストです。

環境センター法（EC法）と壁《へき》柱《ちゅう》角《かく》脊《せき》椎《つい》通《どお》し

それらの4種類のベストは、「センター（軸）」に支えられることではじめてとんでもなく優れた機能を発揮できるようになります。ですから、センタートレーニングは必ずやらなくてはなりません。このセンタートレーニングには、きわめて取り組みやすく、効果が高いメソッドが揃っていますが、ここでは二つほどご紹介します。

まず一つ目は、環境センター法（Environmental Center＝EC法）です。

EC法のやり方を紹介します。この後からは、便宜的に「法」を省略してECと表記します。

環境センター法（Environmental Center＝EC）のやり方

環境の中に上下にまっすぐに通る1本のライン＝環境センターを見つけて、2〜3メートル離れて立ちます。右手の指先を環境センターに向けて、「何とまっすぐなんだろう」と感動を持ってつぶやきながら、上下に丁寧になぞります。

右手を、正中面上に沿って体の表面まで移動させ、環境センターを意識のラインとして背骨の直前に写し取るようにイメージします。

地芯（※２）をイメージし、その地芯上空６０００キロに自分が立っていることを想像します。地芯の色は、美しいシルバーであることがポイントです。

右手を上下に動かし、頭の少し上から足下まで1本のラインをなぞるように意識し、正確に切り通すように「美しいシルバーのセンター」と3回程度以上つぶやきつつ、3回に1度以下の割合で「スパーッ」とつぶやきます。

そして、美しいシルバー色の一直線のライン状の意識が天地にまっすぐ伸びていくように意識します。

これがセンター、軸です。

左手でも同様に行ってください。

後ほど(155ページ)紹介する一面手法《いちめんしゅほう》をやってから行うとさらに効果的です。

※２……身体意識で捉えた地球の中心のこと。

そしてもう一つが、第2章でもやり方を一部紹介した壁柱角脊椎通しです。ここであらためてやり方を紹介します。

■環境センター法（Environmental Center＝ＥＣ）のやり方

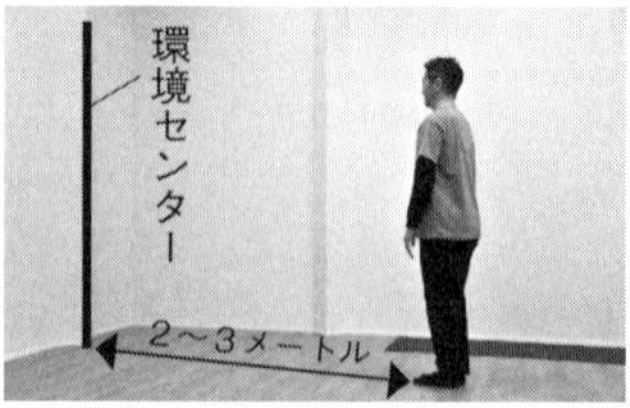

環境センターを見つけて２〜３メートル離れて立つ

右手の指先を環境センターに向けて、「何とまっすぐなんだろう」と感動をもってつぶやきながら上下になぞる

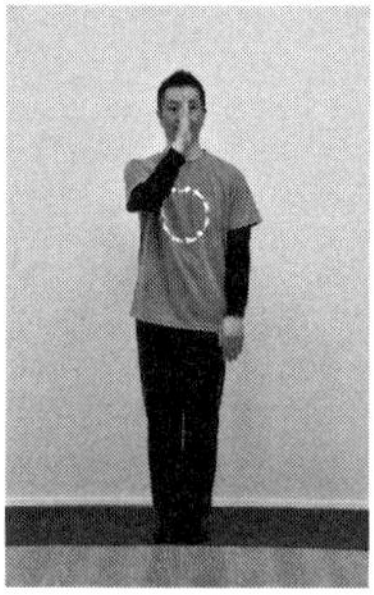

右手を、正中面状に沿って体の表面上まで移動させ、環境センターを意識のラインとして背骨の直前に写し取るようにイメージする

地芯をイメージし、地芯上空6000キロに自分が立っていることを想像する

右手を上下に動かし、頭の少し上から足下まで１本のラインをなぞるように意識し、正確に切り通す

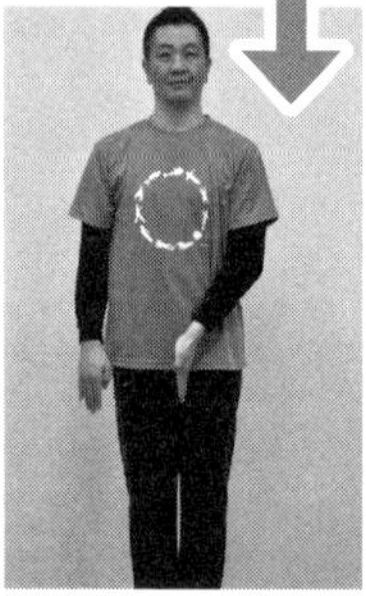

左手でも同様に行う

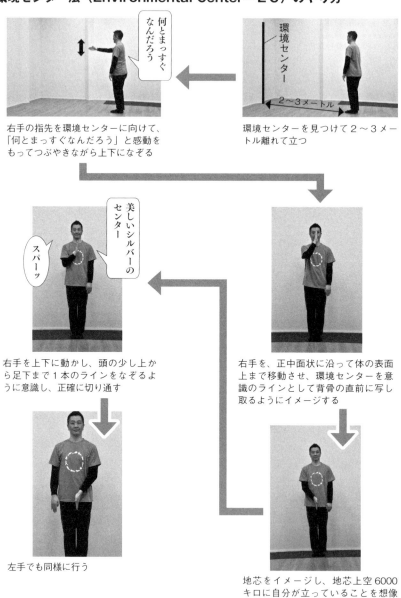

壁柱角脊椎通しのやり方

部屋の中を見渡して、天井から床まで垂直方向にまっすぐ立ち、90度外側に角張った壁や柱の角（これを「壁柱角」という）を探してください。

胸椎1番、2番の棘突起を「ここだよ、ここだよ」と言いながら手で触ります。位置が確認できたら、棘突起の左側1〜1・5センチあたりの脊側（背骨の両側の少しへこんだ筋肉の部分）も「ここだよ、ここだよ」と言いながら触ります。

胸椎3番から下も指が届く範囲で同様に棘突起と脊側を触っていきます。

背骨がふれ合う高さの壁柱角の直角のところを「頼むよ、頼むよ」と言いながら手で触ります。

壁柱角から両足のかかとを15センチほど離して立ちます。左の脊側をゆっくりとケガをしないように角に当てます。

脊側が角に当たったら、角から両足のかかとを20〜30センチほど離します。すると体重がかかり、角が脊側にめり込んでくるのがわかります。

角の当たっている部分をゆるめながら、胸椎1〜3番の左脊側を1〜2センチの幅で上下に動かします。

「スリスリ」と言いながら5回ほど上下に動かしたら、椎骨2個分下にずらして胸椎3〜5番も同様に行います（胸椎3番は再度行います）。これを「3分の2ずらし」といいます。

■壁柱角脊椎通しのやり方

胸椎1番、2番の棘突起と、その左側1～1.5センチあたりの脊側を触る

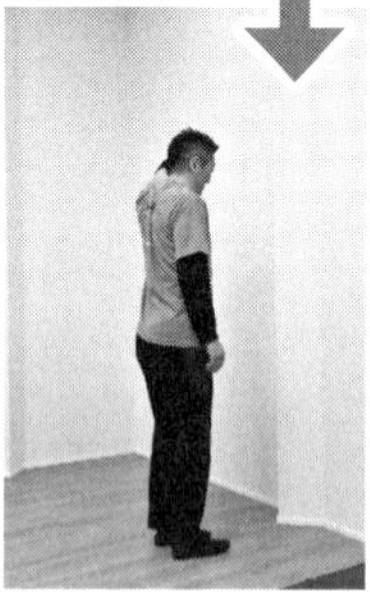

胸椎3番から下の棘突起と左の脊側も指が届く範囲で触る

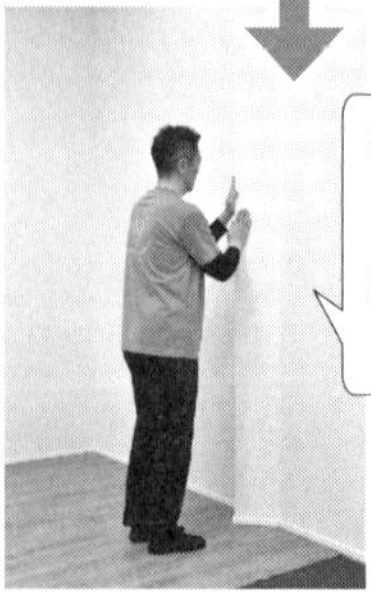

背骨が触れ合う高さの壁柱角を触る

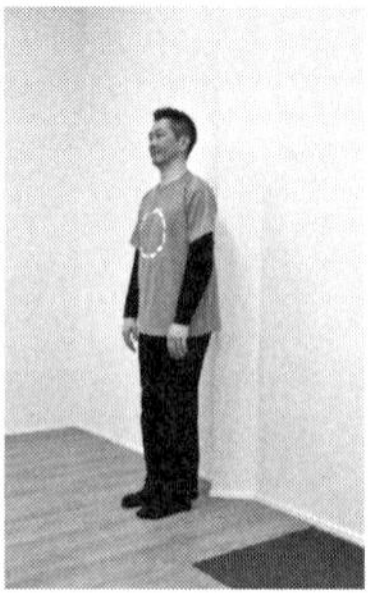

壁柱角から両足のかかとを15センチほど離して立つ

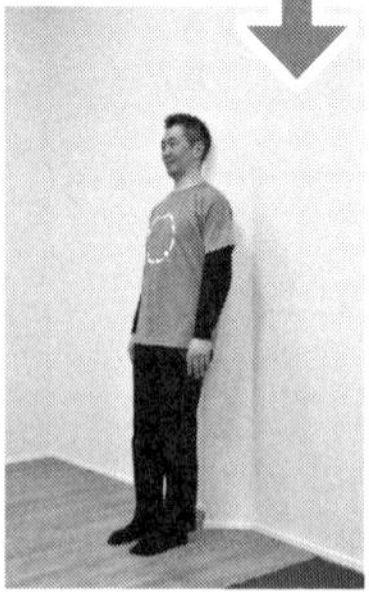

左の脊側をゆっくりと壁柱角に当てる

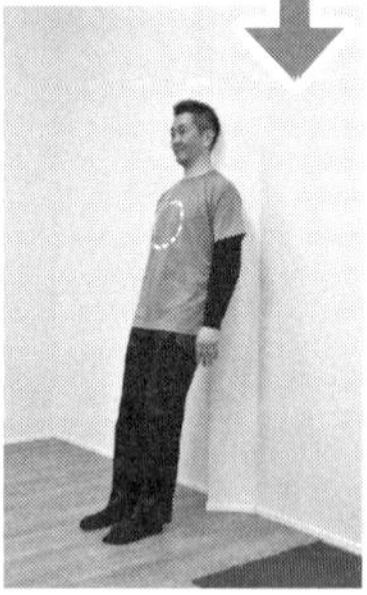

壁柱角から両足のかかとを20～30センチほど離す

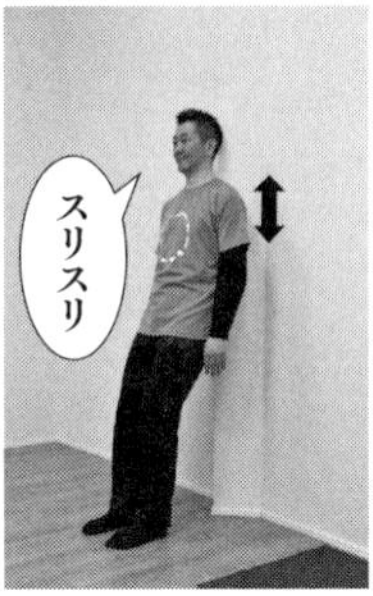

胸椎の１～３番の左脊側を１～２センチの幅で５回ほど上下に動かす

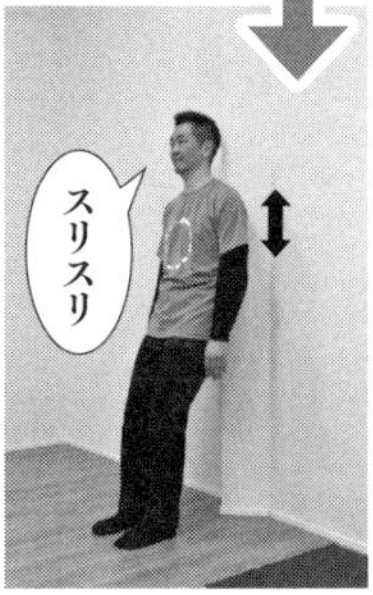

椎骨２個分下にずらして胸椎３～５番も同様に行う。これを「３分の２ずらし」という

さらに椎骨２個分下にずらして胸椎５～７番も同様に行う。このあたりから筋肉が厚くなるので、より丁寧にゆるめて行う

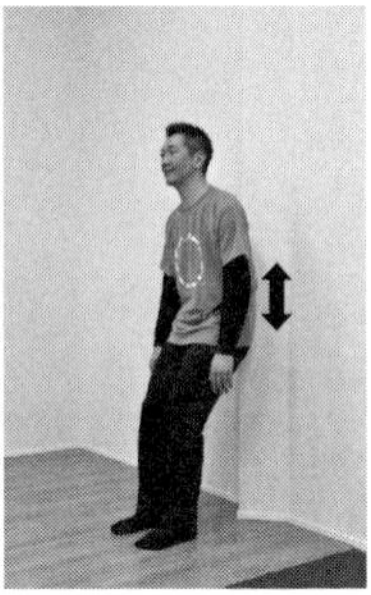

背骨全体を丸めたり伸ばしたり工夫しながら腰椎３～５番、最下部の仙骨まで行い、終わったら右側の脊側も同様に行う

胸椎5～7番も同様に行います。ポイントはずらした後に椎骨一つ分を再度重ね合わせて行うことです。

このあたりから筋肉が厚くなり、脊側に角がめり込みづらくなってくるので、「ゆるむように、ゆるむように」「ほぐれるように、ほぐれるように」と言いながら丁寧に十分にゆるめて行います。

角が的確にめり込むように姿勢を工夫してください。背骨全体を丸めたり伸ばしたり工夫しながら腰椎3～5番、最下部の仙骨まで丁寧に行います。

終わったら右側の脊側も同様に行ってください。くれぐれも棘突起や脊椎近くの筋肉を痛めないよう、ソフトに慎重に行ってください。

これらの二つのメソッドを徹底的にやり込んでください（といっても決してケガをしないようにソフトに慎重に）。さらに、次ページから紹介する一面手法を使って、頻繁に自分の背骨の前に垂直に通るセンターをなぞるのを習慣にすることも大切です。

そして、ベストのトレーニングをやるときには、必ずこのECと壁柱角脊椎通しをセットで行いながら、ベストの前・後ベスト線を通すのです。

そのことをきちんと理解してECと壁柱角脊椎通しをやるのと、「何でもいいからとにかくベストをやればいいんだろう」とやるのでは、たいへん大きな差が生まれてきます。

ECや壁柱角脊椎通しをやらずして、ベストのトレーニングだけをやったとしてもベストが見事に使えるようになることはありません。もしそのような人がいたとしたら、その人は元々センターがかなり発達していたということです。

そのようにセンターが発達していれば、おぼろげながらもベストの走りのようなものはすでにできていたはずです。あとは孵化《ふか》するだけだったということです。

ですから、まずは「センター（軸）」を通すことから始めてください。センターの才能にある程度恵まれた人でも、これらのセンタートレーニングはさらにセンターを強化することにも、さらにベストを正しくつくり上げることにも役立ちます。

一面手法

ＮＰＳ（※３）で立ちます。

「美しいシルバーの地芯上空６０００キロに立つ」とつぶやきながら、二ウナの上空に二転子を置く二ウナ二転子（※４）の状態で立ちます。

手を開き、手のひらから５本の指全体を真っ平らにします。このとき指の間は閉じます。

この一面化した左右の手同士を、身体の正面でピタッと合わせます。手を合わせて「ピター、ピター」とつぶやきます。

このとき、身体の正面にピターと面ができるようにイメージしてください。面は頭の高さから足下までで、だんだん高くなるように、さらに前後にも大きくなるように意識します。

このときにできた面を正中面といいます。

右手から左手を離すときには、右手と一緒に正面にできた正中面を残すように意識します。そして、左手をもう一度右手に合わせ、「ピター」と言いながら一面手法をつくります。

今度は右手を離すときにも、左手と一緒に正中面を残します。

そして、右手を戻し、「ピター」と言いながら一面手法をつくります。

この一面手法をくり返し行うことで、正中面がますます正確に、大きく育ってくるのを感じます。自分の身体を真っ二つに割るような面になるまで育ててください。

両手でその面を擦ります。このとき、手を擦り合うのではなく、両手で面を擦っていることを意識してください。

左右の手をそれぞれ上下に動かし、正中面を育てていきます。

■ウナの位置、転子の位置

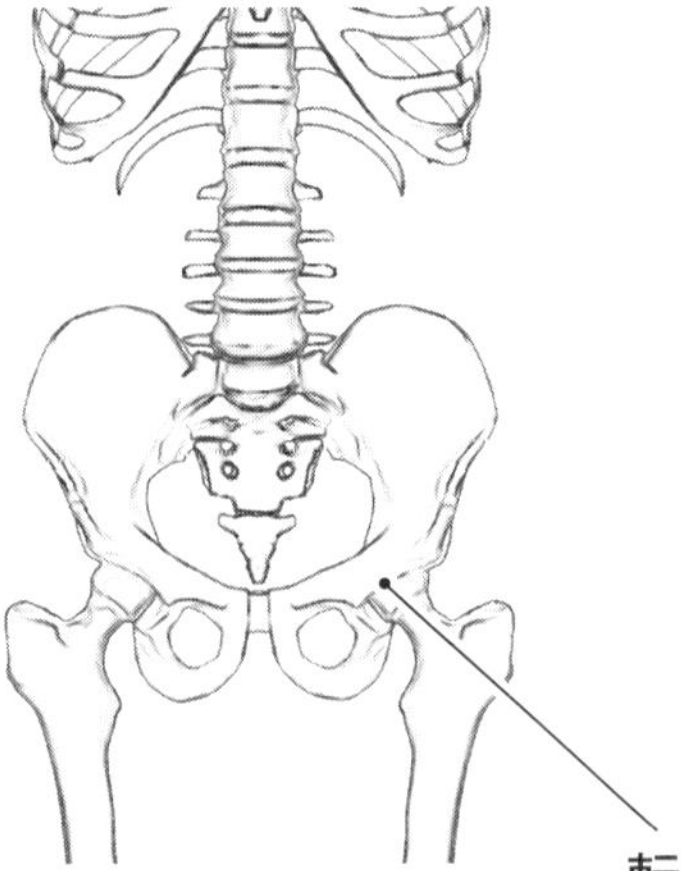

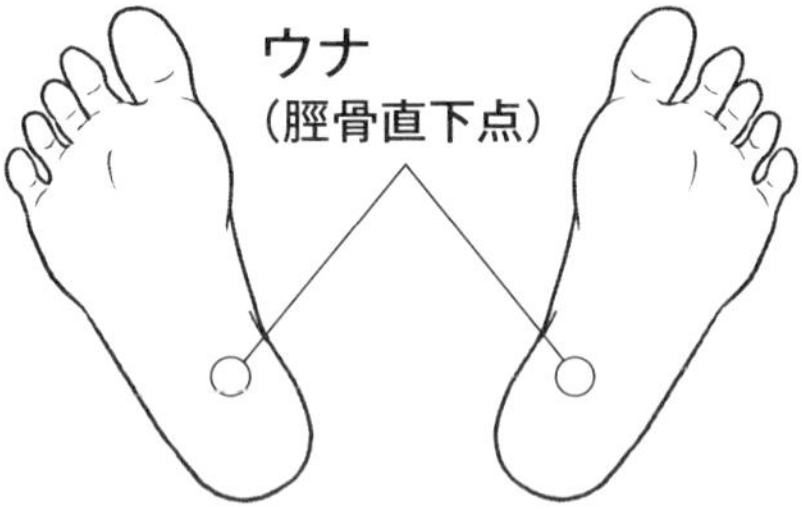

■一面手法のやり方

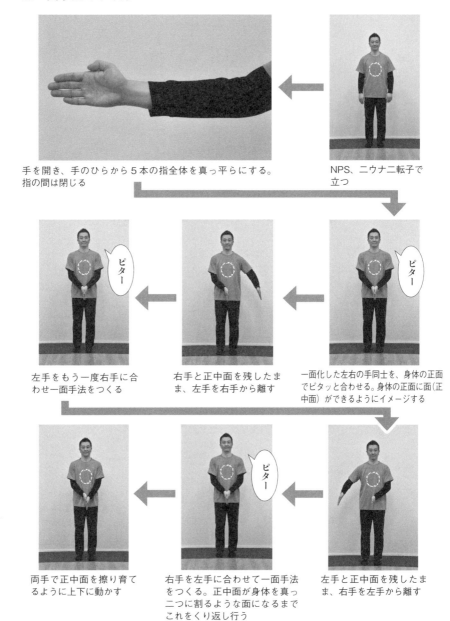

NPS、ニウナ二転子で立つ

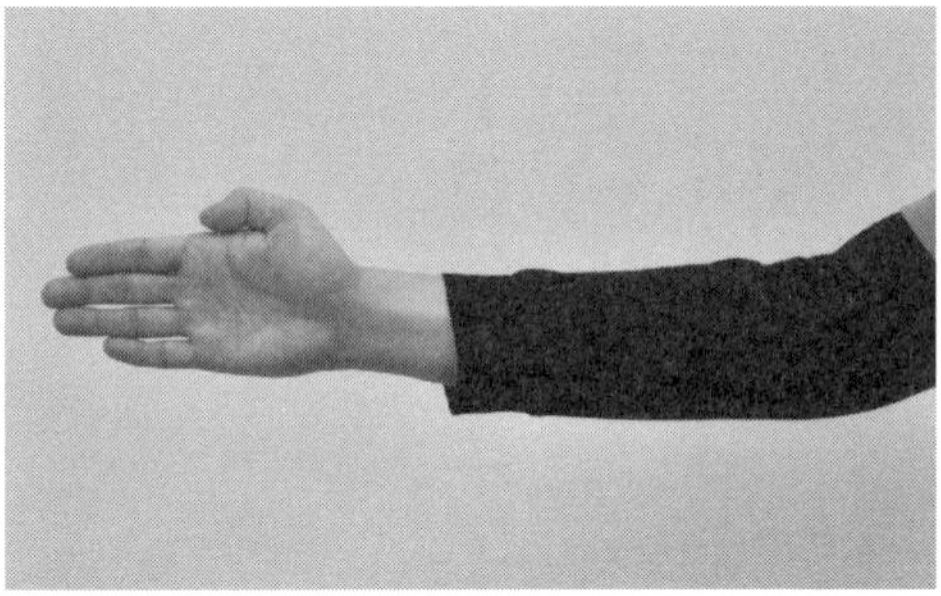

手を開き、手のひらから５本の指全体を真っ平らにする。指の間は閉じる

一面化した左右の手同士を、身体の正面でピタッと合わせる。身体の正面に面（正中面）ができるようにイメージする

右手と正中面を残したまま、左手を右手から離す

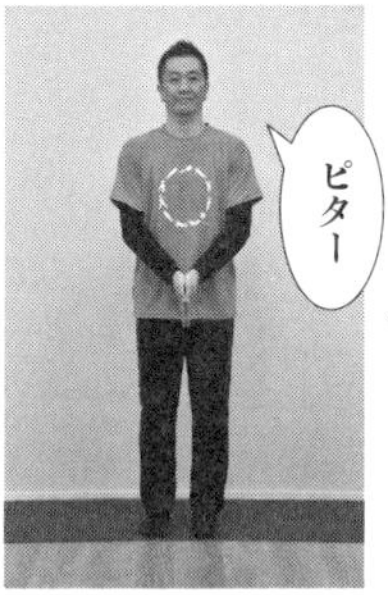

左手をもう一度右手に合わせ一面手法をつくる

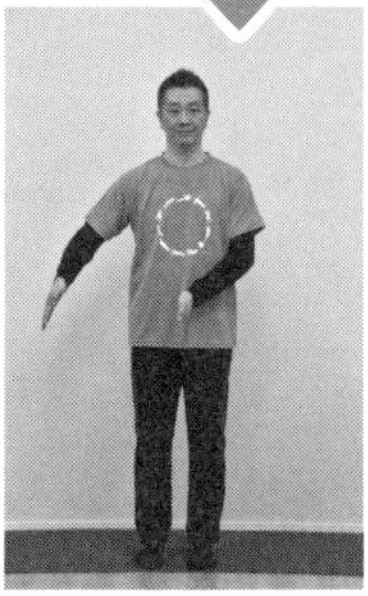

左手と正中面を残したまま、右手を左手から離す

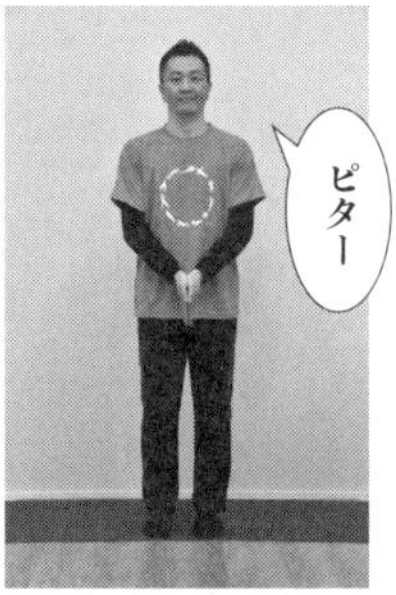

右手を左手に合わせて一面手法をつくる。正中面が身体を真っ二つに割るような面になるまでこれをくり返し行う

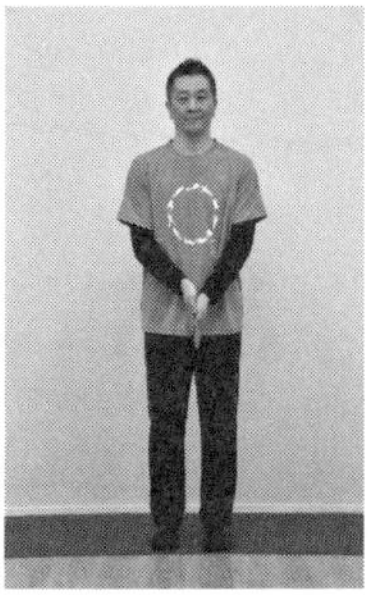

両手で正中面を擦り育てるように上下に動かす

※3……「ナチュラル・パラレル・スタンス」の略称。ウナ（脛骨直下点）と転子（股関節の中心）を結んだ直線である脚センターが、左右両脚とも完全に平行で、かつ両足の内法が正面向きで平行になる立ち方のこと。

※4……2つのウナの真上に2つの転子がある状態のこと。

ベスト正面は正中面のサテライト

一面手法を行うことで、一つの面と化した手を「一面手」といいます。

人間の脳の運動野、感覚野は、ともに手についての支配領域が圧倒的に広いため、手に一面性を持たせた一面手をつくることで、他の様々な能力に絶大な影響をもたらすようになります。

具体的には、この完璧なほどの面が5本の指から手のひらにかけてできることで、この一面手を使ってベスト線をより正確に強化することができるのです。

一面手を前ベスト線の前に垂直に立て、上下に動かすことによって、前ベスト線からベスト正面を通って、後ベスト線まで切り通すことができるのです。つまり、切通です。

そして、この切通によって形成された面がベスト正面です。これは序章でも取り上げた身体意識の一つです。

いまは意図的に通しているので顕在意識の状態ですが、正しいトレーニングを積み重ねることでだんだん潜在意識化していき、わざわざ意識しなくても常に通っている状態になります。

そのようにベストが潜在意識のレベルで形成されているアスリートの代表が、水泳のケイティ・レデッキーやボクシングの井上尚弥、野球の渡米前の田中将大《まさひろ》などです。本人たちはそのことを顕在的には意識してトレーニングはしていないはずですが、潜在意識としては見事にベスト正面が形成されているのです。つまりはその点で、天性のベストの才能があった、ベストの天才だということになるでしょう。

垂軸と体軸が一致した垂体一致軸が通っている人のセンターも、一面手法によってつくられたベスト正面もどれも身体意識です。この身体意識は、実に様々なことに役立つのです。

自分の正中面のところに一面手を当てて、手を上下に動かすことによってセンターを切って刺激、強化し、さらには背骨を前後に真っ二つになるように面を切って通していくと、まさに正中面といわれるものができてきます。

この面はトレーニングで形成できるものなのです。そして、この正中面ができると、正中面の応用系としてのベスト正面をつくりやすくなるわけです。

前・後ベスト線が「センター（軸）」の応用系、会社組織でいうところの支社、サテライトに位置づけられるものだとすれば、ベスト正面は「センター（軸）」を切通することで成立する正中面のサテライトということになるのです。

第4章

回甲①「サイクル」の方法と働き

第一項「サイクル」の方法

指と壁柱角を使ってベスト線をよく刺激する

　この章からいよいよそれぞれの回甲の方法と働きについて、一つずつ解説していきます。まず本章では、「サイクル」を取り上げます。サイクルは、第2章でも紹介したベスト線のまわりを、グルグルと縦方向に回るズレ回転運動のことです。このことは、あらためて確認しておいてください。

　サイクルには、「順サイクル」と「逆サイクル」の2種類あります。これから行うのは、初学者にとって取りくみやすいオーバーベストのサイクルです。

■順サイクルと逆サイクル（オーバーベスト）

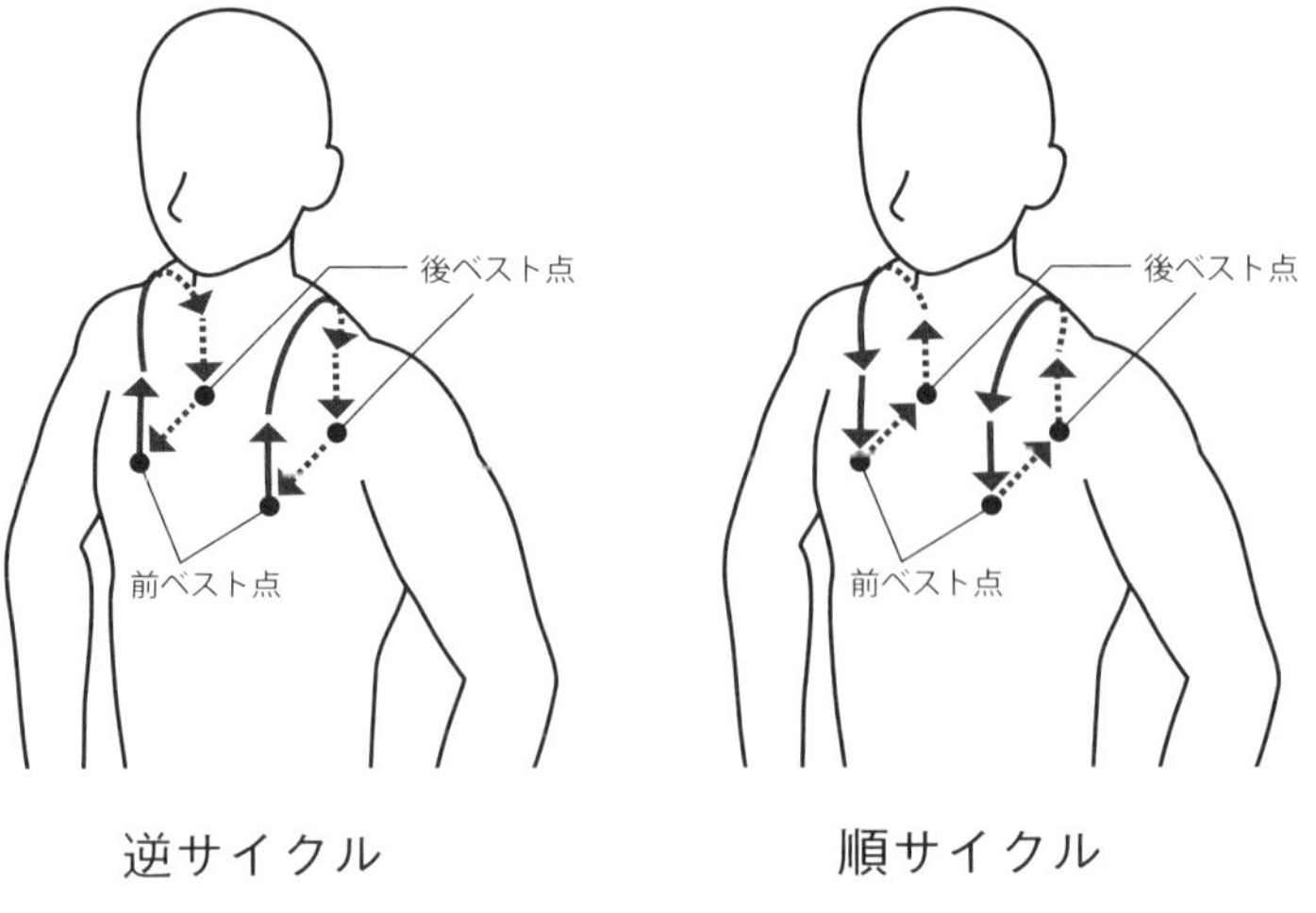

順サイクルは、後ベスト点から出発して、背中側の後ベスト線を上昇し、前に向かうようにして僧帽峰を通り、胸側の前ベスト線を下降して前ベスト点に到達したら、背中側に向かって一直線に肋骨と肋骨の間のベスト通路を通り、背中側の後ベスト点に到達して一周、という運動です。

一方、逆サイクルは、前ベスト点から出発して、胸側の前ベスト線を上昇し、後ろに向かうようにして僧帽峰を通り、背中側の後ベスト線を下降して後ベスト点に到達したら、胸側に向かって一直線に肋骨と肋骨の間のベスト通路を通り、胸側の前ベスト点に到達して一周、となります。

これから、実際にこのサイクルをトレーニングするときには、この基本構造を覚えて、キチッと身体につくることがきわめて重要です。

まずはウォーミングアップから始めます。

腕振りをしながらのその場歩きを行ってください。サイクルのトレーニングを行うことで身体の状態がどう変化するかを確かめるために、事前にその場歩きを行い、トレーニング前の自分の身体の感じや動き、特に上半身の感じや

■その場歩き

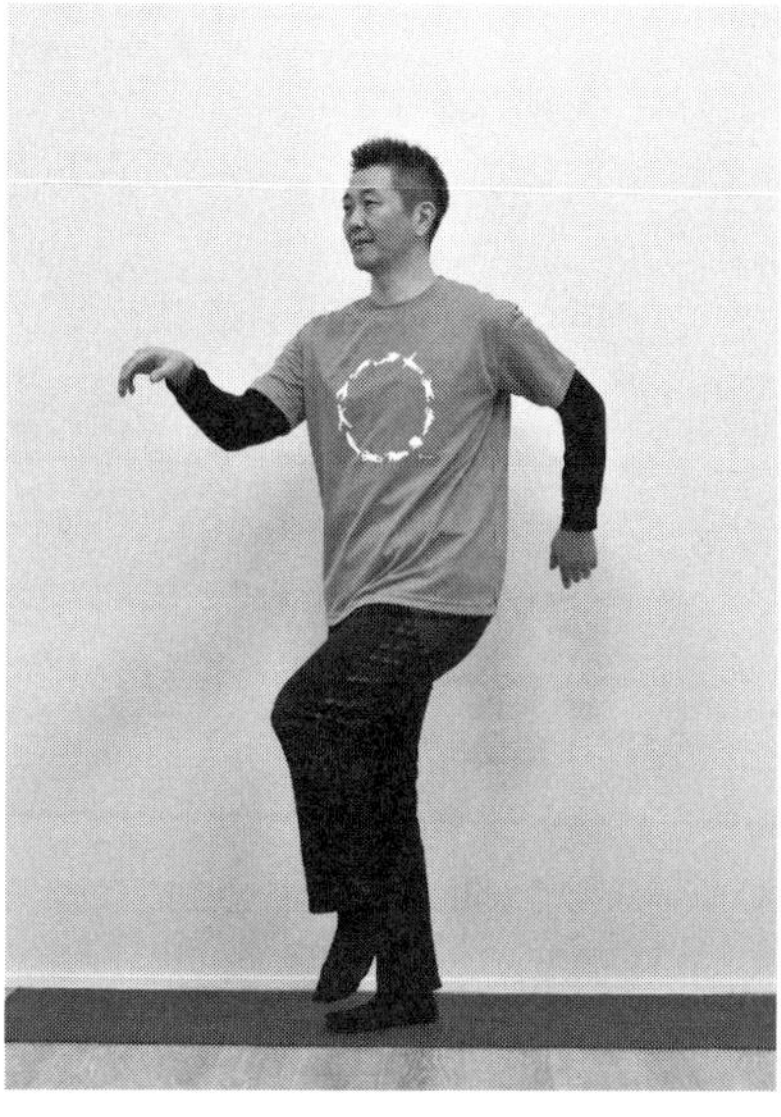

その場歩きを行い、トレーニング前の自分の身体、特に上半身の感じや動き、全身のバランス感覚を覚えておく

動き、そして全身のバランス感覚などを覚えておくのです。

次に鏡を見ながら、人差し指と中指で胸側の前ベスト線を縦に、上下によく切通します。胸側の前ベスト線をよく切ってください。背中側の後ベスト線までキレイに通るように意識しながらよく切通します。

そして、背中側の脊椎と肩甲骨の間の中間に位置する後ベスト線のあたりを、壁角もしくは柱角を使って、キレイに縦方向に上下にこすっていきます。

背中側の後ベスト線を上下にこするという運動によって、実際に皮膚から筋肉を通して骨にまで刺激が届きます。壁柱角（壁角・柱角）に触れ上下にこする運動によって生まれた刺激が、サイクルの運動の流れと一緒になるのです。

股関節と膝関節を使って、体幹を少し下に下

■前ベスト線と後ベスト線を切通する

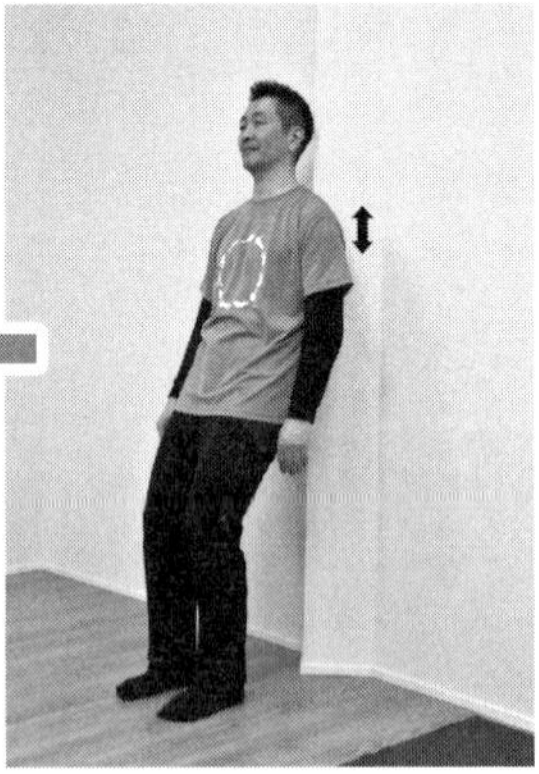

壁柱角で背中側の後ベスト線を上下に擦る

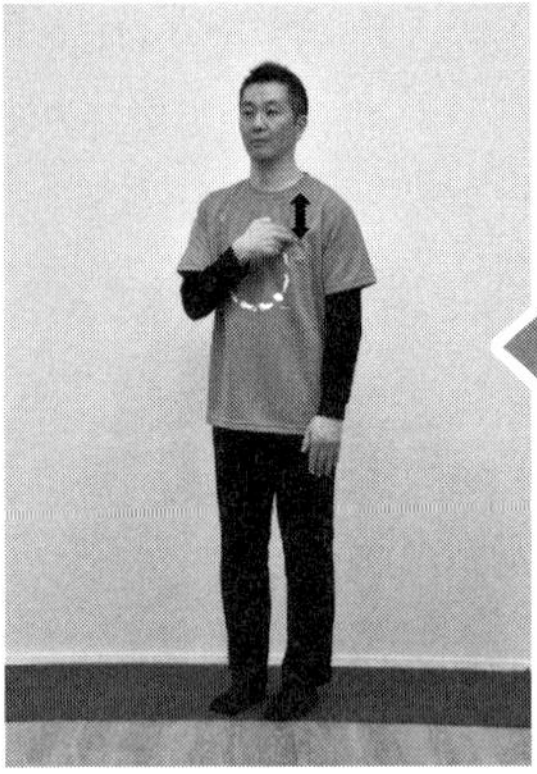

鏡を見ながら、人差し指と中指で胸側の前ベスト線を上下に切通する

げると、壁柱角に触れて刺激されている部分が、相対的に上に動きます。このときに上に動く感じが、自分で順サイクルの肋骨のズレ回転運動をするときの大きな助けになるわけです。この感じをよく覚えておいてください。

今度は逆に、体幹を上に向かって少し上げてみてください。すると壁柱角に触れて刺激されている部分が下に動くはずです。この下る動きの感じが、逆サイクルの肋骨のズレ回転運動をするときの大きな助けになります。

順サイクルだけを練習したいときには、上に動く感じを強調したいので、体幹を下げて壁柱角の刺激が上に動くよう、重点的に行います。

壁柱角に当たっているポイントが後ベスト点まで来たら一度壁柱角から背中を離して、体幹を上げて元の高さに戻してから壁柱角に背中をつけ、また体幹を下げるという動きをくり返します。

このときに、肋骨の7段目にある後ベスト点あたりに壁柱角の接触点の中心が当たるようにして、体幹を下げることで、刺激されている部分を上に上げていくということをくり返します。すると刺激の流れが、順サイクルと同じ方向の下から上へとなります。

これを何度もくり返すことで、順サイクルは背中側の後ベスト線を下から上にズレ回転運動するものなんだということを、身体に覚えさせてやります。

また、いま左側を行っている場合には、左側の僧帽筋を通り越すときに右の中指でサモンしてやることで、より背中側の刺激をリードして活かせるようになります。

それでは、実際に順サイクルのトレーニングを行っていきます。

まず、親指を胸鎖関節に、中指を肩鎖関節に当て、鎖骨の長さを確認します。それら二点の中点（鎖骨の中点）に人差し指を当てます。肩鎖関節に当てていた中指を離し、人差し指と入れ替わるようにして鎖骨の中点に当てます。鎖骨の中点を中指で擦ります。そこから垂直に指を下げると肋骨に当たります。少しだけ鎖骨を上に上げてみてください。すると1段目の肋骨に触れます。

そこから、人差し指と中指を縦に並べるようにして肋骨に置き、「上から下」「上から下」と何度もつぶやきながら胸側の前ベスト線を上下にくり返し切通します。すると前ベスト線の意識が通りやすくなります。

「上から下」「上から下」と言いながら何度も切通をくり返します。ある程度、切通できたと感じられたら、前ベスト点を中指で裏側に向かってグサッと強く突くようにします。その刺激がベスト通路を通るのが感じられたら、後ベスト点でその刺激を積極的に受け取ってあげます。

今度は「下から上」「下から上」と言いながら、後ベスト点から背中側の後ベスト線の意識を上昇させ、何度も切通をくり返します。ある程度、切通できたと感じられたら、肩を通り越し、前側でその意識を受け取ってあげます。

そして、ふたたび鎖骨のところから肋骨1段、2段、3段、4段と切通していきます。前ベスト点に到達し、そこから中指で背中側まで突き通すと刺激がベスト通路を通り、後ベスト点にまで到達します。
そして、また背中側の後ベスト線の意識を上げていきます。

肩甲骨と指の動き、音程の変化による誘導法

今度は、いま行った一連の動きを肩甲骨の動きに助けてもらいながら行ってみましょう。右利きの人は、まずは左側の順サイクルから始めましょう。というのは、右利きの人は、右側の指の方が左側の指に比べて意識を通す機能が高いからです。これを「サモン機能」といいます。サモン（summon）とは、英語で「意識を喚起する」という意味です。もちろん、この意識とは身体意識のことです。

右利きの人は、これまでの人生で右手の親指、人差し指、中指あたりを数多く使いながら日常生活を送ってきたので、右手のこれらの指は身体意識が非常に発達しています。特に何かを指差すときには、普通は利き手の人差し指を使いますが、これは指のサモナー機能を使っているのです。

私たちは、その他にも紙をペラペラとめくったり、小さなものを持ったり、スマホやパソコンを操作したり、そういったときにはサモナー機能が高い、利き手の親指や人差し指や中指を自然と使っているのです。

本書を読んでいるほとんどの人にとって、このベストの基本構造であるベスト線やベスト正

面、ベスト体、ベスト台をつくるということは、生まれて初めての経験になるはずです。これまでにただの一度もやったことがないわけですから、なんとなく漫然とやっていてベストの構造を正しくつくるなどできるはずもないのです。

ですから、ベスト線を指で正確にこすって切通することが、このトレーニングを成功させるため非常に大事なカギとなります。手と指のサモン機能、意識の喚起機能を使って、ベスト線をサモンしてやるのです。

このような理由から、右利きの人は左側のベストをつくることから始めてください。一方、左利きの人は、右側のベストをつくることから始めます。

また、壁柱角は、背中側の後ベスト線をサモンする上で、非常に大事なパートナーとなります。一人でトレーニングするときには、この壁柱角なしに背中側の後ベスト線を通すことは、かなり困難なことだと理解してください。

それでは、肩甲骨の動きに助けてもらいながら、順サイクルをやりましょう。背中側の後ベスト点から始まり、上に向かって肋骨のズレ回転運動を行います。「下から上」と言いながらやってみましょう。

私がいきなり肋骨のズレ回転運動を行うと言ったので、皆さんは戸惑ってしまったかもしれませんね。

第1章のチーターの話を思い出してください。肩甲骨が肋骨のズレ回転運動を誘導するという話です。肩甲骨のズレ回転運動に助けられながら、肋骨がズレ回転運動をするのです。これがまさに回甲の動きです。

それでは、肩甲骨の動きで肋骨の動きを誘導するようにしながら意識を上に上げていきましょう。

まずは後ベスト点から出発し、意識が上まで達して僧帽筋を通り越したら、肩甲骨は背中側で待っています。

そして、意識が肩を通り越して胸側まで行ったら、今度は手が一緒に沿うように回っていきます。左側のベストをやっている場合には、右手の人差し指と中指が待ち構え、胸側の肋骨のズレ回転運動と一緒に「上から下」と言いながら動かしていきます。

一方、肩甲骨は背中側の一番下に行ける所まで下がって待っています。

意識が前ベスト点まで来たら、中指で背中側までベスト通路を突き通します。後ベスト点に刺激が到達したら、そこからまた「下から上」と言いながら、肩甲骨と一緒に上に上がっていきます。全体的な動きの印象としては、そちら側の後ベスト線を中心に背の上部を後方に丸くさせる感じになります。

背中側を「下から上」と上がるときには、肋骨の7段目の後ベスト点から順番に、背中側の肋骨がだんだん後ろ上方にズレ上がっていくように動きます。背中側に向かって肋骨が丸く大きく後ろに向かってせり出していきながら、「下から上」という順サイクルのズレ回転運動が行われるということです。

僧帽峰を越え、前側に到達したら、今度は胸側の肋骨の1段目から入っていきます。「上か

■順サイクルのやり方

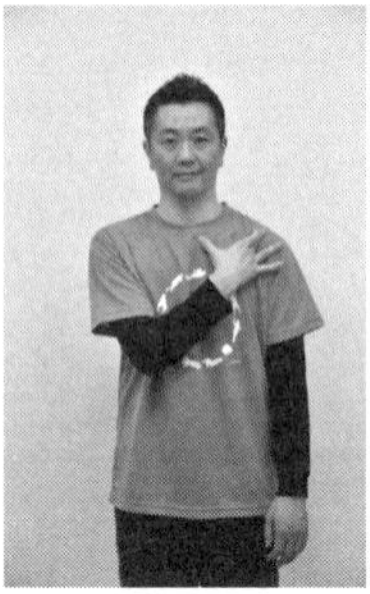

親指を胸鎖関節に、中指を肩鎖関節に当てる

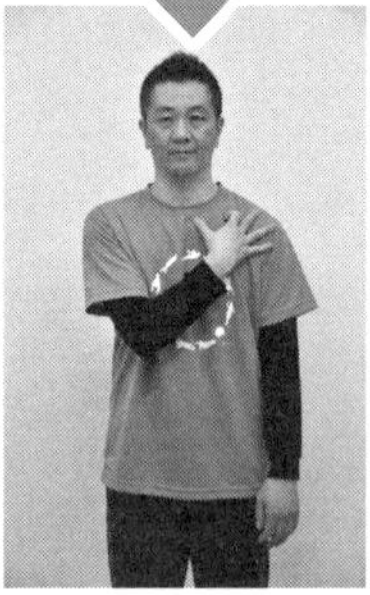

鎖骨の中点に人差し指を当て、肩鎖関節に当てていた中指と入れ替える

鎖骨の中点を中指で擦り、そこから中指を垂直に下げていく。前ベスト線をくり返し切通する

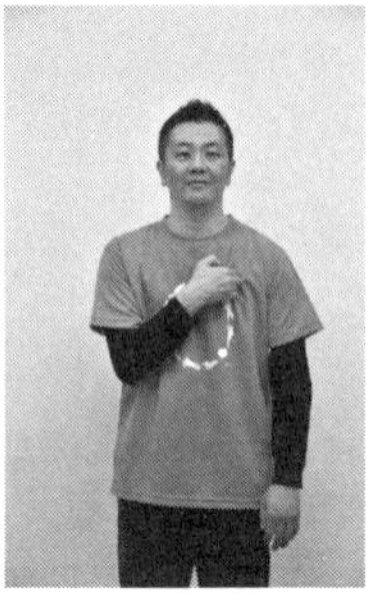

前ベスト点を中指で裏側に向かって強く突く

後ベスト線をくり返し切通する

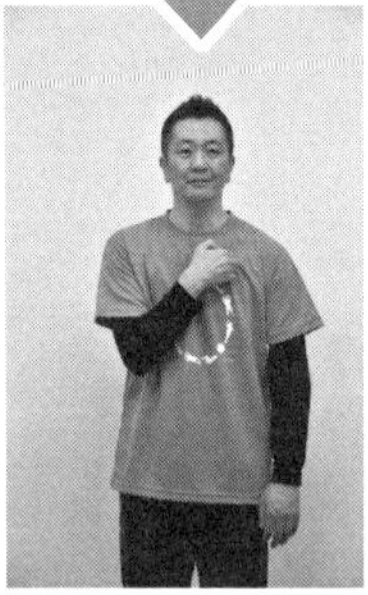

肩を通り越し、前側で意識を受け取る

ふたたび前ベスト線を切通する

斜めから見たところ

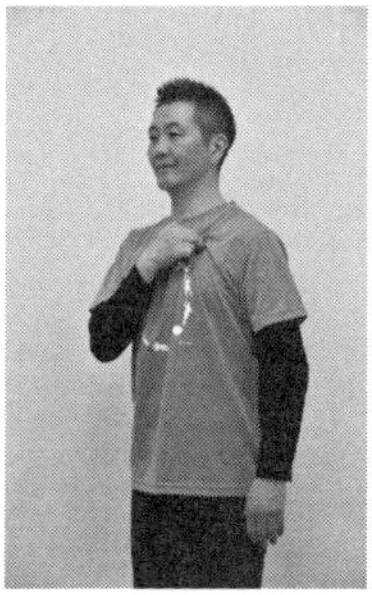

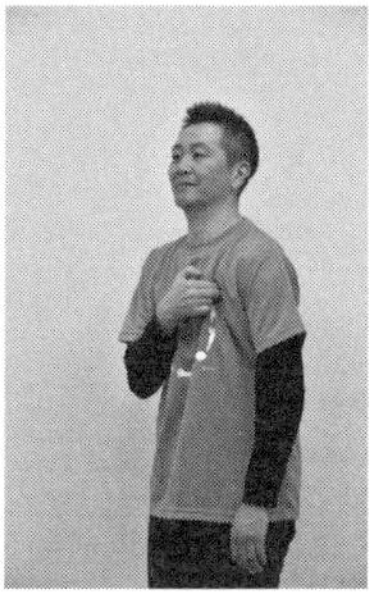

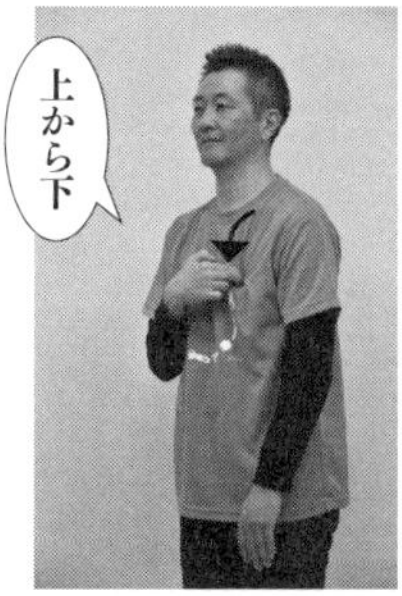

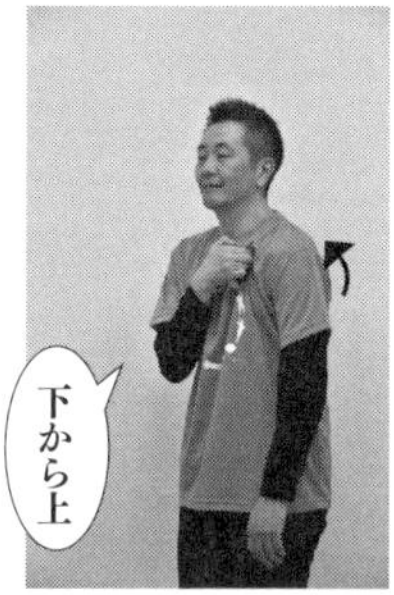

ら下」と言いながら、肋骨が前下方にだんだんせり出していく感じで、ズレ回転運動を行います。全体的な動きの印象としては、そちら側の前ベスト線を中心に胸の上部を前方に反らせる感じになります。

肋骨の4段目の前ベスト点まで到達したら、そこから中指で背中側に突き通すと、ベスト通路を通って後ベスト点に戻ってきます。ここが順サイクルの始まりの地点です。

つまり、後ベスト点が出発点であると同時に到着点でもあるわけです。

背中側の後ベスト点がせり出して、肋骨が後ろ上方に向かってズレ回転運動を始めたら「下から上」と言いながら上昇していき、一番上まで到達したら、今度は胸側で「上から下」と言いながら下降していきます。

前ベスト点まで到達したら、中指でベスト通路を背中側に向かって突き通します。

この動きを何度も繰り返してください。「下から上」「上から下」「下から上」「上から下」……と言いながら何度も行っていきます。

ここでズレ回転運動を誘導する上でとても重要なコツをお教えします。

背中側で「下から上」と言うときには、始まりの「下」の音程を低くし、「から上」というふうに上方に向かうにつれて、だんだん音程を上げていきます。例えば音階でいったら「ドレミファ」、あるいは「ドレミファソ」くらいのイメージです。

逆に胸側の「上から下」は、音程を下げていきます。始まりの「上」の音程を高くし、「から下」で後ろに向かって音程を下げていくわけです。背中側で「ソ」の音階までいったとしたら「ソファミレド」という感じです。

この音程に合わせて「下から上」「上から下」と繰り返してみてください。音程の変化でズレ回転運動をより質感よく誘導してやるのです。

いま皆さんに取り組んでもらっているのは、ベスト線で区切られたベスト正面＝疑似関節面をつくるという非常に困難極まることですから、こういったテクニックをフルに活用していくことが必要不可欠なのです。

肩関節を使った補助的な誘導法

ここで、肋骨のズレ回転運動がまだすごく難しく感じるという方のために、補助となる方法を紹介します。

いま肩甲骨で肋骨のズレ回転運動を誘い導くということをやったのですが、それでもよくわからないという場合には、肩関節そのものを使いましょう。

■音程の変化による誘導法

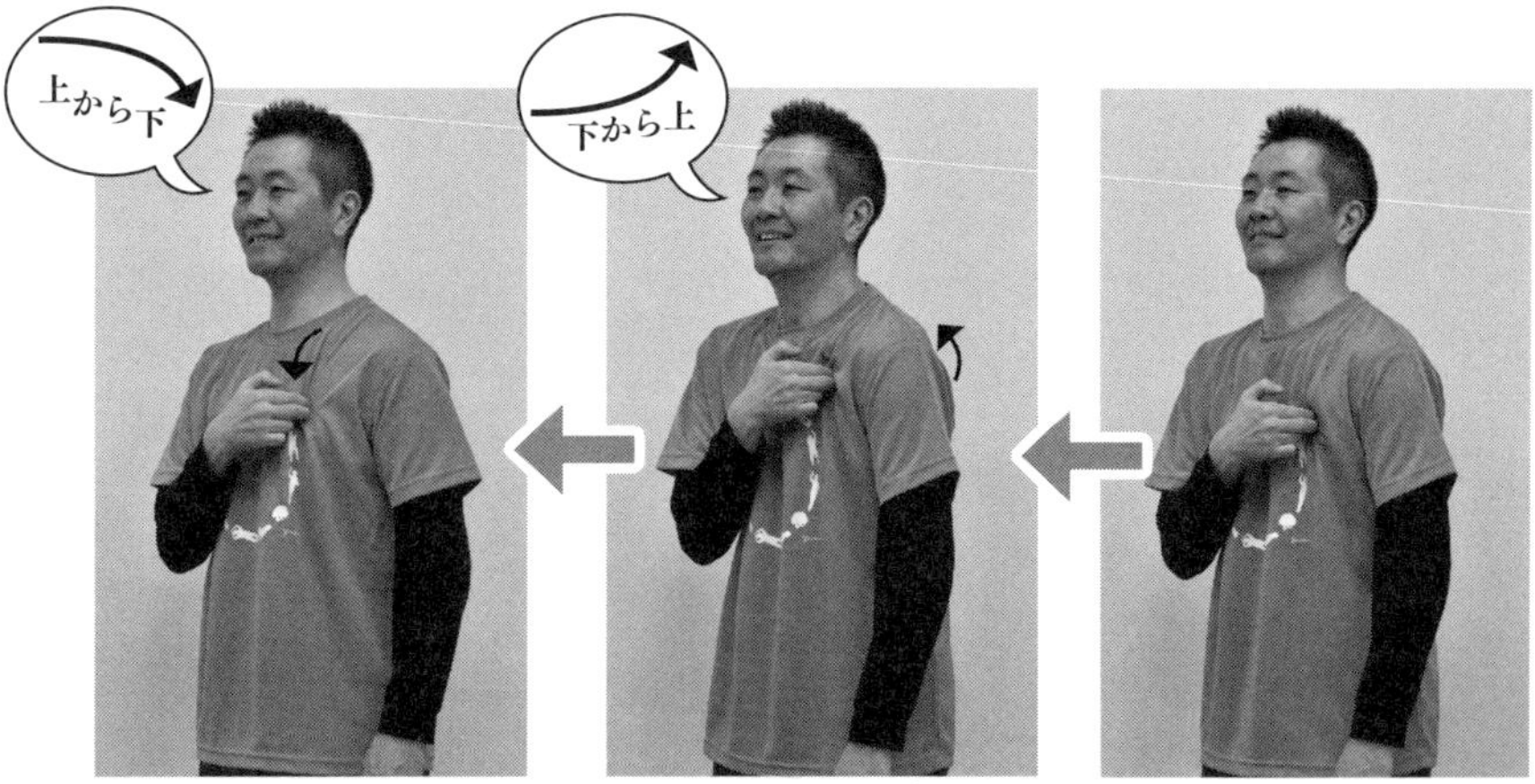

だんだん音程を下げていく
だんだん音程を上げていく

まずは、左側の肩関節から行います。右手の手のひらで左の肩関節まわりを擦ります。右手の指で左の肩関節の中心をトントンと叩いてサモンしてください。肩関節の意識を喚起してやるのです。

そして、肩関節で丸く円を描くように前回り運動をやってみてください。

まずは、後ろに引きながら上に上昇していきます。上昇しきったら、今度は前に向かって下りていきます。「下から上」「上から下」と言いながら、回してみてください。

すると肩甲骨もその運動に誘導されるようにして参加してくるのがわかります。

人間の場合、肩甲骨は「上から下」

■肩関節を使った補助的な誘導法

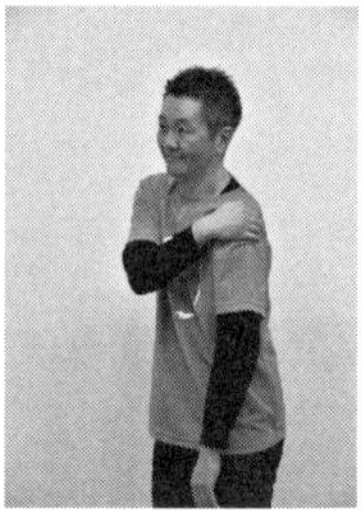
左肩関節まわりを右手で擦る

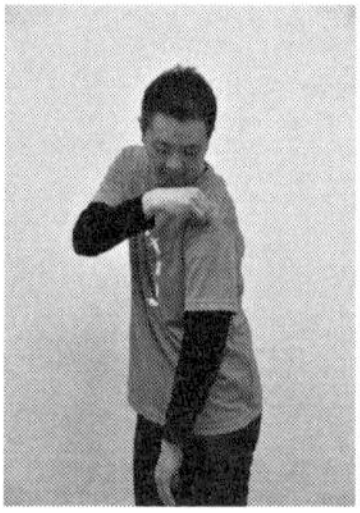
左肩関節の中心を右手の指で叩く

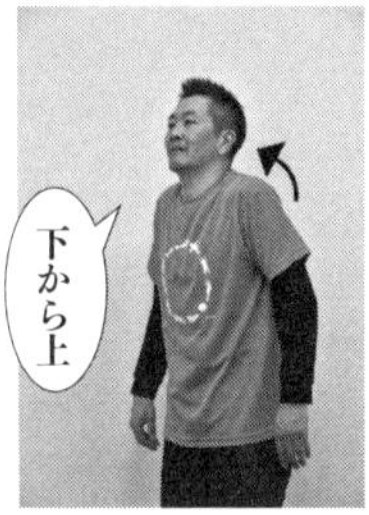

肩関節で丸く円を描くように前回り運動をする

肩甲骨も誘導されるように参加してくる

人差し指と中指でサモンをしながら背中側の肋骨のズレ回転運動を助ける

人差し指と中指でサモンをしながら胸側の肋骨のズレ回転運動を助ける

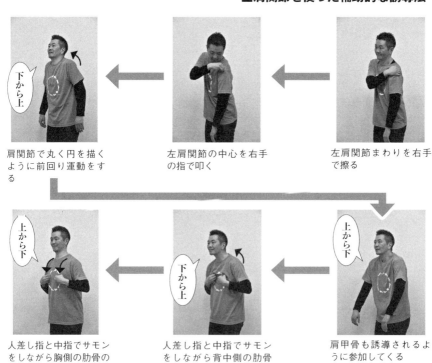

で胸側に下りてくることはできません。ところが、肩関節が前回り運動をするときに、その運動を矛盾なくやることができるのです。

もし矛盾していたとしたら、肩甲骨が上まで行って止まってしまった瞬間に、肩関節の前回り運動にブレーキをかけてしまう、もしくはそれ以降の運動ができなくなるということが起きてきてしまいます。

この「上から下」のときに、肩甲骨は背中側を下りて、後ベスト点のあたりで肩関節の回転運動を待っているのです。

チーターのような四足動物の場合は、肩甲骨が肋骨の脇にあたる部分についていますから、肩関節と肩甲骨が一緒になって動き、その肩甲骨に誘導されながら肋骨も同じズレ回転運動を行えます。そして、肋骨がズレ回転運動を始めれば、肋骨は二重ズレ回転運動の構造上の土台ですから、肩甲骨はその肋骨のズレ回転運動に誘導されるようにして、さらに調子に乗って動き出すわけです。

肩甲骨が調子に乗ってさらに動き出したら、ますます肋骨の動きを誘導するようになり、それによって肋骨がさらに動き出し、肩甲骨の動きをますます誘導するという良循環が生まれるわけです。これが同調的連動の理想のあり方です。

人間の場合は、「上から下」のときには人差し指と中指の爪で前側の肋骨のズレ回転運動を助けてあげることができます。ですから、ぜひやってください。

「下から上」のときにもうまくやれば人差し指と中指の胸側からのサモンで、背中側の肋骨のズレ回転運動を助けてあげることができます。

つまり、「下から上」「上から下」の両方でサモンができるということです。

なお、いま取り組んでいる肩関節を使った方法は、肩甲骨だけの誘導作用ではどうしてもわからないという方のためのものです。少しでも「あ、わかってきたぞ」となったら、肩関節のことは忘れてください。そうしないと肩関節主導になってしまって、ズレ回転運動が肋骨の深さにまで入っていけなくなるからです。

肋骨の疑似関節構造をつくるためには、途中から肩関節のことは忘れた方がいいのですが、出だしのところで肩関節を使うのはまったく問題ありません。しかし、その後は肩甲骨にしっかり動いてもらうことが大切です。

立甲ができたあとに、回甲を目指すというのは、こういうことなのです。肩甲骨が自由に立甲して、その応用・発展でズレ回転運動をするのです。肩甲骨を自由自在に使うことができるようになれば、肩関節に頼らなくても肩甲骨が主導して、肋骨を誘導してくれるようになるということです。

その場歩きを行い、腕の動きの変化を確かめる

それでは、ここで一度腕振りをしながらその場歩きを行ってください。どうですか。ベストづくりをした方の腕振りが、かなり変わったのではないでしょうか。中にはまったく変わって

しまったという方もいるはずです。

ベストづくりをやらなかった方の腕は、なんだか寂しくて、肩関節から先だけが動いている感じがします。動きが小さく、重みや質量感がない。なんだか砂をかむような感じといったら言いすぎかもしれませんが、味気なく動いてる感じです。

ベストづくりをやった左側の腕は、重くて、質量がものすごくたっぷりある感じがします。そして、肩関節がものすごく柔らかく使えている感じがすると同時に、肩関節そのものが筋肉と一緒に大きく動いているのが感じられます。

そして、肩甲骨もそれらの大きな筋肉たちと一緒に動いている感じがして、今までまったく参加していなかった大きな筋肉たちの奥に、肋骨の疑似関節状の構造らしきものが感じられる。

まだ、なんとなくだけれども、その間に疑似関節状の面みたいなものがあって、その外側が背骨を含む内側の体幹部分とは別の物体として動いているのが感じられるようだ……。

もし、このように感じられたとしたらベストづくりのスタートの日としては、最高の出来だといえます。

まずは、なんとなくでも感じられればいいのです。なにしろ何もないところに疑似関節状の構造をつくるわけです。それが、やがて実際に関節があるみたいだ、というふうになっていくのです。

私の個人的な話をすると、この疑似関節状構造であるベスト体とベスト台、その間にあるべスト正面が、肩関節以上に関節になっているという強い実感があります。日常生活で何をやるときにもそこから手や腕が動ける状態になっているのです。

　風呂に入って身体を洗うときも、あるいは朝晩歯を磨くときにも、身体を洗ったり、歯ブラシを持っている手や腕は、このベスト正面が関節として動いているのです。

逆サイクルを行う

　次に逆サイクルを行いましょう。逆サイクルは、順サイクルとはまったく逆のルートで行っていきますので、順サイクルの説明を参考にご自身でお試しください。

■逆サイクルのやり方

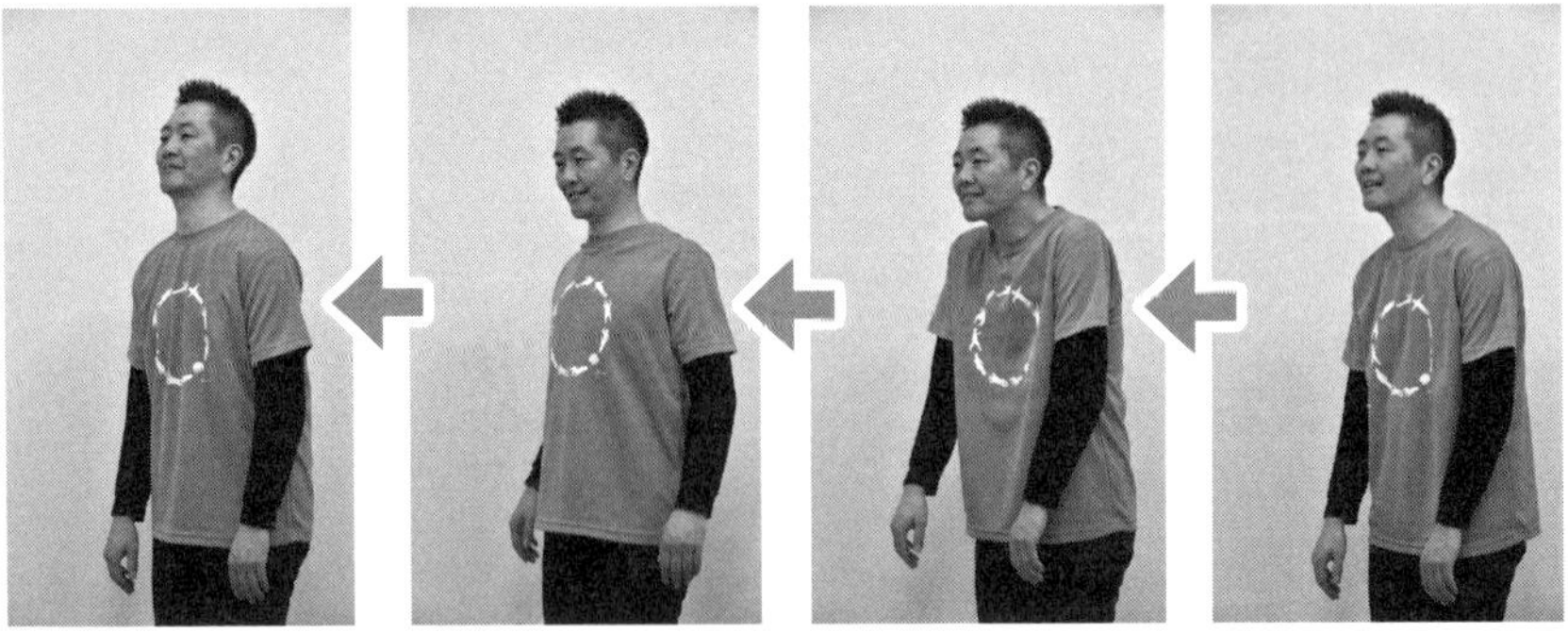

前ベスト点から出発

前ベスト線を上昇し、僧帽筋を通る

後ベスト線を下降し、後ベスト点に到達

ベスト通路を通り、前ベスト点に戻ってくる

第二項

入門者・初心者向け「サイクルトレーニング」

肋骨を上段・中段・下段の三つに分ける

すでに第2章でもお伝えしたように基本構造としてのベストは、第4肋骨の下端までを使います。

しかし、入門者、初心者の段階では、上達を促すためにあえて第4肋骨より下の部分を使うという方法もあります。その方法について解説していきます。

まず肋骨全体を上段・中段・下段の三つの部分に分けます。手を使うと簡単に効率よく分けることができます。

まず、第3章で紹介した一面手法を使って、一面手をつくってください。

そして、左の一面手を胸側の上段部分にペタッと当てます。上段は、左手の親指が胸鎖関節にピッタリ一致する位置です。その状態で小指側の下端を触ってみると第4肋骨の下端に当たります。この小指側の下端の側面を「手刀部《しゅとうぶ》」といいます。手刀部が第4肋骨の下端に当たっていることを確認してください。

この左手で触れている部分が、肋骨の上段です。

次に、右の一面手の親指を左手の手刀部の下にピッタリ来るように当ててください。すると右手の手刀部が胸骨体の下端に当たります。

この右手で触れている部分が、肋骨の中段です。

胸骨体のすぐ下には、下に向かって尖った剣状突起《けんじょうとっき》がありますが、そこは中段部分に含みません。間違わないように注意してください。

右手の位置を中段部分にキープした状態で、左手を上段部分から外して、右手の手刀部の下にピッタリと当ててください。すると今度は左手の手刀部がヘソの高さに来るはずです。

この左手で触れている部分が、肋骨の下段です。

下段は、ずいぶん下の方にあるので肋骨とは関係がないと思われるかもしれませんが、実は肋骨はいま当てている左手の手刀部の下端まであるのです。

そのことを確認してみましょう。中段に当てている右手を外して、その人差し指、中指、薬指を、左手の手刀部の下に当ててみてください。そして、そこから右へ水平方向に移動していくと肋骨の下端に触れることがわかるはずです。

ここは胸側の肋骨下端となる第10肋骨です。

これで、肋骨の上段・中段・下段の位置が確認できました。

■肋骨を上段・中段・下段の三つに分ける

肋骨の上段

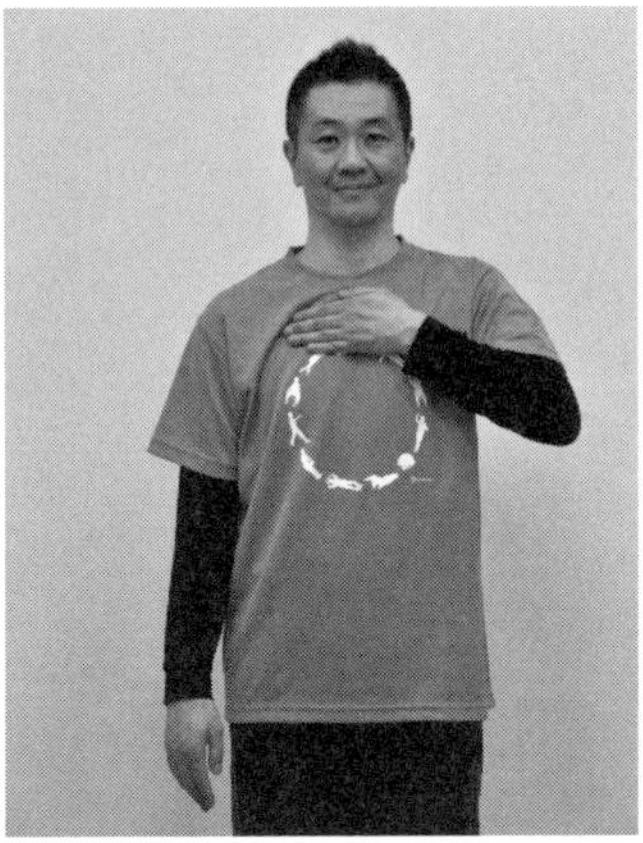

左の一面手を親指が胸鎖関節にピッタリ一致するように当てる。この左手で触れている部分が肋骨の上段

肋骨の中段

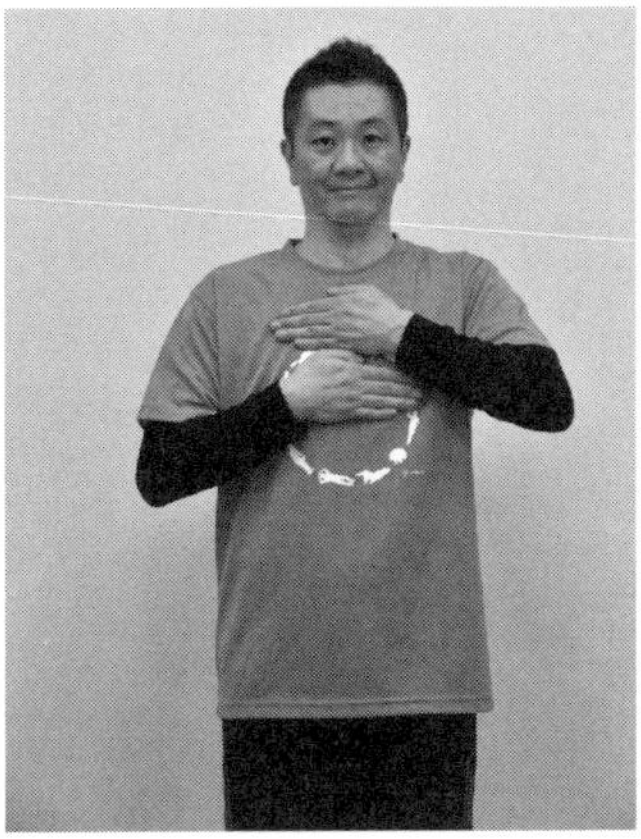

右の一面手の親指が左手の手刀部の下にピッタリ来るように当てると、右手の手刀部が胸骨体の下端に来る。この右手で触れている部分が肋骨の中段

肋骨の下段

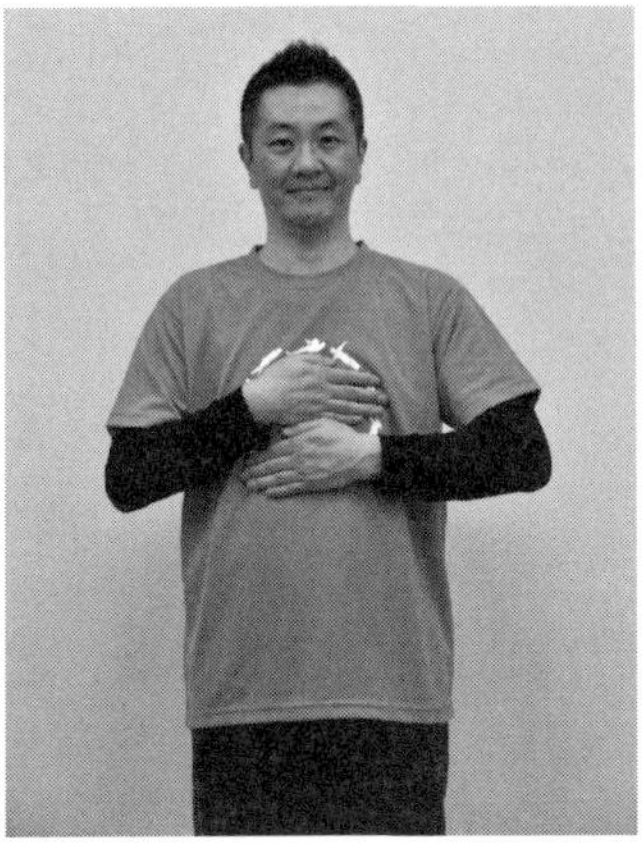

左の一面手を上段から外し、右手の手刀部の下にピッタリと当てると、左手の手刀部がヘソの高さに来る。この左手で触れている部分が肋骨の下段

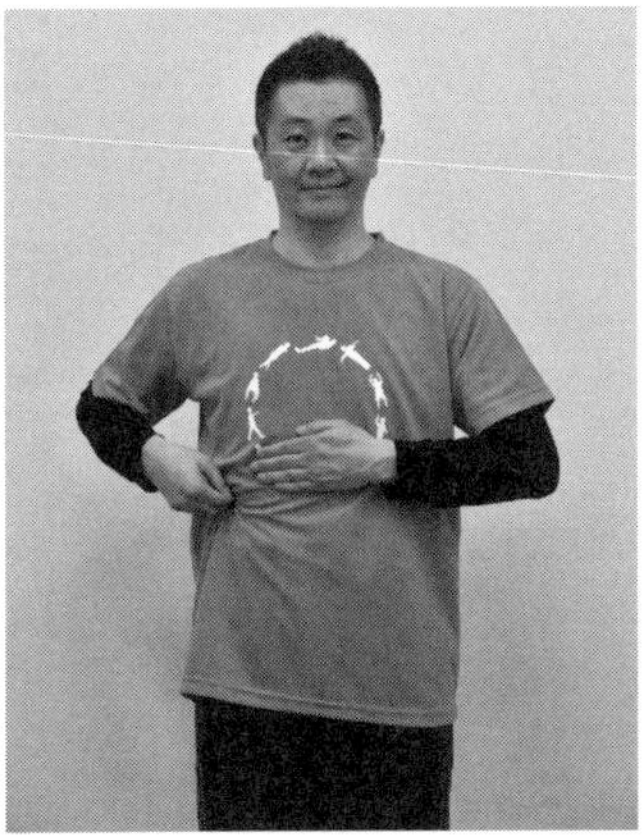

中段に当てている右手を外し、人差し指、中指、薬指を左手の手刀部の下に当て、右へ水平方向に移動すると肋骨の下端に触れるのがわかる

天才アスリートでさえ第1肋骨まで使うのは難しい

サイクルのように身体座標空間のY軸方向＝上下方向の運動成分を強く含む動きのベストでは、実際のスポーツ競技でもベストの基本構造の下端となる第4肋骨よりも下まで使うことがあります。

例えば、競泳のケイティ・レデッキーを例に挙げると、彼女は泳ぎの状態によって第4肋骨までの上段だけを使っているときもあれば、第4肋骨から下の中段全部を使うときもあります。

それから野球のピッチングでも、肋骨上段の下半分から中段全体にかけてを使っている例が数多く見られます。

ピッチャーの場合、肋骨上段の下半分から中段全体を使っている投手と、肋骨上段だけをしかも一番上の第1肋骨までを使えている投手のどちらが望ましいかといえば、これは間違いなく後者の投手です。

前者の投手でもベストの論理構造やメカニズムをハッキリと理解し、サイクルのトレーニングに正しく取り組めば、決してやさしくはありませんが、第1肋骨まで使えるようになります。そして、今よりもはるかに優れたピッチングができるようになるのです。

一方、ベストの論理構造がまったくわからずに、天才的な直感にしたがって偶然ベストが開発されてしまうようなアスリートのケースでは、肋骨上段の一番上の第1肋骨までをベストとして使うのは、きわめて困難なことであり、これは稀にしか起きないことです。

つまり、レデッキーは、ベストのサイクルを開発をするということにおいては、類稀《たぐいまれ》な天性のセンスを持っているアスリートということです。彼女が好調なときには、上段の一番上の第1肋骨まで使えています。

ただし、彼女ほどのアスリートでも、一回のレースの中で本当にいいストロークをしているときと、それほどでもないときがあります。ベストの上段、第1、第2、第3肋骨のあたりの使い方に波があるのです。

おそらく、レデッキー自身は、何が原因でそうなっているのかはハッキリと気がついていないと思うのですが、上段の第1肋骨まで使えたときには、素晴らしく深いところから、滑らかで柔らかくかつ鋭く水を捉えることができ、結果最も無理なく大きな推進力が生まれてくるという感覚があるはずなのです。

今はすでにサイクルを使えている選手の側から話をしたのですが、ベストを本当の意味で身につけるには、ベストのトレーニングを学び、入門者から初心者、初級者というふうに、だんだん上達していくプロセスを経る選手の側からの見方が非常に大事になってきます。

というのは、前述のとおり、天才的なアスリートでさえサイクルを肋骨上段の一番上まで使うというのは、非常に困難なことだからです。

これからベストを学び、トレーニングをする選手のほとんどは、ベストの論理構造を知らなくても感覚的・直感的にベストの開発ができてしまうような天性のセンスを持ったアスリートではないでしょう。

ですから、入門者から初心者の過程では、より容易に行えるような論理構造が必要になってくるのです。

実は、それが中段から入るというやり方なのです。

下段、中段だけで正確にズレ回転運動を行う

前項では、サイクルの基本構造となる上段をつくるために、鎖骨の中点から第4肋骨の下端まで線を下ろし、胸側から背中側までの肋骨全体を切通するワークを行いましたが、これから行うのは、それを中段部分、胸骨体の下端まで切通してしまうやり方です。

この方法を行う多くの人が、胸側の「上から下」、背中側の「下から上」の順サイクルの動きで、肋骨がズレ回転運動する感覚がつかみやすくなるはずです。

感覚的につかみやすいということは、入門者や初心者の過程においては、非常に大事な要素です。これが中段でトレーニングをやることのプラス面です。

ただし、上段と中段を合わせて肋骨を切通しようとするとベスト線が長くなってしまうので、まずは中段だけを切通し、中段だけでサイクルを行っていきます。その際にこの中段の高さで正確にトレーニングすることを心がけてください。注意しないとその下の下段にまで動きが入ってきてしまいます。

これには大きな理由があります。

下段の胸側には、胸骨とはつながっていない他の肋骨よりも短い遊離《ゆうり》肋骨があります（20ページ参照）。つまり第11肋骨と第12肋骨です。また、この下段は、放っておいても柔らかい運動ができてしまう胸椎11番、12番、腰椎1番、2番、3番という自由脊椎がある部位なのです。

したがって、この下段のあたりは動きやすく、逆にここが動かないとサイクルのズレ回転運動が感覚的につかめないという選手も出てきます。

しかし、その選手がダメだという言い方をする必要はありません。「いまは下段でやっているね」「まずは下段でやってみようか」という指導も可能だからです。

読者がトレーニングに取り組む選手自身という場合には、まず上段でやってみて、動きの感じが全然つかめないようであれば、中段でやってみてください。

「上段よりはだいぶいいけど、やっているうちに下段も参加している気がする」と感じられたら、もう一度、一面手を使って上段・中段・下段を正しく測定し直してください。

そして、胸骨体の下端からヘソの高さの下段に一面手を当てて、そこで下段のサイクルをやってみるのです。

その場合は、下段の高さで正確にやることが大切です。下段よりも下にはいかないように注意してください。使うのは胸椎12番までです。

下段でだんだんと感覚がつかめてきたら、次に中段でやってみます。中段に上げていくと下段でやっていたときと比べて急に難しく感じられるかもしれません。

難しく感じられたときには、次の二通りの道筋があります。

一つ目の道筋は、なんとか努力し、下段を使わずに中段だけを動かすというやり方です。そのときには、中段と下段にそれぞれ一面手を当てて、下段は使わず、中段だけを使うということを徹底化します。

その一方で、中段の切通を徹底的にやることも必要です。中段についても上段と同じようにベスト線が存在します。

そして、もう一つの道筋は、一段ずつ肋骨を上げていくというやり方です。

胸側の肋骨は1段から10段まであります。つまり、第1肋骨から第10肋骨までです。一つ一つキレイに分離できなくてもいいですから、一番下の第10肋骨から第6肋骨までのおよそ5段分を1段ずつ上げていってみてください。第10、第9、第8、第7、第6肋骨というような具合です。

このように肋骨を1段ずつ上げていき、下段でやっていたものを中段でもできるようにするというのが、この二つ目の道筋です。

中段ができるようになって上段に進んでいくときにも、この二通りの道筋を応用することができます。

ただし上段の場合は、いきなりアタックしてすべてできるようになるというのはなかなかたいへんなことですので、後者の1段ずつ上がっていくやり方の方が、やりやすい場合が多いです。

とはいえ、私が実際に指導したケースでは、いきなり上段にアタックして完全突破し、一番上までできるようになってしまった人もいるので、どちらがいいかは一概には言えません。

これについては、各自両方の道筋を実際に試していただいて、決めていただくのがいいでしょう。

徐々に上段が使えるように育っていけばいい

このあとローターやパルトに取り組んでいくことを前提にすると、上段の一番上の第1肋骨までを含んだベストをサイクルとしてズレ回転運動できるようにすることが大切です。

なぜかというと、ローター、パルトは、Y軸方向の運動成分を持たないため、第1肋骨まで使って行わないと意味がないのです。第1肋骨まで参加させて使いこなすことが、ベストの基本構造となる上段の構造を作り上げることにつながります。

一方、スクリューは、Y軸方向の動きの成分があります。サイクルほどではありませんが、サイクルと似たタイプのベストだといえます。第4肋骨から下の中段の肋骨を参加させることもあり得ますし、第4肋骨までを使おうと思っていたのに、第5肋骨や第6肋骨まで使ってしまうということもあり得ます。

ただし、スクリューの場合は、サイクルに比べると中段の下半分まで使ってしまうと、運動構造としては、緩慢、雑になりやすいので注意が必要です。

ですから、スクリューのトレーニングをするときには、できるだけ第4肋骨から上の上段だけを使ってトレーニングを進めていくことが肝心です。

一方、サイクルについては、入門・初心者・初級者というプロセスにしたがって、上段・中段・下段と分けて、よりやさしいやり方で取り組むことができます。また、そのようなやり方を積極的に活かすことにサイクルのトレーニングの意味があるのです。

ピッチャーの場合、上段の下3分の1くらいの第3肋骨半ばから第4肋骨のあたりが使えると、中段ができているレベルといえます。

これは具体的な運動技能としては、ベストがまったく使えない選手に比べると断然高いパフォーマンスといえるでしょう。たとえ使えているのが中段であっても、腕を振って的確にボールをリリースする動きと、ベストの動きを統合できれば、必ずプラスになるということです。

これは、バイオメカニクスの構造上、必ずプラスになるように人間の脳と身体はできているからです。ですから、安心して中段・下段のトレーニングに取り組んでください。ただし自由脊椎を格定させる正しい体幹トレーニングとセンター（軸）トレーニングを基盤トレーニングとしてやることも必要です。

そして、中段から上段の下3分の1を使えているような状態から、徐々に第3肋骨、第2肋骨、第1肋骨というふうに完全に上段が使えるように育っていけばいいのです。

第5章

回甲②「ローター」の方法と働き

第一項　「ローター」の方法

ローターの基盤トレーニング

本章で取り上げるのは「ローター」です。

ローターについては、すでに第2章でその形状と運動構造を解説しているので、ローターがどのようなものかについては、おおよそご理解いただけているのではないかと思います。

ローターは、前ベスト線、もしくは後ベスト線が外側に向かって水平方向にズレ回転運動するように動くベストです。

このローターを学んでいく際に、いくつかの重要なポイントがあります。それをこれから説明していきます。

まずは、順ローターからです。

順ローターも順サイクル同様、背中側から始めるのが、基本的なやり方です。

順ローターのスタート地点は、背中側の後ベスト線です。点ではなく、いきなり線から始めるというのが、サイクルとは異なるところです。

背中側の後ベスト線を使えるようになるためには、脊椎の棘突起と肩甲骨の内端の中間線をハッキリと決め、そこを壁柱角を使って徹底的にサモン、つまり刻印することが大切です。お好み焼きのヘラのような鋭い角で刻み切り通すようなイメージです。

第2章でもお伝えしたように、刻印とは意識の正確さと強度を高めて、目的とする身体部位を刻み付けるように刺激することをいいます。この刻印を徹底的かつ丁寧に行ってください。

ローターのトレーニングを始める前に、この壁柱角による刻印を行うことがきわめて重要なのですが、張り切りすぎて背中の皮がむけたり、筋肉を痛めてしまうということがないように十分に注意して行ってください。

できることなら仲間同士でお互いに後ベスト線をこすり合えると、より高い効果が期待できます。後ベスト線の上の方はともかく、下の方の第7胸椎の横あたりを自分で触れて刻印するのは難しいからです。

ですから、友人同士や部活動の仲間同士で協力し合える場合には、ぜひお互いに後ベスト線をこすり合ってください。

前ベスト線の方も自分の指先でしっかりと刻印しておきます。

それができたら、いよいよ順ローターを始めます。

■順ローター

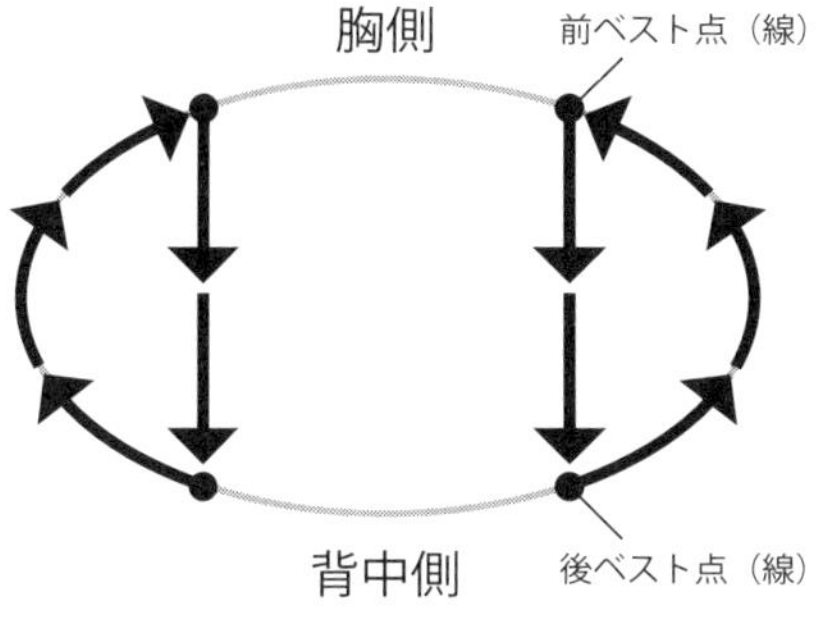

後ベスト線から前ベスト線まで肋骨まわりをズレ回転運動する

まずは、右側からです。

右の肩甲骨を右側に動かしていきます。そのとき肋骨は後ベスト線で切れていますから、ここからズレ回転運動を始めます。

サイクルのトレーニングを思い出してください。順サイクルでは、背中側の肋骨が1本ずつ後ろの方に向かってずれ上がるようにせり出していきました。第4肋骨がずれ上がったら、その上の第3肋骨はさらにその後ろの方にずれ上がり、せり出しながら動いていくという感じです。

ローターでもそのような動きを意識することが大切です。

わずかでいいので、右後方に向かってずれ出すような意識で動かしてみてください。そのときに肩甲骨の動きに助けてもらいます。

ただし、このとき肩甲骨は後ろに引かないように注意してください。肩甲骨は、あくまで真横に動くようにします。

肋骨は、肩甲骨の動きに引きずられるようにして、ちょっとだけ遅れて肩甲骨についていきます。

肋骨がわずかに右後ろの方向にずれ動く感じがつかめましたか。

肩甲骨は肋骨の側面までは行けません。肩甲骨が行けるのは、肋骨の背面から側面にかかるあたりまでです。そのあとは、肋骨自身で行かなければなりません。

このときに、できれば操作言語が欲しいところです。操作言語というのは、動きの質感を高めるために使われる言葉です。

サイクルでは、音程を巧みに利用しながら「下から上」「上から下」という操作言語を使いましたが、ローターでは「クルン」という操作言語を使います。「クルンクルン」とモノが回る動きを表す擬態語がありますが、あの「クルン」と回る感じを利用するわけです。「クルン」と言いながら、肋骨が肩甲骨につれられながらズレ回転運動を起こしていくのを感じてください。

「クルン」と言ったら、ローターのズレ回転運動は、肋骨の脇のど真ん中にある中間線をわずかに指一本分越すところまで行きます。

指一本分の太さを図ると、人差し指なら大体1・5センチくらいが日本人の平均です。よほど太い人でも2センチ程度です。脇のちょうど中間線から指一本分の太さを越すあたりまで、後ベスト線が「クルン」と行くのです。

言い換えると「クルン」という操作言語は、肩甲骨が一緒に参加しながらつれていってくれる局面で使うということです。

そこから先の肋骨だけで進む脇の所は、ある意味で勇気がいるところです。肋骨自身が活動して、肩甲骨は肋骨を見送る場面です。

ここで操作言語を使うタイミングを確認しておくと、「クルン」を使うのは中間線の所までで、「ウーーン」を使うのは「クルン」が終わる脇の中間線から先です。

「ウーーン」と言う局面では、脇の中間線から脇の前半部分の側面を前へ、さらに左方向へと肋骨前面をわずかにふくらみながらズレ回転運動していくわけです。

そして、ローターのズレ回転運動が、前ベスト線に到達します。前ベスト線は、待ってましたとばかりに、ズレ回転運動の受け皿になるのです。

ですから、前ベスト線の位置がハッキリするように、あらかじめ自分の指先で前ベスト線を徹底的にサモン、つまり刻印しておくことが重要です。

ベスト正面をスパッと切るように突き通す

いまの動きを何度か行ったら、左右の前ベスト線を見比べてみてください。右の前ベスト線の方が、何もしていない左のベスト線よりも若干前にふくらんだ気がしませんか。

実は、この前にふくらんだ感じというのは、このあと非常に重要な意味を持ってくるのです。

次に、前ベスト線からベスト正面を通って、後ベスト線までスパッと突き通すように動かします。といっても上下にある程度の長さがある線ですから、突き通すイメージがつかみにくいかもしれません。

包丁を思い浮かべてください。包丁の刃には長い線が、腹には長い面があります。包丁で大根を切るときには、大根にスパッとキレイに面が通っていきますが、あの感じです。包丁の刃で、前ベスト線から後ベスト線に向かって肋骨をスパッと切るように突き通すのです。

それが後ベスト線まで来たら、ふたたび外側に回っていきます。「クルン」と言いながら、肩甲骨の動きに助けられるようにして脇の中間線まで進み、その中間線で「ウーーン」が始まります。そのあとは前ベスト線に到達します。

そのとき、前ベスト線はほんのわずかに、1~数ミリほどですが、前に出ています。わずかに前に出た前ベスト線をスパッとベスト正面を通して、後ベスト線まで突き通します。

わずかに前に出ていた前ベスト線は、このとき元の位置にピタッと戻っています。

バイオメカニクスの観点から見ると、筋肉がズレ回転運動で動きつつ、骨格自体もズレ回転運動で動いているのです。

このズレ回転運動の主役となる意識の線は、肋骨まわりを大きく周回するように動きます。肋骨、胸郭の大きさによっても長さが違ってきますが、数十センチは動きます。

10数センチほどの長さを持った意識の線が、垂直性を維持しながら「クルン」「ウーーン」「スパッ」と言いながらズレ回転運動をくり返していくのです。

ローターの形状については、29ページの図を見て確認してください。フランスパンやかまぼこを10数センチほどに切って立てたような形状をしています。

ベスト正面の所は、スパッと一直線状に入ってきます。

後ベスト線から始まって、前ベスト線まで長さ10数センチのローターのベスト線がズレ回転

■順ローターのやり方

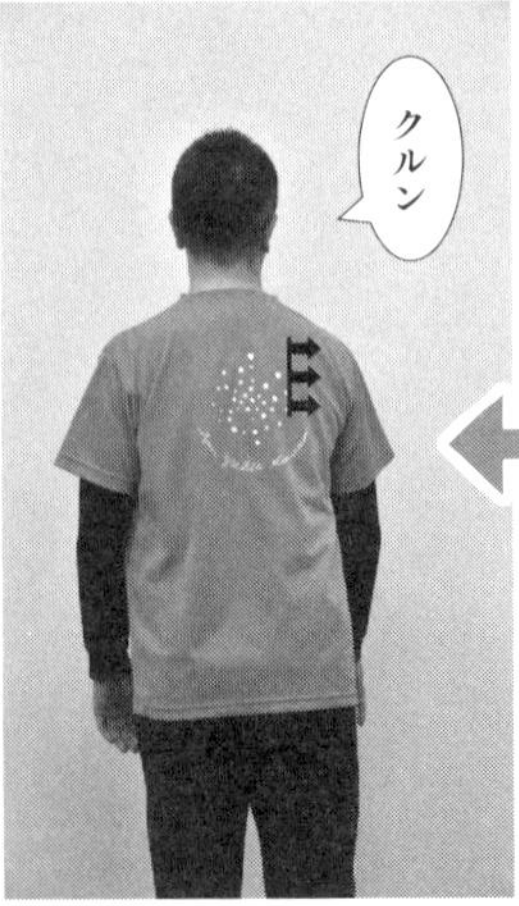

肋骨が肩甲骨にちょっとだけ遅れてついていく

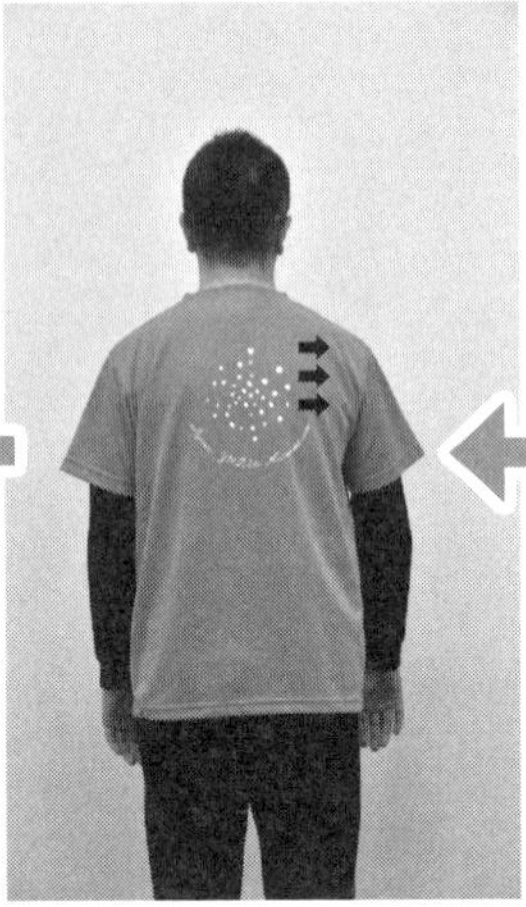

右の肩甲骨を右側へ動かす

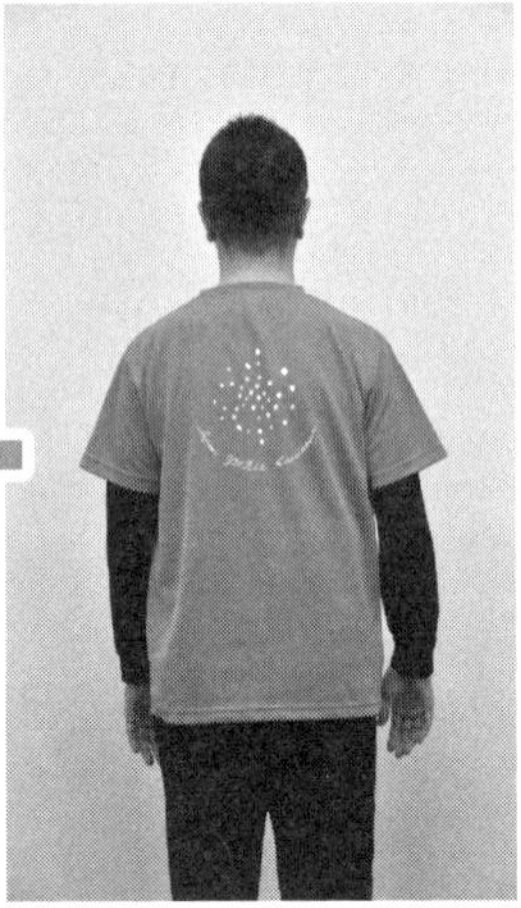

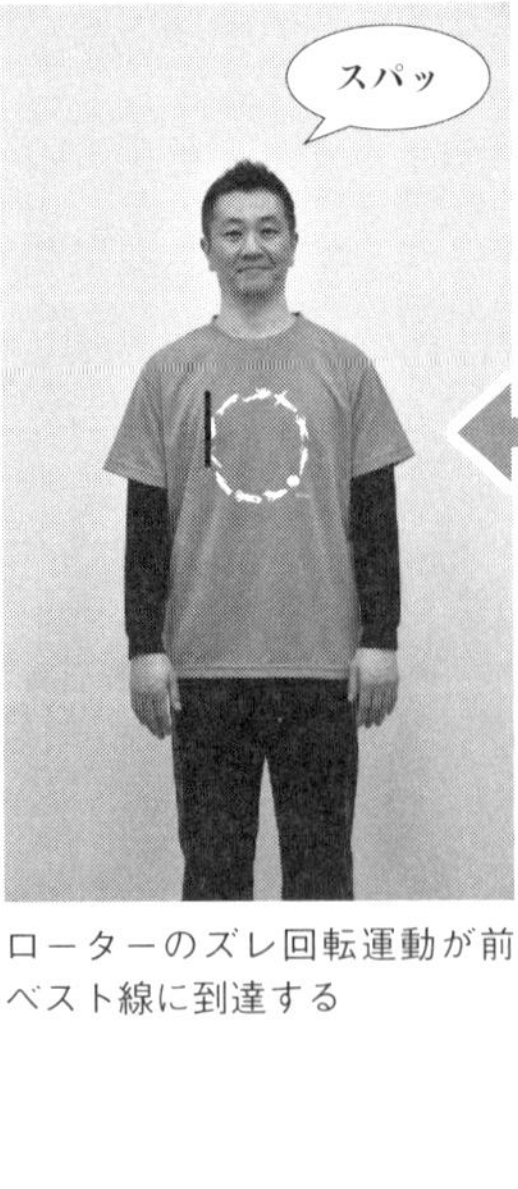

ローターのズレ回転運動が前ベスト線に到達する

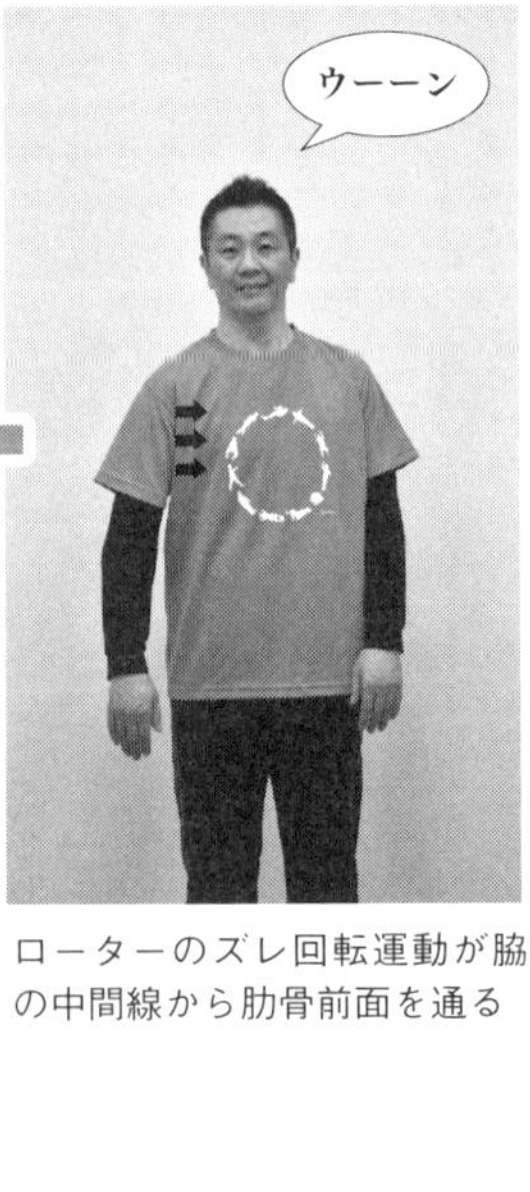

ローターのズレ回転運動が脇の中間線から肋骨前面を通る

運動しながら動いていくのです。これが順ローターの運動構造です。

このときに「クルン」という操作言語に助けてもらうことが大切です。「クルン」と回り出して、回り出したものがさらに「ウーーン」と勢いを持って動いていきます。モーターなどが「ウーーン」とうなりをあげながら回る表現がありますが、まさにあの感じです。これらを一つにつなげると「クルウーーン」になります。

「クルーン」で動き出し、その流れの中で「ウーーン」とさらに加速して動いていくのを感じながら行いましょう。

そして、最後は「スパッ」です。曲線運動していたものが、一気に直線運動に変わります。長さ10数センチの意識の線が面を切りながら通っていくわけですから、まさに「スパッ」という操作言語がふさわしいのです。

右側を何度か行ったら、次に左側も同様に行ってください。

そして、左側も行えたら、今度は左右両方を同時に行います。

片方ずつやった後に両方いっぺんに行う

肋骨が横方向にズレ回転運動をするためには、すでにお伝えしたようにわずかに外側にせり出す、あるいはふくらみ出す感じが必要です。

それが一番必要となるのは、前ベスト線に到達したときです。そのときには、前ベスト線の位置は数ミリ前に出ています。いま右側でやっていたとしたら、やっていない左側に比べると前ベスト線がわずかに出ているのがわかるはずです。

ところが、片側だけを続けてやっているとだんだん数センチも前に出てきてしまうのです。といっても実際に前ベスト線の部分が数センチも前に出たら、人間の身体は壊れて死んでしまいます。

これは、実際には体幹が軸回りの運動をしてしまっているのです。体軸を中心にわずかに上体を左へ回してみてください。下半身はそのままにしておきます。

すると肋骨全体が左側に回軸運動をすることで、体幹の右側が前に出てしまうことがわかると思います。よほど注意していないと、この回軸運動が意図せず起きてしまうのです。

しかし、このような回軸運動になってしまうと、このローターをトレーニングする意味がなくなってしまいます。

サイクルのトレーニングでいえば、本人は上段だけでズレ回転運動をしているつもりなのに、客観的に見ると、センター＝軸を中心にした肋骨全体の軸回り運動をやってしまっているのです。

しかし、当の本人は片側の肋骨をベスト面で切った外側の部分だけを動かしているつもりなのに、実際にはセンター＝軸中心の肋骨全体の軸回りを行ってしまっているというように主観と客観に大きなズレが生じてしまうのは、トレーニングを進めていく上では重大なマイナスです。

ですから、このような問題が起きないように、この順ローターのトレーニングでは、必ず片方ずつ行った後に左右いっぺんにやることを心がけてください。

それでは実際に、片方ずつ丁寧にやってみましょう。やるのは5回から多くても10回くらいです。まずは右でやってみて、それができたら左でも同じ回数をやります。

感覚がつかめてきたら、今度は左右いっぺんにやってください。この左右いっぺんにやるというのが、これから長い年月くり返しトレーニングしていく上での、最も基本的なやり方となります。

両方いっぺんにやると、片方ずつやるのと比べて、最初は難しく感じるはずです。難しく感じる理由には、二つあります。ぜひ頭の片隅に入れておいてください。

まず理由の一つは、このトレーニングは意識

■片側だけをやり続けると体幹が軸回り運動をしてしまう

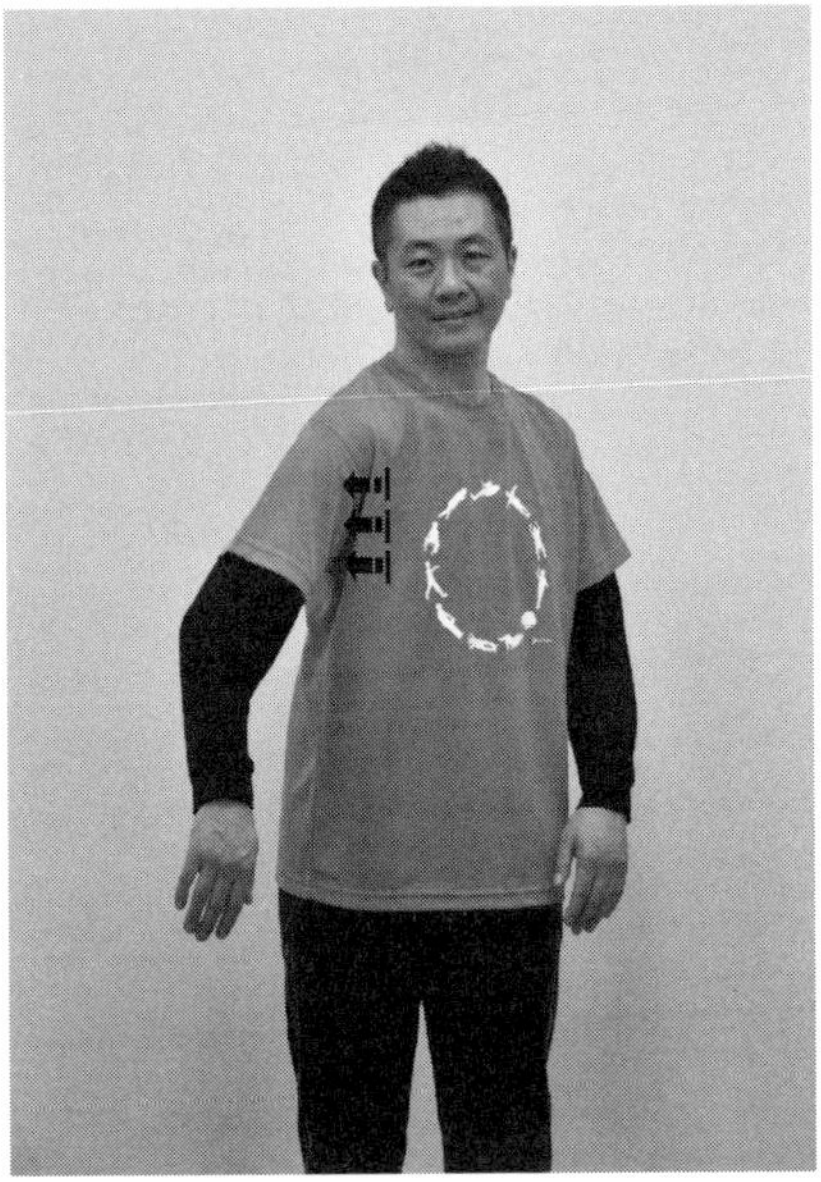

写真のように左側へ回軸運動することで体幹の右側が前に出てきてしまうと、ローターをトレーニングする意味がなくなるので注意

操作をしていますから、両方いっぺんにやるのは、脳にとって片方ずつやるよりもずっと難しいのです。しかも、位置も形も正確にやらなければならないので、片方のときに比べて2倍の意識操作能力が必要となります。しかし続けていけば、両方いっぺんにやることにも次第に慣れてきます。

難しく感じるもう一つの理由は、これらの一連の動きは、片方だけでやった方がセンター＝軸中心に肋骨を回せるので、ずっとやりやすいのです。

それなら、最初から両方いっぺんにやればいいのでは、という意見もあると思いますが、いきなり両方いっぺんに始めてしまうと、入門者や初心者にとっては難しくなってしまうのです。

そもそもこのズレ回転運動で少しだけ外側にふくらみながら動いていくという感覚は、非常につかみにくいものです。ですから、感覚をつかむ上でも、まずは片方ずつ行うことが、上達する上で大切なポイントです。

しかし、その動きが過剰になって肋骨の軸回りの運動が大きくなると、肋骨の回軸運動をズレ回転運動と誤解するトレーニングになってしまうので、それについては十分な注意が必要です。

ですから、片方ずつ行って感覚がつかめたら、その後は必ず両方同時に行ってください。

慣れてきたら今度は、両方同時に行ってから片方ずつやります。具体的に回数を挙げると、両方で20回ローターをやったら、2、3回ずつ、右だけ、左だけ、と片方ずつやってみるのです。

両方いっぺんを多めの回数でやり、ときどき少ない回数で片方ずつやって確認するということです。このくり返しが大切です。

毎日1回ローターのトレーニングを行うとすると、20回両方いっぺんにやったら、次は2、3回を片方ずつやる。

そして、再度10回両方でやったら、片方で1、2回ずつやって動きを確認する。

最後に、両方で4、5回やったら終わりにします。

これが、おすすめのやり方です。

■順ローターを左右いっぺんに行う

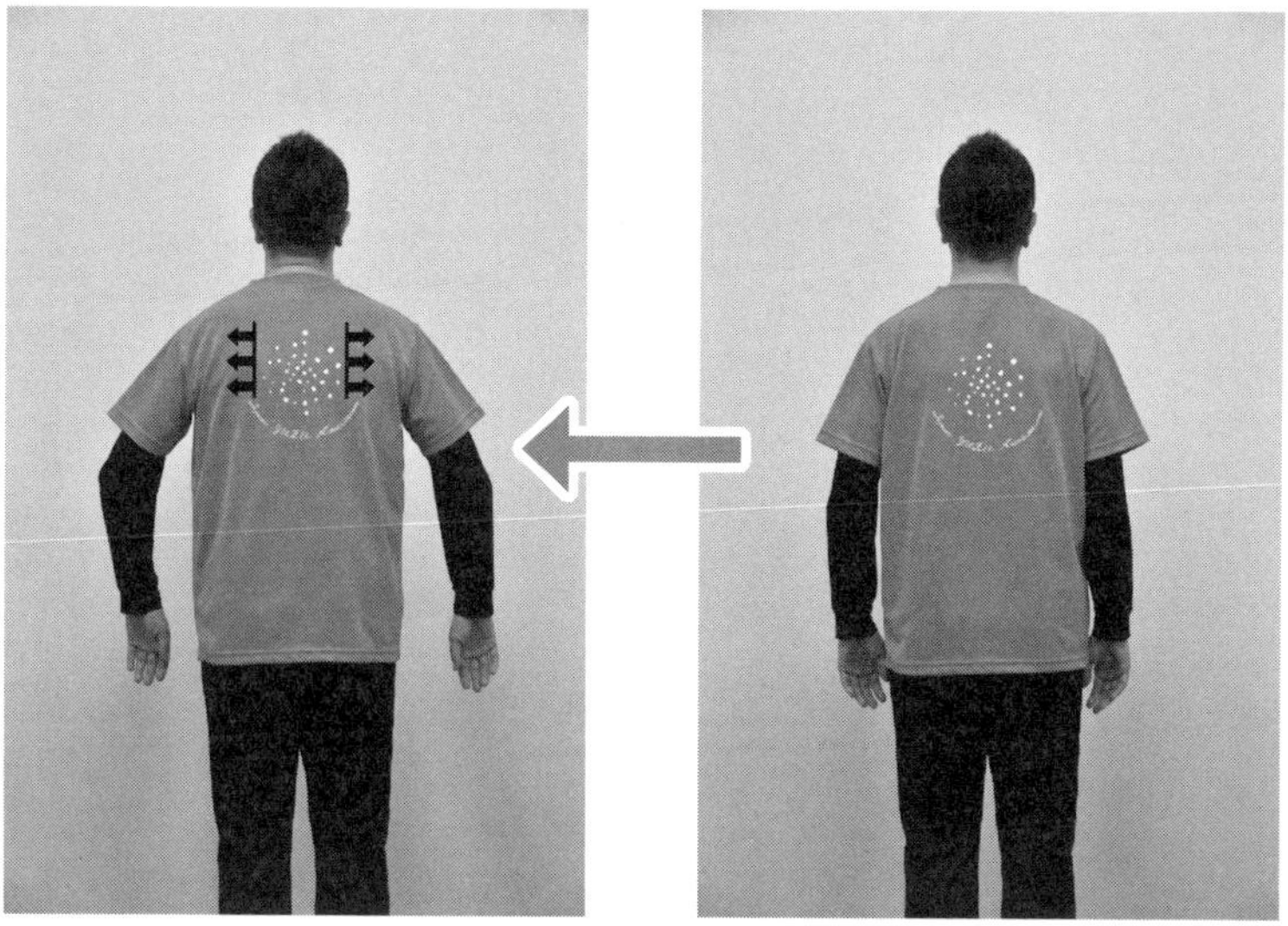

片方ずつ行い感覚がつかめてきたら、その後は必ず両方同時に行う

第二項

スポーツにおけるローターの働き

ローターが走運動の推進力を生み出す

第1章と第2章でも一部お話ししたことですが、ここであらためてスポーツにおけるローターの働きについて整理しておきます。

ローターは、様々なスポーツ競技の動きの中でも、最も多く使われるベストです。

つまり、ローターを覚えれば一番多くのスポーツとその動きに活用できるようになるのです。

ですから、四つのベストの中で何を身につけたら一番役に立つ場合が多いのかと尋ねられたら、その答えはローターということになります。

まず、腕を内旋するすべての動きには、順ローターが使えます。順ローターが使われれば、内旋の動きは見違えるように良くなります。

内旋の動きが最も普遍的に使われるスポーツの運動動作といえば、それは走ることです。走ることにおいては、腕振りがパフォーマンスの出来を左右する非常に重要なファクターとなります。

陸上競技の短距離走の腕振りでは、上腕の振り子運動が一枚の面上を動くのが理想とされています。自分の走る方向にXY平面を左右の両肩に1枚ずつ立てて、その平面上を左右の上腕骨、前腕骨が動くように腕振りをするのが良いと考えられているのです。

しかし実際には、腕にわずかに内旋系の運動が加わることで、より優れた腕振りになるのです。もちろん内旋の動きが大き過ぎると、センター＝軸中心の肋骨全体の軸回り運動になったり、横方向の運動成分が大きくなり、体幹あるいは全身の左右へのブレにつながってしまうので、多くの場合はかえってマイナスになってしまいます。

ところが例外もあります。それは人類史上最速のスプリンター、ウサイン・ボルトのケースです。全盛期の頃の彼は、背骨がゆるゆるにゆるんだ状態で体軸を波のように左右にうねらせ

■ウサイン・ボルトのトカゲ走り

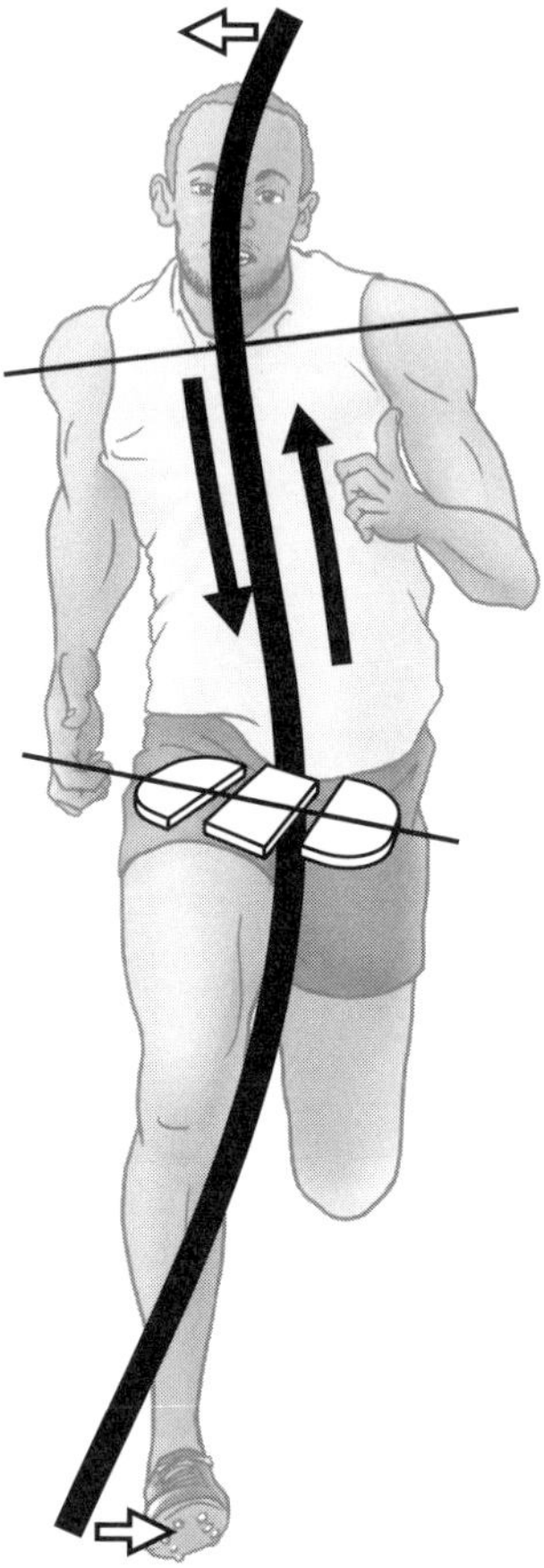

トカゲ走りとは、背骨がゆるんだ状態で体軸を波のように左右にうねらせ、体幹から推進力を生み出す走り方のこと。腰のあたりにある3枚の板は、ボルトの腰の内外の運動構造である仙腸関節可動による仙骨と左右の腸骨のズレ回旋構造を簡潔にモデル化したもの。

ながら推進力を生み出す走り方をしていました。

私は、彼のような走り方の運動構造をボルトの登場以前にすでに発見し、これを「トカゲ走り」と名称化したのですが、彼は左右にブレる動きを前進するための強大な推進力に変えていたのです。そういう意味では、内旋運動は普通に考えられているよりもはるかに走運動に役立つ可能性を秘めているのです。

一般的によく見られるような、体幹を固めて、左右へのブレをできるだけなくした状態で、体軸が一枚の正面＝XY平面上をスパーッと通っていく、またその体軸に合わせるようにして、上腕と前腕がそれぞれ2枚のXY平面上をスパーッと振り子運動をしながら通っていく、というような走運動では、これ以上大きな改善は望めないのです。

人間の身体というのは、わずかに回旋運動が入ることで体幹の中のインナーマッスルが活動し、背骨や肋骨もズレ運動を起こし、そのことによってより高度な走運動の推進力を生み出すことができる構造をしています。

ですから、ローターのトレーニングを積み重ねることによって、より高度な走運動に変わっていく道が拓けるのです。

現在の100メートル走は、世界記録が10秒フラットの時代から大きく変わり、9秒台で走れないとオリンピックや世界選手権などの大舞台で、決勝には残れない時代になりました。多くの選手が9秒台で走る時代になってきたのですが、その9秒台で走る多くの選手が、この回旋運動を行っているのです。

これは、走りのフォームに最も厳格な１００メートル走においても腕の回旋運動が必要な時代に、つまりローターが必要な時代になっているということを意味しています。

一方、中・長距離走では、すでに皆さんも多く目にしていると思いますが、腕振りがより自由で多様です。選手の中には、前後方向よりも横方向への運動成分が多いのでは、と思われるような腕振りをしている選手もいます。

逆にいえば、中・長距離走では、ローターが参加する余地がより多く存在しているともいえます。横方向への運動成分が大きい腕振りをしている選手ほど、ローターを使うことで、より適正な腕振りになっていくのです。ただ横に腕を振ればいいわけではなく、ローターによる内旋運動を行うことが非常に大事なカギとなるのです。

順ローターがサッカーの走運動にもたらす圧倒的な効果

サッカーやラグビー、バスケットボールのような混戦型で走りまわる種目の競技の場合は、陸上競技よりも自由度が高いため、多様な条件の中でより優れた走運動をする必要があります。

この多様な条件というのは、敵と味方のプレーヤーとの関係性ということも含め、ボールの扱いや接触プレーなど様々なことに対応しなくてはいけないという前提条件のことを意味しています。１００メートル走のように固定的、格定的な走運動では、とてもこれら混戦型スポーツの競技には対応できないのです。

より深層にある筋肉や骨格、具体的には脊椎と肋骨、仙骨と腸骨などの関係が、筋肉的にも骨格的にもどんどん自由度を増し、走ることを含めて、すべての運動に対応できないと通用しないのです。

サッカー日本代表を例にお話ししましょう。２０１０年あたりまでの日本代表の選手たちは、ほぼ全員が固定的な身体使いをしていました。

当然、走運動を見ても固いですし、多様な条件に対しての対応を含めたパフォーマンス全体が固かったのです。つまり、走運動自体も対応能力もブラジル代表やドイツ代表、スペイン代表などの真のサッカー強国に比べたら、まったく敵わないというのが、日本代表の評価だったのです。

実際のところ、自由な走運動、対応能力ができている海外のサッカー強国と日本代表が対戦すると好きなようにやられていました。相手のボールを持った選手に1人でダメなら2人で当たる、2人でダメなら3人で当たるというような対応を行っていたのです。

相手の選手が4、5人しかいなければ、1人に3人ずつが当たってもいいのでしょうが、3人が当たってしまえば、味方の選手が2人分減ってしまうわけですから、相手のプレーヤーはその空いたスペースを使って、より自由に動けることになります。これでは、絶対に勝てるわけがありません。これはあまりにも明らかな論理です。

そのことを示す格好の例が、２００６ＦＩＦＡ《フィファ》ワールドカップ・ドイツ大会のグループステージ最終戦でのブラジルとの試合です。グループステージ初戦でオーストラリアに敗れ、第2戦でクロアチアと引き分けた日本にとっては、ブラジルに2点差以上をつけて勝つことが、16強入りへの最低条件でした。

前半に幸先よく先制点を挙げたものの、このことがかえってブラジル代表を燃え上がらせることになり、当時世界最高の選手と称されたロナウジーニョを筆頭に、ロナウドやカカなどワールドクラスのプレーに翻弄され、終わってみれば1対4で大敗を喫しました。

個人技に圧倒的に優れた相手に、組織力でカバーしながら立ち向かうという戦略でしたが、このやり方にはやはり限界があったのです。

しかし、2010年以降、日本代表の選手たちはどんどん変わってきました。私はこれまでにサッカー日本代表を世界トップに変革するための科学的情報を満載した本を5冊執筆したのですが、日本代表が強くなっていった理由の一つに、それら5冊の本で示した考え方や理論、取り上げたメソッドが広まり、それが功を奏したことがあると考えています。

特に2020年以降は、選手たちは誰でも分かるほど大きく変わりました。2022FIFAワールドカップ・カタール大会のグループステージでは、ドイツ代表とスペイン代表というワールドカップ優勝経験国に勝利したのです。これは、2010年以前の日本代表では考えられなかったことです。

日本代表の選手たちに高重心で自由度の高い走運動や、順ローターを使った内旋運動による腕振りが随所で見られるようになりました。

また、腕振りと同調するように脚も自由度高く動かせるようになり、高重心の状態で、高い位置から脚を振れるようになったのです。

胸椎12番から大腿骨に向かって付着している大腰筋の最上部の起点から脚を振りながら走運動ができる選手も出てきました。その代表が三笘薫です。

三笘のような走りをする選手は、腕振りについても順ローターが使われています。腕と脚は同調連動するので、全身的な連動が、脚運動と腕運動が相互に高め合う形で現れているのです。

選手個人の対応能力もどんどん高くなり、1対1で勝つのは当然のことながら、逆に相手チームの選手が2人、3人ついてきても突破してしまうというプレーが、随所で見られるようになってきたのです。

また、女子代表のなでしこジャパンについて

■順ローターを使った走り

いえば、2011FIFA女子ワールドカップでアジア勢の代表チームとしては初めて優勝を果たし、翌年の2012年のロンドンオリンピックでも銀メダルを獲得しました。

サッカーについていえば、男女ともにサッカー強国への道を着実に歩み始めています。

バスケットボールと野球で順・逆ローターを同時に使う

一方、別の競技に目を向けると、バスケットボール日本女子代表も2021年に開催された東京オリンピックで大活躍し、銀メダルを獲得しました。

バスケットボールでも基本の走運動はサッカーと同じです。この順ローターを使える選手が増えてきたのです。

一方、パスに注目すると、自分の左方向にチェストパスするときには、右手でプッシュすることになるので、当然右手は典型的に順ローターを使う場面となります。

さらに左手でもフォローするような場合には、左手では逆ローターを使います。

逆ローターは、順ローターとは反対に前ベスト線から始まり、外側に向かうようにして背中側まで回り、背中側の後ベスト線に到達したら、前ベスト線へ向かってベスト正面をスパッと入ってきます。

逆ローターでは、どんなふうに操作言語が使われるのかというと、胸側では「ウーーン」、そして背中側が「クルン」「スパッ」です。続けると「ウーーン」「クルン」「スパッ」となります。

この中で肩甲骨が能動的に参加するのは、「クルン」の局面です。

バスケットボールで両手を使った左右へのパスでは、順ローターと逆ローターが同時に使われています。このことは先ほども触れた通りですが、運動構造上は、野球のバッティングでも使えます。

ただし、バスケットボールの左右へのチェストパスで順・逆ローターが同時に使われるケースに比べると、野球のバッティングで順・逆ローターを同時に使われるケースは、はるかに少ないというのが実情です。

まず、野球のバッティングでは、順・逆ローターの両方を使うのが難しいというのが、その理由の一つに挙げられます。

そして、もう一つの理由は、これは非常に面白い現象なのですが、バスケットボールでは、

■逆ローターのやり方

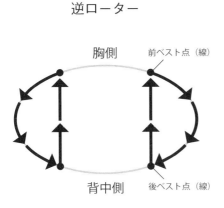

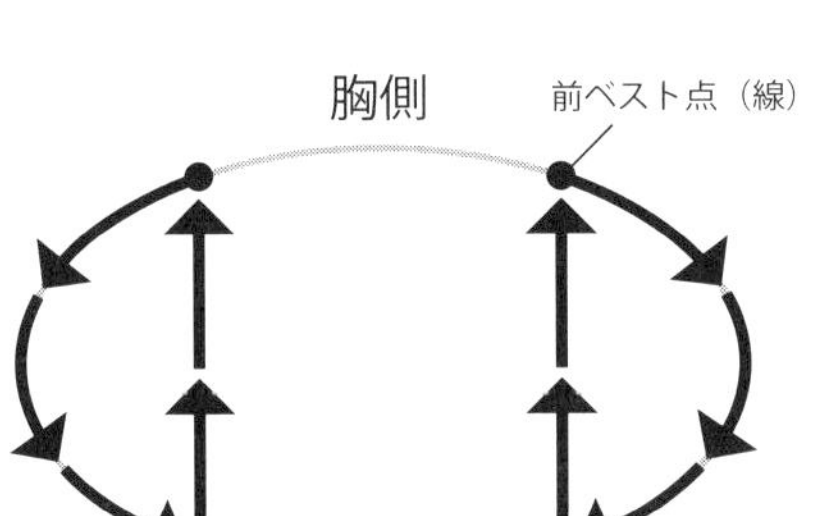

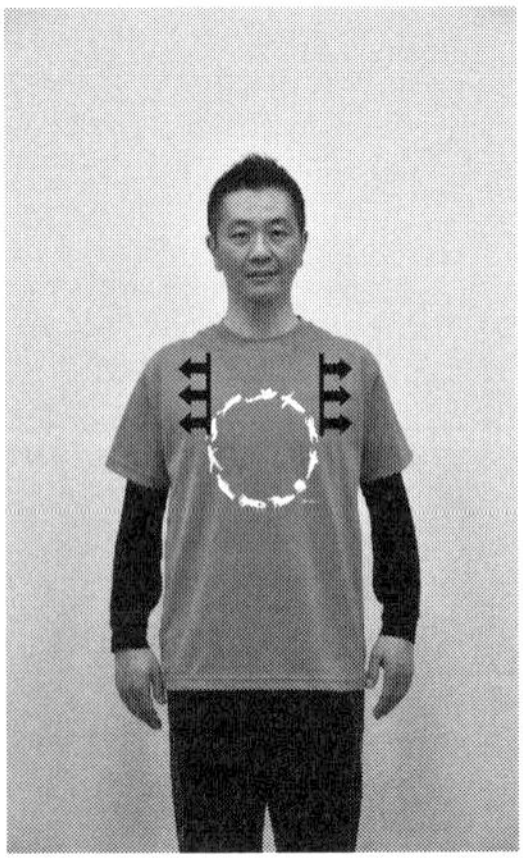

逆ローターは前ベスト線から始まる

瞬時瞬間性によって順・逆ローターの同時使用が引き出されやすくなるのです。

　バスケットボールでパスを行うには、相手のディフェンスをかわしながら味方の選手がお互いに移動する中で、きわめて瞬時の判断によって瞬間的な動きをする必要があります。

　すると、その瞬時瞬間性というものが、逆に動きの自由度を引き出し、順ローターと逆ローターをいっぺんに使わせるということが、誘発されて起きてきやすくなるのです。

　これは、当然のことですが、バスケットボールのパスが、野球のバッティングに比べてトータルとしてレベルが低い運動だということではまったくありません。

ただし、野球のバッティングでは、バットでボールの芯を捉えてヒットにしたり、さらにはホームランにしなくてはいけないので、そのことを前提にすると、バスケットボールのパスの方が動作それ自体としてはずっと簡単な運動だということです。

　相手チームの選手がディフェンスをする、味方チームの選手がお互いに移動しながらパスし合うということから来る対応性は、瞬時瞬間性に行きつくのです。

■順・逆ローターを使ったチェストパス

バスケットボールでは、様々な方向にパスするわけですが、その方法も先ほどから例に挙げているチェストパスだけでなく、相手の頭の上を越すようなオーバーヘッドパスや、床に一度バウンドさせるバウンズパスなどもあるので、運動としては非常に多様なものになります。

瞬時瞬間性があることで、簡単な運動がトータルな運動としては難しくなるのですが、それと同時に高い自由度を引き出すことにもなるので、順ローターと逆ローターを同時に使うことが必然的に増えてくるのです。

しかし、野球のバッティングでは、そのパフォーマンス自体が難しいことに加え、身体はバッターボックスの中に静止しているので、瞬時瞬間性によって動きの自由度が高く、広く引き出されるということは起きようがないのです。

結果的に、順ローターと逆ローターの同時使用が生まれにくくなります。

とはいうものの、バスケットボールのパスで順ローターと逆ローターの同時使用が可能な以上、野球のバッティングでも必ず使うことができるのです。

この方法を知ることになった野球関係者は、順ローターと逆ローターを同時に使えるように選手を育てることで、あるいは自らが選手という場合には、両方を使えるようにトレーニングすることで、必ず大きなプラスを得られるはずです。

呼吸筋を駆動筋として使えば、パフォーマンスが圧倒的に高まる

この順・逆ローターを正しく使うには、第3章の基盤トレーニングでやったように、ベスト正面を正しく、垂直に、キレイに通すことが必要です。

ベスト正面は「センター（軸）」、またそれから生まれる正中面と深い関係があるからです。センターと正中面を〝主〟とすれば、ベスト正面は〝従＝サテライト〟という関係です。

逆にいうと、ベスト正面をきちんとつくることで、より優れた「センター（軸）」ができますし、「センター（軸）」から生まれる正中面もより優れたものになり得るということです。

そのためには、身体全体を正確にコントロールできるだけではなく、身体を徹底的に深くゆるめる必要があります。これができない限りは、ベストの構造と運動を実現することは不可能です。

これまで固定土台として固めて使っていた肋骨を、ベスト正面で切って、自由度高く使えるようにするわけですから、徹底的にゆるめないといけないのです。

そして、ゆるんで自由度が高い身体に「センター（軸）」を中心に、正中面やベスト正面の構造ができてくることによって、最強の身体能力、圧倒的に優れた脳と身体を関係づける能力というものが生まれてくるのです。

これも第1、2章では一部触れましたが、格闘技においては順ローターと逆ローターがかな

り使われています。格闘技でローターを使わないということは、もはや考えられないといえるほど、ローターが頻繁に使われる種目なのです。打撃系、揉合系に関わりなく、ほぼすべて格闘技で、ローターが使われています。

また、氷上競技のスピードスケートも、順ローターを圧倒的に必要とする分野です。

スピードスケートは、大きな腕振りが特徴の種目ですが、あの腕振りがローターで行えると非常に素晴らしいパフォーマンスを発揮できるようになります。

なぜあんなにも大きな腕振りをするのかというと、あれだけのパワーを上半身でつくり出すことが必要だからです。大きな腕振りによって、質量×スピードを生み出しているのです。また、そのことで下半身との同調性も高めることができます。

ところが、実際のスピードスケートを見る

■順ローターを使ったスピードスケートの滑り

と、肩甲骨から肩関節のところで腕振りをしている選手が、そのほとんどを占めています。もし、これらの選手たちがローターを使えるようになれば、肩甲骨やベスト正面から外側のあの大きな筋肉たちを、全部質量として参加させることができるようになるのです。

第3章の第二項でも触れましたが、現代までのスポーツにおける進化の歴史では、誰も呼吸筋というインナーマッスルの中のインナーマッスルを、全身や腕脚を駆動させるための筋肉だとは、夢にも考えてきませんでした。

しかも、この筋肉は主導筋ですから、他の筋肉たちをリードする働きをするわけです。この呼吸筋は、インナーマッスルの外側の筋肉である中層筋や、さらにその外側にあるアウターマッスルの大筋群、さらにはその他の骨格、スキル、メンタルといったものまでを含めたすべてを導いてくれる筋肉なのです。

これは、すべての肋骨を一本ずつ使い分けることができる能力を持った呼吸筋が、駆動筋の主役となることではじめて生まれてくる能力です。

この能力は四足動物時代に開発され、いまも遺伝子として、私たち人類の脳と身体の中に残されている能力です。

しかし、私たちが直立二足歩行をするようになり、文明・文化が発達していく中で、この呼吸筋を駆動筋の主役として使う能力が、圧倒的に衰えてしまったのです。それは、あたかも限りなく死火山に近い、休火山の状態ともいえます。

しかし、完全な死火山ではありませんから、活性化すればふたたび使うことができるようになります。この呼吸筋を駆動筋の主役として使うことで、私たち人間に残された深層の精妙な能力が開発されてくるのです。

実際にスピードスケートのトップ・オブ・トップ選手は、氷上にピターッと密着しながら素晴らしいトレースを描き、呼吸筋のパワーを有効利用していることがわかります。

ローターができてくれば、呼吸筋を駆動筋として使えるようになり、その結果、全身の動きが圧倒的に高まり、これまでよりもはるかにエレガントで、素晴らしくセンスのあるパフォーマンスに変わってきます。そのうえさらにパワーも増してくるのです。

このことは、水泳や球技など他のあらゆるスポーツ競技においても同じことがいえます。脳と身体を開発するための基本トレーニングがまだ一般化されていないような、まったく新しいスポーツといえるスケートボードでも、ローターを使うことで、パフォーマンスを改善できる余地が多く残されています。

どのようなスポーツ種目であっても、ストレッチをやるように基本トレーニングとしてローターのトレーニングをやることで、次々といろんな局面でローターが使われるようになるのです。

自分でも「アレッ!?」と思うほど、いい動きとパワーがそこから生まれてくるのです。

第6章

回甲③「パルト」の方法と働き

「パルト」のトレーニングと応用

最も単純にしてわかりにくいベスト

本章で取り上げる「パルト」は、運動構造としては4種類のベストの中でも最も単純なのですが、実際にトレーニングをしたり、スポーツの動きとして応用する場合には、最もわかりにくいベストだともいえます。

また、肩甲骨のズレ回転運動に助けられながら、肋骨がズレ回転運動をするという回甲の定義からすれば、ピンと来ない人もいるかもしれません。

この観点からより適切な名前をつけるとすれば、回甲よりもむしろ「切甲《せっこう》」というのがふさわしいでしょう。なぜなら、肩甲骨を回して肋骨をコントロールするというよりは、肩甲骨で肋骨を切るという方が、より実態に近いからです。

「それならパルトは回甲ではないだろう」とおっしゃるかもしれませんが、実はパルトは、ある程度ローターに近い動きで肩甲骨を回す性質もあるのです。ですから、そこまで含めると「回切甲《かいせっこう》」というのが最も正確な名称となります。

１０７ページのベストの基本構造図５-１を見てください。

おさらいをすると、ベスト正面、ベスト底面、ベスト側面という三つの面によって囲まれているのがベスト体です。左右にそれぞれ一つずつあります。

このパルトは、サイクルやローター、次章で登場するスクリューのようにベスト体を取り囲む面や線の上をクルクル回るというような運動構造をしていません。

パルトは、ベスト正面とベスト底面の所で切れたベスト舞台の上を、ベスト体がスパーッ、スルスル、スッスーッと前後に直線的な移動運動をするベストなのです。このとき、ベスト正面とベスト底面は、滑面のような働きをしています。

肩甲骨のズレ回転運動に導かれるようにして肋骨がズレ回転運動を起こし、今度はその肋骨のズレ回転運動によって肩甲骨のズレ回転運動が触発され、肩甲骨と肋骨がお互いに同調連動することで、より力強く深く高度に二重ズレ回転運動が行われるという回甲に比べると、ずいぶん毛色の異なる運動だということがわかると思います。

まず、パルトでは、ベスト正面とベスト底面を意識上でスパーッと切っていくことが必要です。これらが面として切れないことには、ベスト体がきちんとした形として成立しないだけでなく、ベスト体がそれらの面を滑面としてスパーッ、スルスルと前後に運動することができません。

もし、ベスト正面とベスト底面を面としてしっかりと切らずに、似たような動きをしようとすれば、ラジオ体操に登場する「胸を反らし広げる運動」のように、胸を反らして背中を閉じたり、胸を閉じて背中を丸めるような運動になってしまいます。

■パルトの運動構造

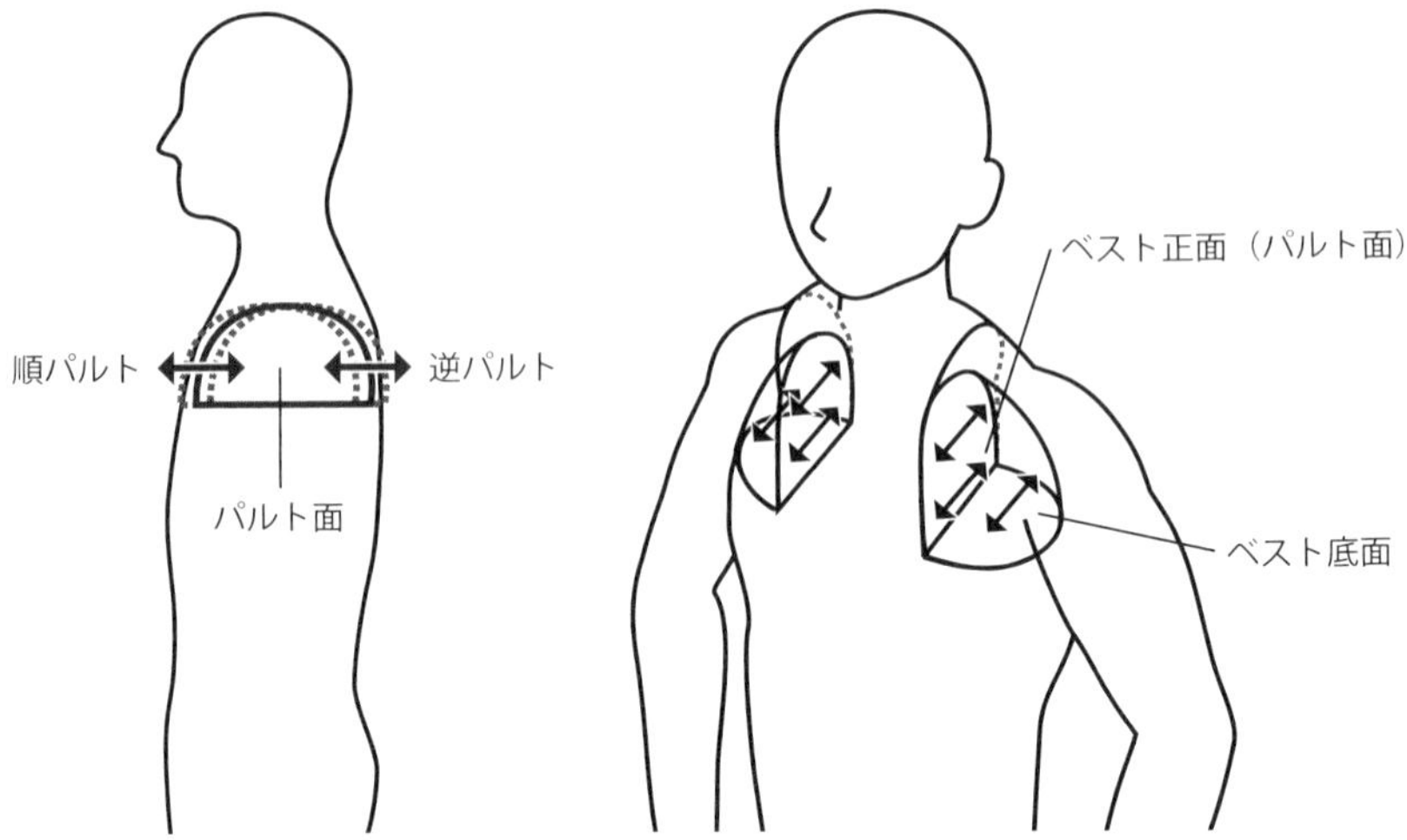

パルトはこのような運動とは、まったく構造が異なるので、間違いのないように十分に注意してください。

つまり、このパルトは、ベスト正面とベスト底面を切ることなしには、成立しない運動だということです。構造とその運動は単純ですが、それを実際に実現しようとすると、非常に難しいベストなのです。

第4章からベストを順次紹介しているわけですが、皆さんの中には最も単純な構造・運動であるパルトを一番最初に取り上げた方がいいのでは、と思われた方もいるでしょう。何を隠そう私自身も、ベストの指導を始めた当初はそのように考えたこともあったのです。

しかし、構造とその運動が単純だからといって、とてつもなく難しいものであれば、後ろの方に持ってくるしかないのです。

このようなパルトの特徴を十分に理解された

上で、トレーニングに取り組まれるようにしてください。

左右のベスト体を手でつかむようにして動かす

では、実際に「Jの字法」というパルトのトレーニングに入っていきます。

まず、右のベスト体の直前にJの字の形にした右手を置き、右手の手のひらの上に右のベスト体を置いたつもりになってください。左も同様に、左のベスト体の直前にJの字の形にした左手を置き、左手の手のひらの上に左のベスト体を置いたつもりになります。

そして、左右それぞれの手の形にピタリと沿ってベスト体が乗っているとイメージします。このとき、ベスト正面とベスト底面を境に、ベスト体がベスト舞台から切り離されていることを感じてください。ベスト正面とベスト底面がスルスルの滑面になっているようなイメージです。

これから左右のベスト体をいっぺんに前後に動かしていきます。

まずは、両手を前方に1、2センチほど動かしてください。次に、両手を元の位置に戻します。このときにベスト体も一緒に前に動かします。手を前に動かすのと同時にベスト体も前に動かし、後ろに戻るときにも手とベスト体を一緒に動かす、ということです。

スルスルと前に出て、スルスルと元の位置に戻ります。スルスルと出る。スルスルと戻る。この動きを何度かくり返してください。

■Jの字法のやり方

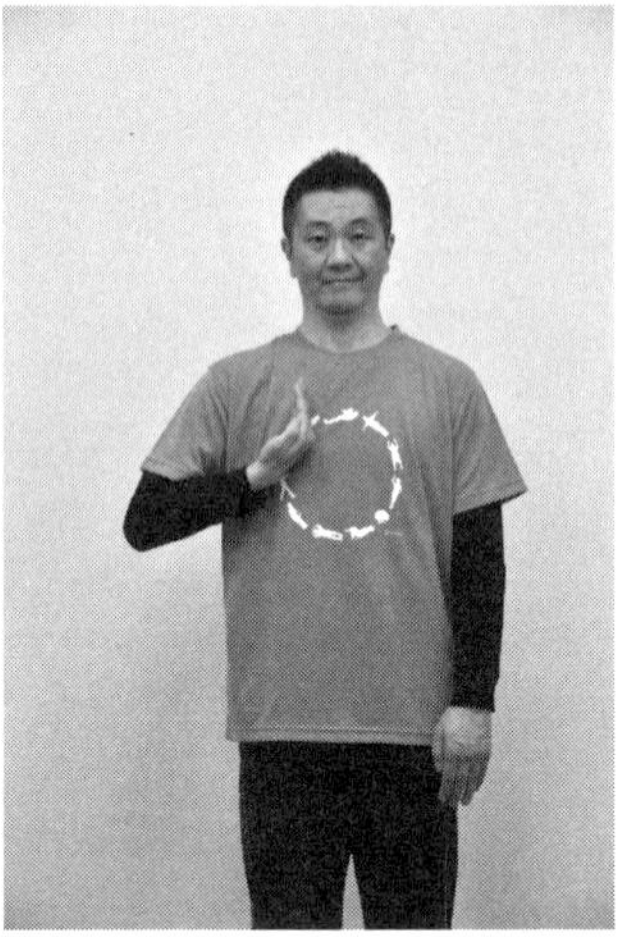

Jの字の形にした右手の手のひらの上に右のベスト体を置いたつもりになる

左手の手のひらの上にも左のベスト体を置いたつもりになる

ベスト正面とベスト底面を境に、ベスト体がベスト舞台から切り離されていることを感じる

両手を前に1～2センチほど動かし、元に戻す動きをくり返す。手を動かすのと同時にベスト体も動かしているのを感じる

いかがですか。「なんだ、これ！？」という感じがする方は、かなりうまく行き始めている証拠です。

さらに、スルスルとまではいかないけれど、ベスト正面とベスト底面が切られて、その外側と内側が少しだけずれて動いているのが感じられるという人は、このパルトのトレーニングにかなり取りかかれています。そういう意味では、パルトのセンスがある人でしょう。

一方、ただ単に胸を反らして背中を閉じたり、胸を閉じて背中を丸めたりする運動になってしまっている方は、まだ取りつくことができていません。

といっても、そういう人でもがっかりする必要はありません。そもそも難しい方法なのですから、じっくり腰を据え、センター＝軸を通してトレーニングに取り組んでください。

もちろん、実際のところこれにもきちんとした段取りが大切になってきます。

まず、一面手法を十分に行ってください。左右の手のひらが真っ平らになるまで、一面手法を行います。指も含めた手のひらに、一面がピターッとくっついて存在するような感じになるまで徹底してくり返すことが大切です。

L字手法・人側路・ヘラ手法

次に「L字手法」「人側路《じんそくろ》」「ヘラ手法《でほう》」という方法を行います。

一面手の状態から親指を、人差し指の中手骨に対してほぼ直角になるまで立ててください。

このとき親指がつくる面も、今まで５本指でつくっていた面と一つの面としてピッタリ一致するように意識します。これをL字手法といいます。

そして、L字手法をつくった手を真上から覗いてみてください。人差し指が直線状に見えるはずです。その人差し指の真ん中に通る中線を意識してください。ここでいう中線というのは、人差し指の手のひら側の面と手の甲側の面を真っ二つに割る線のことです。

この人差し指の中線の所を人側路といいます。左手の人側路の上に、右手を持ってきて、右手の人差し指から小指までの４本指の爪を乗せてください。左手の人側路の一線上に、右手の４本指の爪先がピッタリ並ぶようにします。

そして、前後に1～2センチほど何度も動かしてください。「通るように、通るように」と言いながら行います。「通るように」というのは、４本の指先の爪がまっすぐ直線に通るように、という意味です。

この右手の４本指は、当然のことながら指の長さがそれぞれ違いますし、付け根の関節の位置も違います。普通なら並べようと思っても爪先の位置がテンデンバラバラになってしまうものなのです。

ですから、このメソッドによって、ぞれぞれ違う位置にあるはずの爪先を人側路の一線上にピッタリきれいに並ぶようにするのです。これを徹底的にやってください。

10回、20回とやったら、その４本指の爪先の位置を絶対に変えないようにして人側路から離します。離したときに、自分自身の目で厳しくチェックしてください。

４本指の爪先がきれいに一直線上に並んでいますか。上下前後左右から見てください。並んでいなければ、指先を動かして一直線になるようにします。なかなか一直線にはならないでしょう。

というのは、ほとんどの人は、この長さが違う人差し指から小指までの４本指の爪先を一直線上に並べるなんてことは、真剣にやったことがないからです。最初はかなり苦労するはずです。

一方、バイオリンやギターなどの弦楽器を常日頃から演奏しているようなプロの演奏家は、弦を押さえる側の左手を長いことトレーニングしているはずなので、左手側はすんなりできるかもしれません。

さあ、もう一回やってみましょう。左手の人側路に、右手の４本指の爪先を合わせて、前後にこすってみてください。

「まっすぐに、まっすぐに」「通るように、通るように」と言いながら行います。特に「まっすぐに」という言葉を強調しながら行ってください。

爪先の一直線性を崩さないまま、もう一度右手を左手の人側路から離してみてください。先ほどよりはだいぶ良くなったのではないでしょうか。こうして４本指の爪先が一直線上に並んだ手を「ヘラ手」といいます。

お好み焼きを返すヘラを思い浮かべてください。あのヘラの先がグチャグチャに波状になっていたらどうですか。とても使い物にはなりません。あのヘラのように指先を一直線状に並べるわけです。

そして、このヘラ手で前ベスト線を切っていきます。

左の前ベスト線に右のヘラ手を当ててください。前ベスト線の位置がすぐにわからない方は、右の親指で胸鎖関節を、中指で肩鎖関節を触り、その中点に人差し指を置いてください。その人差し指の所が前ベスト線の出発点です。

その左の前ベスト線に右のヘラ手を持ってきてください。すると「あれ？ またヘラ手が崩れてしまった」ということになるかもしれません。

そうしたら、もう一度左手で一面手法、L字手法、人側路をつくり、その人側路に右手の4本指を乗せます。そして、ヘラ手を正確につくってから、もう一度左の前ベスト線まで持ってきてください。

今度は、また前ベスト線の位置がわからなく

■L字手法・人側路・ヘラ手法

L字手法

一面手の状態から親指を直角に立てた状態

人側路

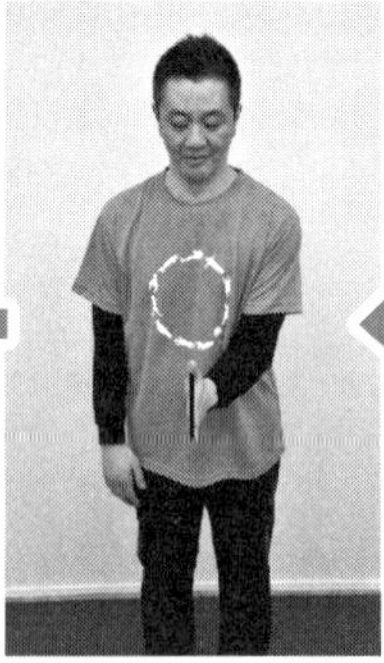

人差し指の真ん中を通る中線のこと

ヘラ手法

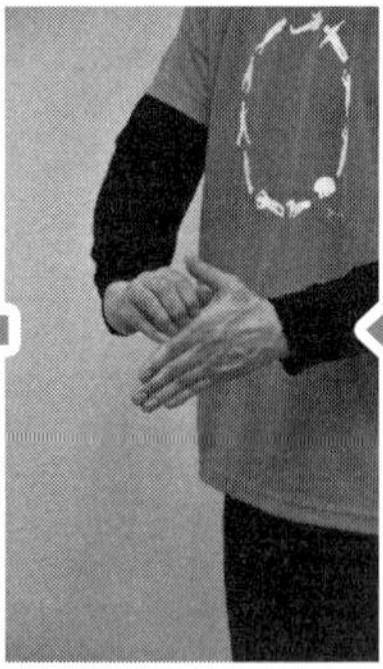

4本指の爪先を反対の手の人側路の一線上にピッタリきれいに並べ、前後に1～2センチほど何度も動かす

ヘラ手をチェック

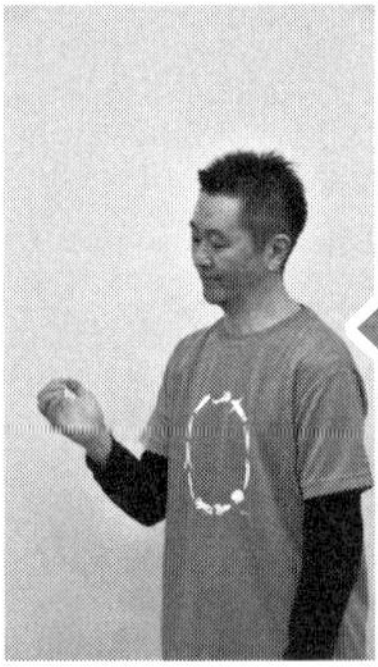

4本指の爪先を人側路から離し、一直線上に並んでいるかを厳しくチェックする

なってしまった、となるかもしれませんが、ヘラ手で徹底的にサモンして、前ベスト線の位置を身体で覚えてください。

左の前ベスト線を右のヘラ手で上下に切ります。「スパーッ、スパーッ」と言いながら肋骨の1段目から4段目までの高さを切ってください。4本指がヘラのようにきれいに並んでいる指先であれば、きれいに切れるはずです。

しかし、やっていくうちに、どうしても小指側が内側にずれてきやすいことに気がつくはずです。続いて薬指がずれやすく、さらに続いて人差し指がずれやすいのです。

一方、中指だけは、内側ではなく外側にずれやすくなります。

ここで一度ヘラ手を前ベスト線から離してみてください。中指を頂点にした丸い丘のような形になっていませんか。この状態の指先で前ベスト線をこすっても効果はほとんど期待できません。人差し指と中指の2本指だけで切った方がましです。

とはいえ、2本指ではいかにも切る能力が限られてきます。やはり、相当な長さを持った4本指のきれいなヘラ手で切っていくことが必要なのです。

ヘラ手で前ベスト線を切る

さあ、ヘラ手をつくって、前ベスト線をくり返し切っていきます。

ここからが大事です。前側から肋骨の1段～4段をすべて切るように意識します。

つまり、胸側の皮膚から脂肪層、筋肉層、肋骨、肋骨内側の内肋間筋まで全部を切るように意識するのです。その先には肺がありますが、肺を切ることについては意識する必要はありません。間の空間を切り、背中側の内肋間筋から肋骨、筋肉層、脂肪層、皮膚というふうにすべて切っていき、最終的には背中側の肋骨の先の空間まで切り通していきます。そうです、切通です。

ここまで徹底的にやらないと、とてもではないのですが、パルトを使うための面はできてこないのです。

このパルトをトレーニングしているときのベスト正面をパルト面といいます。同じベスト正面ではあっても、パルトのトレーニングでは、サイクルをやっているときに比べて、ベスト正面が何十倍も優れている必要があるのです。

ベスト正面全体がきれいな平面として真垂直に切れない限りは、そこをベスト体がスルスル滑ることはできません。もし、グニャグニャ、もしくはデコボコの面だったら、ひっかかってしまってずれようがないからです。

ですから、パルトを行うときのベスト正面は、きれいに切れている必要があります。それができてはじめて、ベスト正面は滑面となって、ベスト舞台とベスト体がそれぞれ別の物体として存在するようになり、ベスト体がベスト舞台に対してスパーッ、スルスルと滑るように動けるのです。

左の前ベスト線のサモンができたら、今度は右手で一面手法、L字手法、人側路をつくり、

■ヘラ手で前ベスト線を切る

ヘラ手チェック（NG）

ヘラ手チェック（OK）

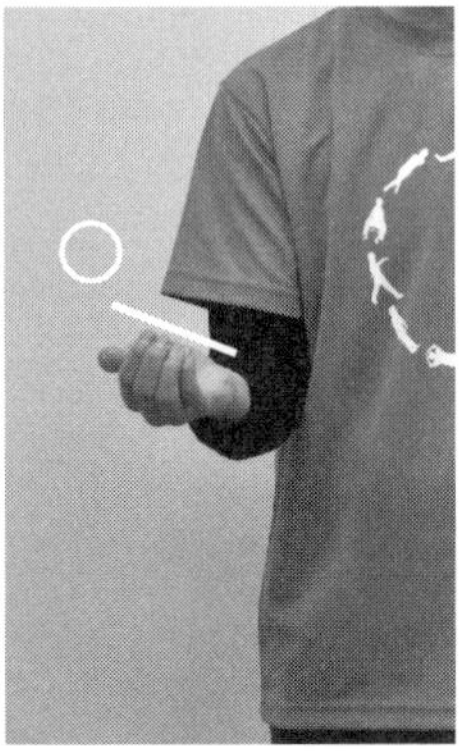

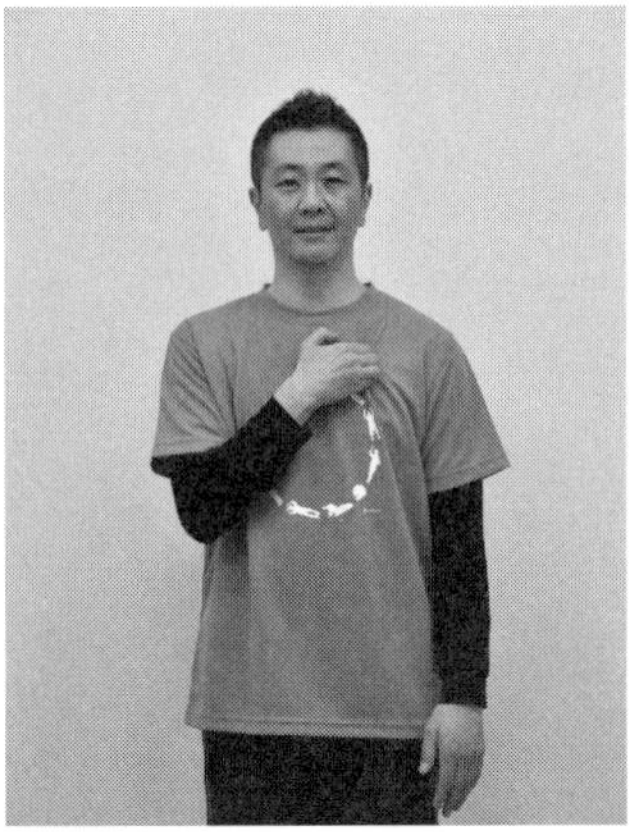

ヘラ手で前ベスト線をくり返し切っていく。途中でヘラ手を前ベスト線から離してチェックする

左のヘラ手づくりをやってください。

このときも必ず左のヘラ手を右の人側路から離して、空間上で一直線になっているかどうかを確認してください。一直線になっていなければ、また右の人側路に左手の４本指の爪先を置き、左のヘラ手をつくり直すようにします。

これでいいなと思ったら、もう一度人側路からヘラ手を離して見てください。

そして、ヘラ手ができたと思えたら、右の前ベスト線に左のヘラ手をもってきて、そこを「スパーッ」と言いながら、皮膚から脂肪層、筋肉層、肋骨、肋骨の内側の内肋間筋を切っていきます。さらには、肋骨の中の空間を通って、背中側の内肋間筋、肋骨、筋肉層、脂肪層、皮膚まで全部を切って、背中側の空間にまで届くように面を切り通していきます。

このベスト正面をきちんと切通するためには、当然ながら垂直性を持った中央軸である

「センター（軸）」と、そこから生まれる中央面である正中面が垂直に通ってくることが必要です。それらが支えになってはじめて、パルトにおけるベスト正面＝パルト面がキレイに垂直な面として成立するからです。

一面手でベスト底面を切る

ヘラ手でベスト正面を十分に切れたと思ったら、次はベスト底面を行います。

肋骨に垂直に通るベスト正面を通す難しさに比べれば、肋骨を水平に通るベスト底面を通すのは、ずっと容易になります。

ただし、甘く考えてはなりません。なぜなら、ベストの構造が下に下がっていきやすいからです。本来は、胸側の第4と第5肋骨の間で切らないといけないのに、油断するとつい第5、第6、第7肋骨と下に下がってきてしまうのです。

第4肋骨の位置を確認してください。第4肋骨の下端、言い換えると第4肋骨と第5肋骨の間にベスト底面ができます。

まず、左右両方の前ベスト点に、左右それぞれの手の人差し指と中指の指先を当て、その2本の指をできるだけきれいに左右に並べて、第4肋骨と第5肋骨の間を何度もしつこく左右に切るように動かしてください。

そして、胸側の肋骨の裏側、空間を通って、背中側のちょうど同じ高さの肋骨に到達します。

仲間がいれば、後ベスト点を触ってもらってください。後ベスト点の高さは第7胸椎の所です。棘突起でいえば、第6棘突起の高さです。棘突起は、後方に向かって垂れ下がっているので、同じ椎骨の椎体よりも1個分下に位置しています。その高さに一面手の面を持ってきます。

まず、左の前ベスト点に対し、右の一面手を持ってきてください。親指の第2関節が当たるようにすると、前ベスト点の位置を明確にできます。そこで、親指の第2関節を利かせながら、前ベスト点から後ベスト点まで切通するようにします。

次に、この右一面手の面を左右に大きく動かしてください。5、6センチの幅で動かします。「ベスト底面、ベスト底面」「平らになるように、平らになるように」「スパーッ、スパーッ」「スッスー、スッスー」と言いながら行ってください。

左側が行えたら、次に右側を左一面手を使って、いまやった左側と同じ要領で切通してください。右側のベスト底面も十分に切れたと感じられたら、次に進みます。

肋骨の裏側まで切れるように行います。

左の前ベスト点を左手の親指と人差し指で、右の前ベスト点を右手の親指と人差し指でそれぞれ突いてください。このとき親指と人差し指は指先を合わせます。前ベスト点を突くように背中側まで通していくことを突通《とっつう》といいます。

整理すると、切通は切るように通していくのに対し、突通は突くように通していきます。いわば、線を切りながら面を通していくものが切通だとすれば、点を突きながら線を通していくものが突通ということです。

■一面手でベスト底面を切る

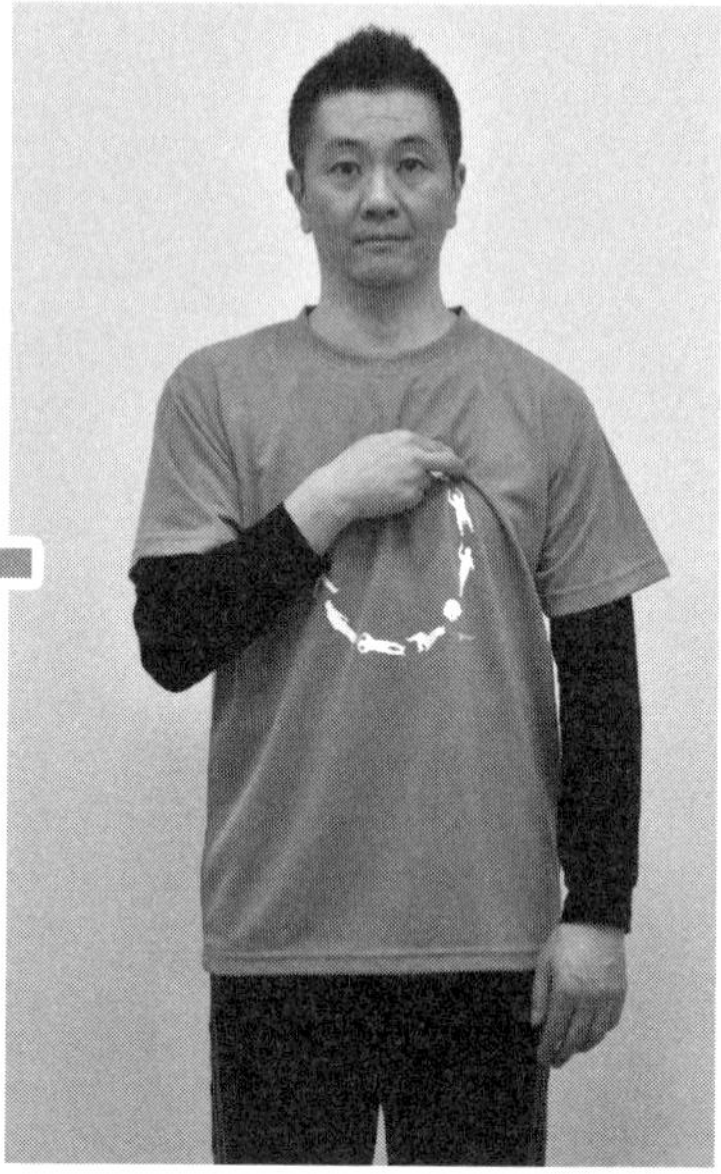

第４肋骨の位置を確認する

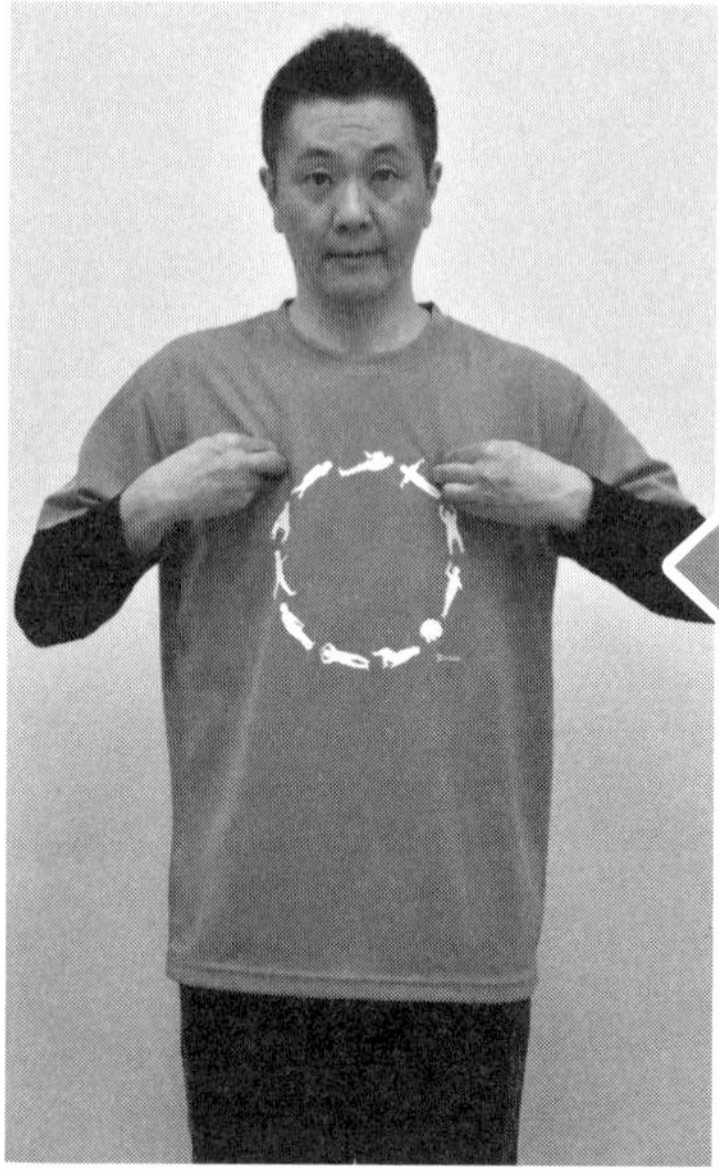

左右それぞれの人差し指と中指の指先を前ベスト点に当てる

人差し指と中指で第４〜第５肋骨の間を何度も左右に切るように動かす

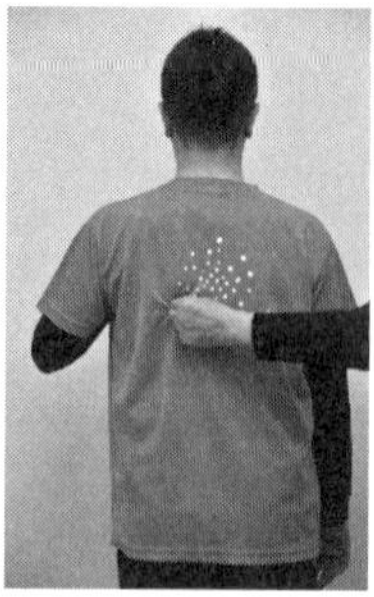

仲間に後ベスト点を触ってもらう

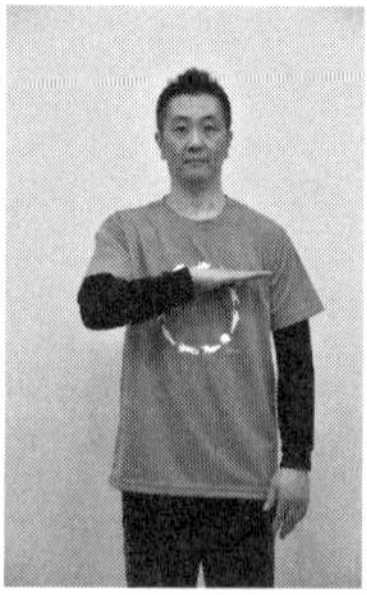

左の前ベスト点に右一面手の親指の第２関節を当てる

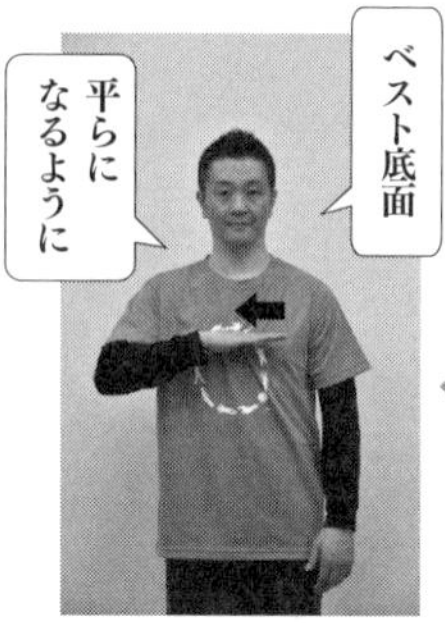

右一面手の面を左右に5～6センチの幅で動かし、ベスト底面を切通する

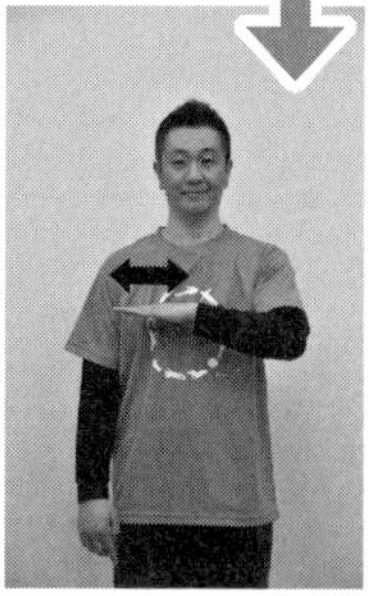

右側のベスト底面も左一面手で切通する

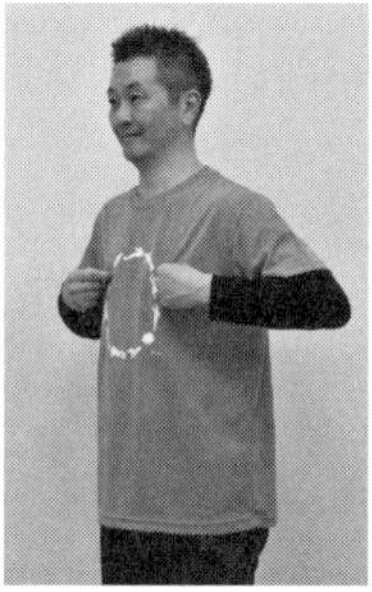

左右それぞれの前ベスト点を親指と人差し指で突通する

左右それぞれのベスト底面に一面手を当てる

右の一面手で右のベスト底面を切る

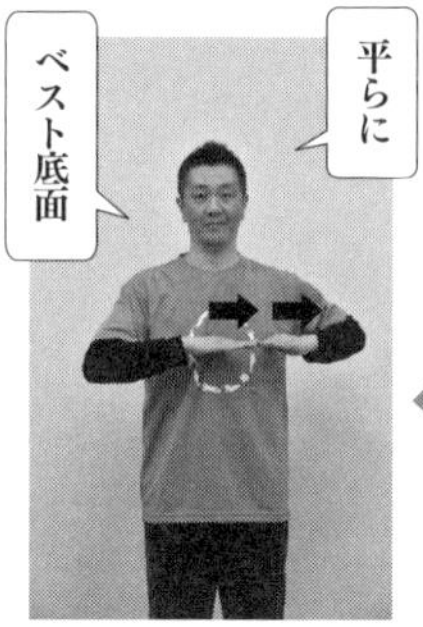

左手は右手の動きに合わせて外側に水平移動する。左のベスト底面も左の一面手で同様に切る

左右の一面手を同時に内側へ動かす

左右の一面手を同時に外側へ動かす

次に、左のベスト底面に左の一面手を、右のベスト底面に右の一面手をそれぞれ水平に持ってきてください。

そして、ベスト底面に親指の第1関節（爪のすぐ下の関節）と第2関節を当ててみてください。すると、右手と左手の人差し指と中指の先がお互いにぶつかってしまうはずです。

ですから、両手の指先がぶつからないように、右手をベスト底面に当てているときには、左手を少し外側へ水平方向に移動します。ベスト底面に左手を合わせたまま、左側に動かしていくわけです。

そして、右の一面手で右のベスト底面を切ってください。5、6回ほど行ったら左手をベスト底面の位置に戻します。

今度は右手を右側へ水平方向に動かしてください。今度は左の一面手で左のベスト底面を切っていきます。

だいぶベスト底面がハッキリしてきたのではないでしょうか。右手と左手お互いの人差し指と中指がぶつからないようにして、左右の一面手を同時に広げたり閉じたりしながら動かしてください。閉じたときには、お互いの指が触れる形となります。

「切れるように、切れるように」「平らに、平らに」「ベスト底面、ベスト底面」「スパーッ、スパーッ」「スッスー、スッスー」と言いながらベスト底面を切っていきます。

今度は、両方の一面手を同時に同じ方向に動かしてください。

左右両方の一面手を同時に左側に数センチ動かします。次に、左右の一面手を同時に右側に動かします。「切れるように、切れるように」「平らに、平らに」「ベスト底面、ベスト底面」「スパーッ、スパーッ」「スッスー、スッスー」と言いながら行います。

今度は、左右の一面手を同時に内側に向かって動かしてください。また、同時に外側に向かって動かしていきます。これでフィニッシュです。

だいぶベスト底面がハッキリしてきたはずです。

一面手でベスト正面を切る

もう一度ヘラ手をつくります。左の一面手法、L字手法、人側路をつくり、そこに右の4本指の爪先を置いてヘラ手をつくります。

そして、左の前ベスト線に右のヘラ手を持ってきて、その位置を身体でハッキリ覚えておきます。前ベスト線の位置がわからなくなってしまったら、また先ほどのやり方で、胸鎖関節と肩鎖関節の中点を捉えてください。

そして、右のヘラ手で左の前ベスト線を切っていきます。

先ほどベスト底面を切ったので、ベスト正面の下端の位置がよくわかるでしょう。背中側までキレイに切通してください。ベスト体の形がますますハッキリしてきたはずです。

左側が終わったら、今度は左のヘラ手で右側も同じように行ってください。

それが終わったら、右の一面手を左の脇に深く入れて、前後上下にサササッと触ります。ここがベスト側面です。

このベスト側面の感覚というのは、ベスト正面、ベスト底面の感覚と比べれば、はるかに身近なものです。私たちは、脇の感覚を日常的に持っているからです。だから、脇がかゆくなればかゆみを、きつい服を着れば「あ、脇がきつい」という窮屈さを感じるわけです。

今度は、左一面手を右の脇に深く入れてください。

そして、さらに一面手法を行います。一面手法をこんなところでも使うのかと思われたかもしれませんが、使うのです。一面手をもう一度つくり直してください。それぞれの手のひらに一面がピッタリ存在するのを確認してください。

そして、両手をいっぺんに天に垂直に立てて、左右それぞれの一面手の面が、左右それぞれのベスト正面にピッタリ来るように合わせます。左の一面手は左のベスト正面に、右の一面手は右のベスト正面に来るようにピタッと垂直に当ててください。

左右の一面手で、1、2センチ程度上下にスパーッと垂直に切ってください。胸側の肋骨、間の空間を通って、背中側の肋骨、背中側の空間まで届くように前ベスト線を切り通していきます。つまり、切通です。

いま行っているのは、一面手を使ったパルト正面づくりです。

次に、一面手を前後に動かしてください。

「スパーッ、スパーッ」と言いながら、前後に10センチほど切っていきます。

このとき両手をいっぺんに動かしてください。両一面手が前へ移動するときには、体幹が少し後ろに下がります。両一面手が後ろに移動するときには、体幹が少しだけ前に進みます。「スパーッ、スパーッ」とくり返し言いながら、両一面手の面がベスト正面をクッキリ、ハッキリ正確に切り通すようにサモンします。この面が、だんだんパルト面になってくるわけです。「スパーッ、スパーッ」と言いながら数往復した後は、「スッスー、スッスー」に変えます。「スパーッ」をある程度使って切ってから、だいぶ切れてきたなと思えたところで「スッスー」に変えるのです。

「スパーッ」は、ある意味、強引なやり方で、包丁で切るようなイメージです。面で切通する意識がなかなか生まれないときには、ものすごく役に立ちます。ですから、最初は「スパーッ」で始めるのがいいのです。

しかし、数回やったら「スッスー」に変えます。切れた面は「スッスー」と通りますし、それを滑面として使う場合には、こちらの操作言語の方が適切だからです。

また、滑面を表す擬態語という観点からすれば、「スパーッ」よりも「スッスー」の方が適切です。だから「スパーッ」から「スッスー」に変えるのです。これがより滑面化していく方法です。

■一面手でベスト正面を切る

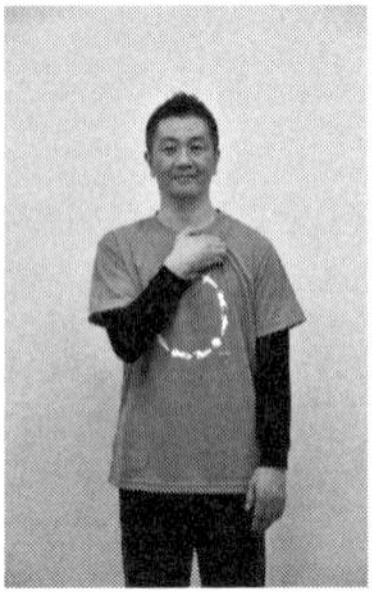

右のヘラ手で左の前ベスト線を切通する

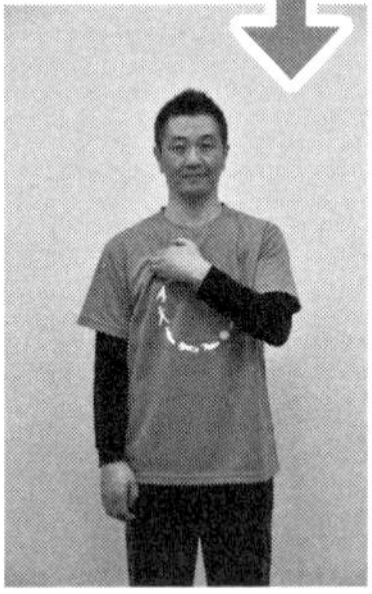

左のヘラ手で右の前ベスト線を切通する

右の一面手を左の脇に入れて、前後上下に触る。ここがベスト側面。反対も同様に行う

左右それぞれの一面手を左右それぞれのベスト正面に来るように垂直に立てる

左右の一面手を1～2センチ程度上下に動かしてベスト正面を切通する

左右の一面手を10センチほど前後に動かしてベスト正面を切通する

両一面手が前へ移動するときは、体幹が少し後ろに下がる

両一面手が後ろへ移動するときは、体幹が少し前に進む

つかみ法

ベスト体ができてきましたか。これでいいと思えたら、左右両方の手で、左右のベスト体をつかむようにイメージしてみてください。右手は右のベスト体を、左手は左のベスト体をつかみます。

パルト面ができてくると、ベスト体はパルト体になってきます。

つかんだパルト体を「スパーッ」「スパーッ」「スパーッ」と言いながら、前後に3回ほど、数センチ程度動かしてみてください。

次に「スッスー」「スッスー」「スッスー」と、パルト面を滑る感じでパルト体を動かしていきます。この動きをくり返してください。

どうですか。「何だかわかってきたぞ。切通された面で、何かがたしかに滑り合っている感じがする」と感じられた方もいるのではないで

■つかみ法のやり方

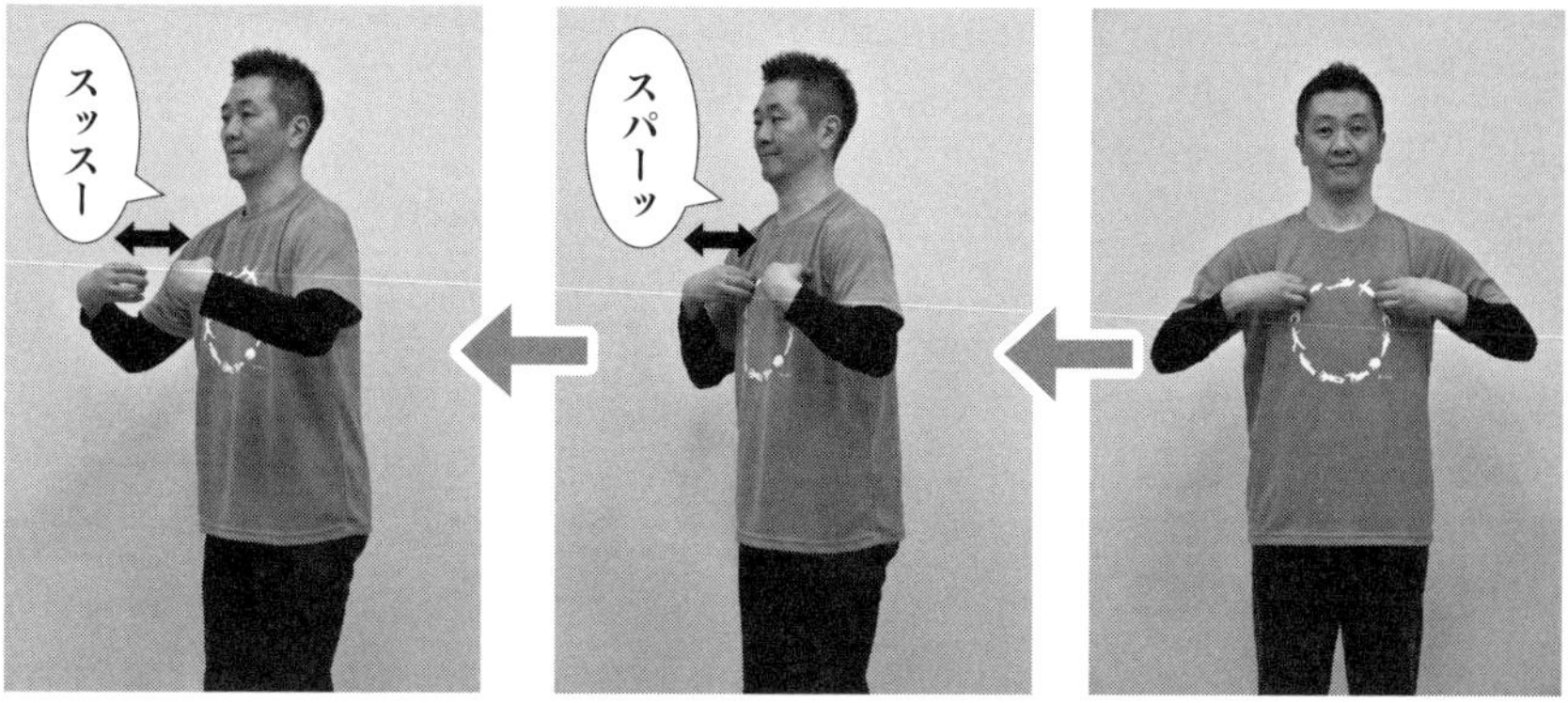

つかんだパルト体を「スパーッ」と言いながら前後に数センチ程度、3回動かす。次に「スッスー」と言いながらパルト体を前後に動かす動きをくり返す

左右両手の手で左右のベスト体をつかむようにイメージする

■順・逆パルトの動き

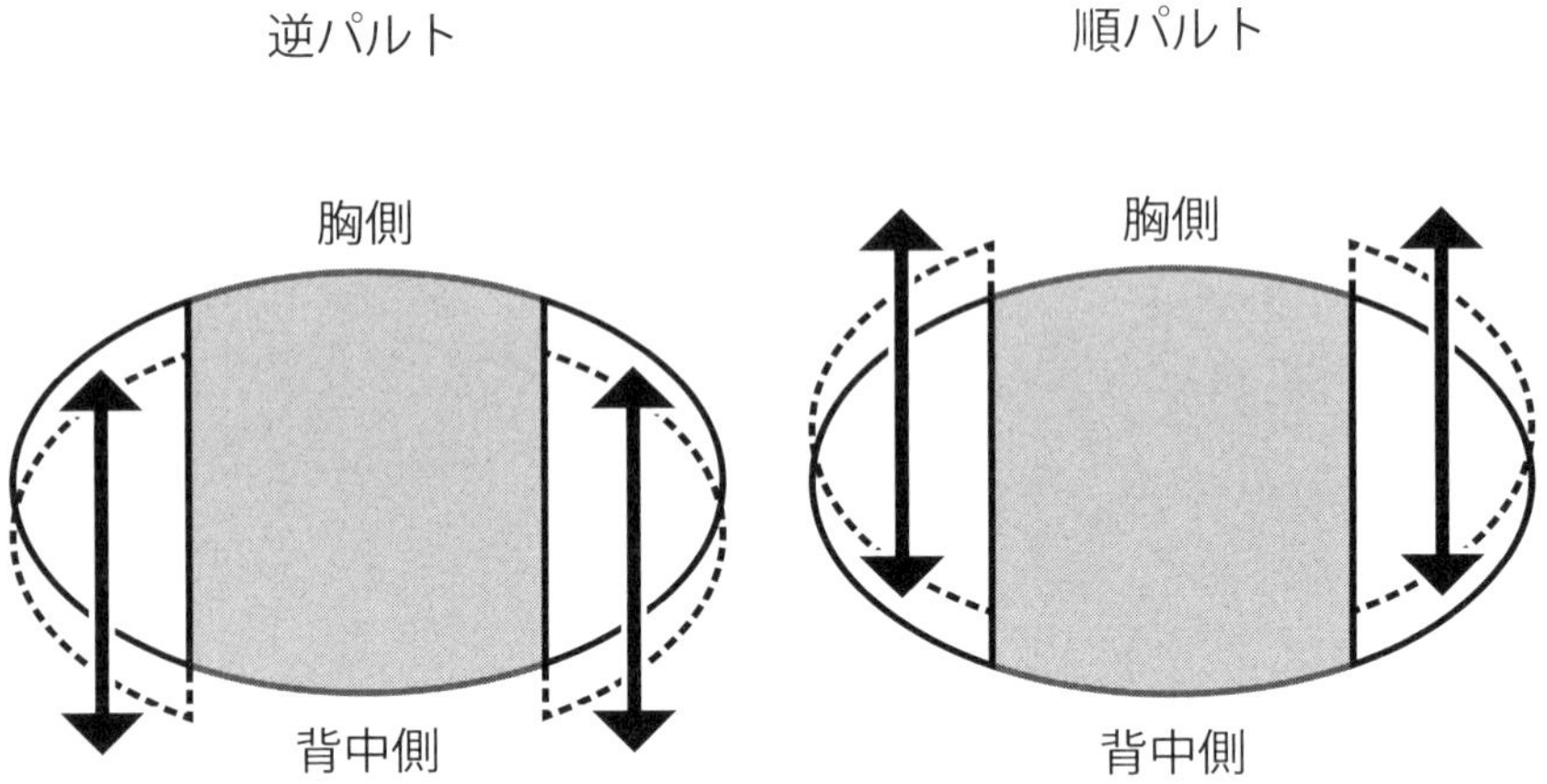

しょうか。それがまさにパルト面です。

パルト面は、このような「スルスル」とか「スッスー」と滑り合う面なのです。

さらに言うと、ベスト体が左右に一つずつあり、円柱状というほどは長くはないのですが、上下に屹立している何かしらの物体を感じるでしょう。

上から見ると、内側が前後に直線状に切れて、外側が丸みを持っている半円形、立体として見れば、半円筒形です。それが左右に一つずつ立っているのです。それが前後に動く感じ。これがパルトの運動です。

前方に向かって動いて戻る、これが順パルトです。

一方、後方に向かって動いて戻る、これが逆パルトです。

順パルトと逆パルトは、お互いの動きをつなげて行うこともできます。

後方に移動したパルト体が、中央に戻りながらそのままさらに前方に行く場合や、前方に移動したパルト体が中央に戻ってきてそのまま後方に行く場合などです。これらをそれぞれ「前パルト」、「後パルト」といいます。前進パルト、後退パルトの略称です。さらに略して、「前パル」、「後パル」ともいいます。

Jの字法を本格的に行う

さあ、最初に体験した「Jの字法」です。

これから「Jの字法」を本格的に行っていきます。これは一面手法の4本指をほぼ垂直に立て、手のひらはJの字の払いの部分のような形をつくります。

左手のJの字は、左側のパルト正面とパルト底面に合うように、右手のJの字は右側のパルト正面とパルト底面にそれぞれ合うように置いてください。

このようにすることで、パルト底面までを含めてサモンできるのです。

一方、つかみ法ではパルト底面がサモンできない代わりに、パルト正面とパルト側面がサモンできるというふうに、それぞれに特長を持っているのです。

Jの字法では、手のJの字の底にあたる部分にパルト体が乗っているとイメージしてください。

パルト体をJの字に乗せたら、前後に「スッスー、スッスー」と動かしてみます。つかみ法とは、一味違った感覚が生まれてきます。

このパルト底面にパルト体が乗っているという感じが非常に大事なのです。先ほど一面手を使って、胸側の第4肋骨と第5肋骨の間を切っていきましたが、それがここに活きてくるのです。これを何度もくり返しやってください。

次に、このJの字法で右の順パルトをくり返し行います。順パルトをやりながら腕を5～10センチほど伸ばしていきます。そして戻ります。この右手のJの字法による順パルトを「スッスー」と言いながら何度かくり返してください。

そして、4、5回目あたりのところで、手・腕をまっすぐに伸ばしてみてください。すると、驚くほど滑らかに動くので、「えっ？ 手、腕を前に伸ばしている感じがほとんどしない」という人もいるでしょう。

普通は、手・腕を前に出そうとすると、どうしても肩関節を中心に三角筋を使おうとする感じが出てきてしまうものです。肩甲骨を一緒に使ったもう少しいい身体使いにおいても、やはり三角筋は使っている感じがしてしまうものなのです。

ところが、パルトができるようになってくると、肩関節から三角筋、肩甲骨がほとんど使われていないのに、スッと音も気配もなく、手・腕が前へ突き出されるようになるのです。左の順パルトも同様にやってください。

そして、Jの字法、つかみ法をそれぞれ使って、「スッスー、スッスー」と言いながらパルト体を左右同時に前後に動かしてみてください。順パルト、逆パルトを合わせた前後パルトです。胸側から背中側までパルト体を前後に動かして、それをくり返します。

今度はそれを左右交互にやってみてください。左右のパルト体がそれぞれ逆に動くようにします。すると走運動や歩行運動の上半身の使い方と同じになるはずです。「スッスー、スッスー」とパルト体を動かしていきます。

そして、調子が出てきたら、腕をJの字法、つかみ法の状態からだんだん下の方に下ろしていきます。肘関節が90度から180度近くの角度になるまで下ろしながら、走運動や歩行運動の腕振りをゆっくりやってみてください。

ある程度行えたら、ふたたびJの字法、あるいはつかみ法に戻っていきます。

また「スッスー、スッスー」と言いながらやってください。さらに自分の専門種目の動きを取り入れてみます。卓球だったら、フォアやバックのスイングです。

このときに必ずJの字法、もしくはつかみ法を行いながら、パルト面が「スッスー、スッスー」と動いていることを感じながら動かします。つまり、自分の専門種目の動きをパルトの運動としてやってみるのです。様々な運動を実際にやってみてください。

このパルトのトレーニングを行うと、体幹のポジションに対して、手・腕のポジションが相対的により前方、あるいはより後方にある状態が自然と生まれてきます。

そして、パルトができてくると、肩関節を中心とした、あるいはそれに肩甲骨も一緒に参加した腕の運動からは決して見出せないような、主たる体幹の安定的なしっかりとした土台＝パルト舞台の上で、パルト体がより大きな質量をもって前後方向に信じられないほど滑らかに動

■Jの字法とつかみ法を使ってパルト体を左右同時・交互に動かす、走運動と歩行運動の腕振りを行う、自分の専門種目の動きを取り入れる

Jの字法

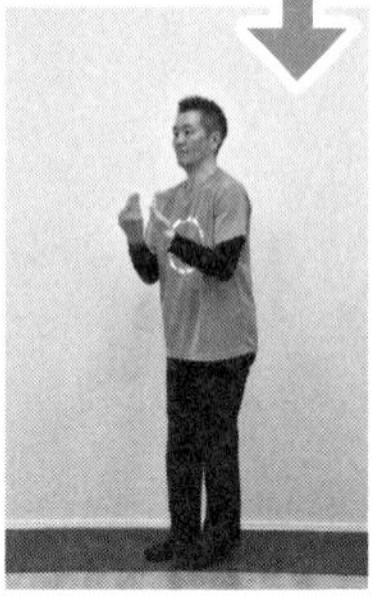

Jの字法でパルト体を左右同時に前後に動かす

Jの字法でパルト体を左右交互に前後に動かす

Jの字法を活かして歩行運動の腕振りを行う

Jの字法を活かして走運動の腕振りを行う

Jの字法を活かして自分の専門種目の動きをパルトの運動として行う

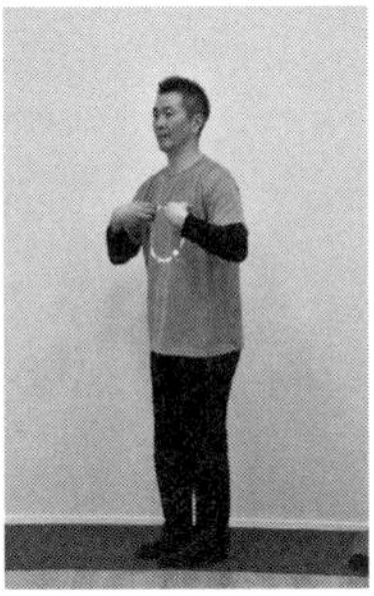

つかみ法

つかみ法でパルト体を左右同時に前後に動かす

つかみ法でパルト体を左右交互に前後に動かす

つかみ法を活かして歩行運動の腕振りを行う

つかみ法を活かして走運動の腕振りを行う

つかみ法を活かして自分の専門種目の動きをパルトの運動として行う

けるようになり、より広範囲かつ自由な位置にポジショニングできるようになってくるのです。

この状態が様々な場面で使われ得る、より高度な運動の基盤になるわけです。

また、このパルトにローターの運動や、サイクルの運動が統合されることで、ローター&パルト、サイクル&パルトという、さらに優れた運動が生まれてきます。

本来優れた運動というのは、皆このようになっています。パルトとローターが重ねて使われると、とんでもないポジショニングから野球の打球や投球を行ったり、ボクシングでパンチを打ったり、相撲やレスリングなどの揉合系格闘技で相手を捉えて崩すということが易々とできるようになってくるのです。

肋骨のベストの位置に巨大な疑似関節ができるので、その内側にある胴体・腰までを含めたベスト舞台が、不動でしっかりと安定した土台になりながら、信じられないくらい巨大な質量をもった手・腕の運動というものが、可能になってくるということです。

あとがき

7年前の2018年に出版した肩甲骨についての前著『肩甲骨が立てば、パフォーマンスは上がる!』の「あとがき」に、次のような一節を記しました。

肩甲骨の土台である肋骨使いについて見ると、本書では一言も触れていない「筋下骨動」「骨上筋動」という室町時代の剣術で発達した術技がありますが、大谷は前者は少し使え、後者はまったく使えていません。「骨上筋動」はそれほど難度の高い術技ですが、日本で奇跡の28連勝をしたときの田中将大選手は、これを使えていました。でも大リーグではまったく使えていません。

もちろん大谷の名誉のために加えておくと、この一節の前提として、大谷の肩甲骨の開発度が世界の全アスリートの中でトップファイブに入る、ということを筆者は書き記しておきました。

この話は実に重要な事実を示しています。

一つは、この前著の「あとがき」に記されている内容が「肋骨関節」の専門的概念である「ベスト(肋車)」についての記述であることです。この極めて重要な内容をご理解いただくために、7年の歳月が必要だったということです。この7年間といえば、コロナ禍の5年を含む間に、筆者はカンゼンから計6冊の書籍を出させていただきました。つまりは必要不可欠の重要書籍でありながら、本書を出版するには「股関節」「背骨」「疲労回復」「内転筋軸」の出版を積み重ねることが必要だったのです。前著「あとがき」をお読みいただき、今日までお待たせすることになった読者の方々には、お待たせしたお詫びと本書をお求めいただいたことへの感謝を、申し上げげます。

もう一つは、2018年以後大活躍を続ける大谷ほどの才能も努力も人並外れた選手でも、この2018年の「あとがき」の指摘がいまだに変更する必要がないということです。つまりあれから7年経っているにもかかわらず、「ベスト」の開発が少しも進んでいないということなのです。この「ベスト」の不足が一度目の肘のケガの原因の一つと考えることができ、「ベスト」の習得が正しく行われたなら肘のケガは起きなかったであろうと、推測できるにもかかわらずです。

この事態に感じられる恐さの原因は何かといえば、華やかで最先端の科学的知見やマシーンに恵まれているようにみえるプロスポーツの最高峰、米メジャーリーグにおいてさえ、最も重要な選手内の事象、すなわち選手の脳と身体のメカニズムについては、まったく〝遅れている〟という事実です。

一方の田中将大についても、まったく同じ〝遅れている〟事実を見ることになります。あれほどの奇跡、言葉のあやではなく事実〝奇跡〟と科学的に断言できるほどのパフォーマンスの中身、選手の内側の脳と身体のメカニズムが世界中の誰によっても、まったく解明されないまま11年以上が過ぎ、田中はケガを経て、メジャーを去ることになってしまったのです。日本での再起を誰よりも期待する筆者には、この〝情報の遅れ〟が何よりも気がかりなのです。もちろん地球の重心に乗っての軸の活用、下半身の要としての股関節、体重と質量の運用など、当然過ぎるほどの基礎の押さえを達成しての話ですが。

ところで本書には当初「スクリュー」の第7章と「田中将大の28連勝と大谷翔平の二度の肘のケガ」の終章が用意されていました。しかし肩甲骨の立甲から回甲への深化、それを受けての巨大疑似関節である肋骨関節＝ベストへの展開、そして難解なベストを機能構造に従い4種に分析、各々の種類の運用の仕方の詳細な解説に紙面を必要としたため、これらの章の掲載先を本書から筆者主宰の無料ウェブ書店「高岡英夫の天才情報書店」に移動させていただきました。よろしくご容赦ください。

「身体には希望がある」という言葉は、前著「あとがき」にも記載させていただきました。身体と脳を研究しその成果をアスリートに提供する者としての、筆者の信念を表した言葉です。この言葉はこの7年の間にさらに重要度を増したと考えています。その理由はスポーツのさらなる根本的進化が必要とされる時代が近づきつつあることです。

ＡＩ化時代。ＡＩが人間の脳力、身体能力を上回る可能性が日に日に増している今日、私たち人間がさらに深く豊かな人間能力の無尽蔵な可能性というものに目覚め、その可能性を現実のものに変え、人間の素晴らしさ、ＡＩには代えがたい人間の真の価値というものを、創り出すべき時代が迫っているのではないでしょうか。

著者略歴

高岡英夫（たかおか・ひでお）

運動科学者、高度能力学者、「ゆる」開発者。運動科学総合研究所所長、NPO 法人日本ゆる協会理事長。東京大学卒業後、同大学院教育学研究科を修了。東大大学院時代に西洋科学と東洋哲学を統合した「運動科学」を創始し、人間の高度能力、身体意識、動物細胞の研究にたずさわる。トップアスリート、企業経営者、医師、研究者、芸術家などを指導しながら、年齢・性別を問わず幅広い人々の身体・脳機能を高める「ルースニング（ゆる体操等）」「スーパーウォーク歩道」をはじめ「身体意識開発法」「総合呼吸法」「身体能力開発法」「脳・細胞系開発法」など多くの「高度運動科学トレーニング」を開発。東日本大震災後は復興支援のため、ゆる体操プロジェクトを指揮し、自らも被災地で指導に取り組む。

著書は、『肩甲骨が立てば、パフォーマンスは上がる!』『キレッキレ股関節でパフォーマンスは上がる!』『背骨が通れば、パフォーマンスが上がる！』『高岡式超最強の疲労回復法』『内転筋軸トレーニングで、パフォーマンスが上がる!』（小社）、『レフ筋トレ』『究極の身体』（講談社）、『高岡式 背骨1分ゆる体操』（小学館）、『脳と身体を歩きで鍛える』（さくら舎）、『スーパーウォーク歩道』『スポーツ・ルースニング入門』（ベースボール・マガジン社）など100冊を超え、また自ら主宰する高度運動科学トレーニング動画サイトの実演映像作品は1000点を超え、共に多くの人に支持を受けている。

イチローと宮本武蔵の共通メカニズムの具体的詳細情報が読める!!

高岡英夫の天才情報書店

― 人類の１%の本格派の為の無料書店 ―

https://takaoka-shoten.com/

新作を続々公開中!!

運営者／著作権：運動科学総合研究所

紙幅の都合上、本書に掲載しきれなかったコンテンツを「高岡英夫の天才情報書店」で公開中です。

第７章：回甲④「スクリュー」の方法と働き

終　章：田中将大の 28 連勝と大谷翔平の二度の肘のケガ

https://takaoka-shoten.com/kaiko/

ぜひ本書と合わせてお楽しみください。

高岡英夫実演指導のトレーニング法が動画で学べる

高度運動科学トレーニング動画サイト（有料）

https://douga.undoukagakusouken.co.jp/

企画・監修・指導：高岡英夫（運動科学総合研究所所長）

運営：運動科学総合研究所

無料動画　常設講座　期間限定講座　を絶賛公開中!!

著者による実演実技解説「ベスト」講座　※各講座料についてはサイトをご覧ください。

【短編講座】 高岡英夫のハイテクゆる体操＆運動科学メソッド ＜視聴期間：各講座 15 日＞

ベスト・サイクル	約 22 分
ベスト・ローター	約 17 分
ベスト・パルト	約 20 分

【常設講座】 身体意識 上半身系 ＜視聴期間：各講座 40 日＞ ＊本格派向けの講座です

肋骨多次元巨大関節状意識	ベストⅠ 初級	約 1 時間 36 分
肋骨多次元巨大関節状意識	ベストⅠ 中級	約 1 時間 32 分
肋骨多次元巨大関節状意識	ベストⅠ 上級	約 1 時間 32 分

世界トップ・オブ・トップのハイパフォーマンスを生み出す

高岡英夫の“高度運動科学トレ”シリーズ

『肩甲骨が立てば、パフォーマンスは上がる！』

肩甲骨を自由自在に操れる者こそスポーツを制す！

スピード・パワーが爆発的にアップ
眠っていた潜在能力を引き出し、
ハイパフォーマンスを発揮できる身体に変わる
トップアスリートの共通点は＂肩甲骨＂の使い方にあり

『立甲』の提唱者が理論に基づく
「歩く」「走る」「投げる」「打つ」「蹴る」
の力を引き出すメニューを紹介

『キレッキレ股関節でパフォーマンスは上がる！』

股関節を三次元に使いこなすことが、超一流選手への最短距離
最も鈍感な関節がフル稼働！
トップアスリートは爆発力が違う

『股関節脳』理論に基づく
「走る」「打つ」「投げる」「蹴る」の力を
引き出す体操を紹介

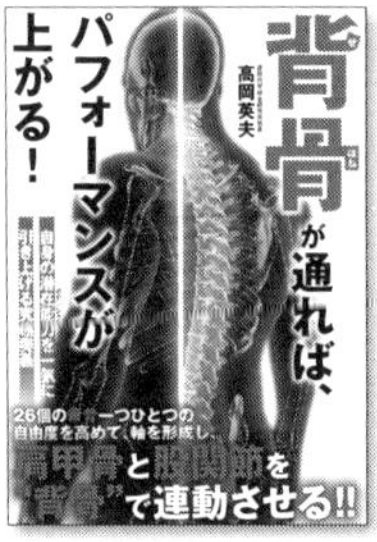

『背骨が通れば、パフォーマンスが上がる！』

自身の潜在能力(ポテンシャル)を一気に引き上げる究極奥義
26個の背骨一つひとつの自由度を高めて、軸を形成し、
肩甲骨と股関節を＂脊椎連動＂させる!!

世界のトップ・オブ・トップが
ハイパフォーマンスを生み出す
背骨が通ることで、アスリートとして至高の本質力が整う！

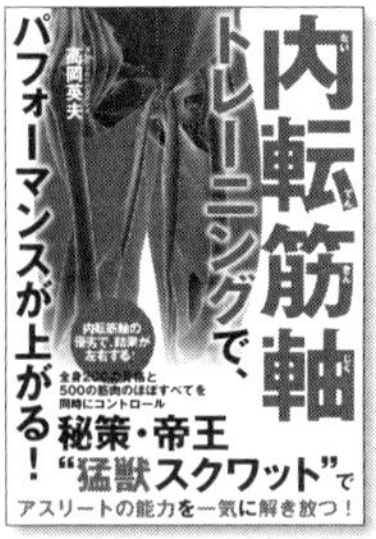

『内転筋軸トレーニングで、パフォーマンスが上がる！』

秘策・帝王“猛獣スクワット”で能力を一気に解き放つ！
全身200の骨格と500の筋肉のほぼすべてを同時にコントロール

「内転筋および内転筋軸」の重要性を解説しつつ、
具体的なトレーニング法も紹介

執筆・編集・イラスト協力	谷田部尊将
カバー・本文デザイン	二ノ宮匡（ニクスインク）
本文イラスト	中山けーしょー 運動科学総合研究所 株式会社 BACKBONEWORKS
取材・企画協力	運動科学総合研究所
モデル	大久保貴弘
編集協力	山﨑勤（株式会社ピーエーディー）
編集	滝川昂（株式会社カンゼン）

肩甲骨が回れば、
アスリートの才能が爆発的に開花する！

発行日　2025年4月24日　初版

著者　高岡英夫
発行人　坪井義哉

発行所　株式会社カンゼン
〒101-0041
東京都千代田区神田須田町2-2-3　ITC 神田須田町ビル
TEL 03（5295）7723
FAX 03（5295）7725
https://www.kanzen.jp/
郵便為替 00150-7-130339

印刷・製本　株式会社シナノ

ISBN 978-4-86255-757-5
Printed in Japan
定価はカバーに表示してあります。

ご意見、ご感想に関しましては、kanso@kanzen.jp まで E メールにてお寄せ下さい。お待ちしております。